Andreas Heyer (Hrsg.)

Diskussionen aus der DDR

Festschrift für Siegfried Prokop, Band 2

Andreas Heyer (Hrsg.)

Diskussionen aus der DDR

Festschrift zum 75. Geburtstag von Siegfried Prokop, Band 2

Andreas Heyer, Dr. phil., Jahrgang 1974. Er arbeitet zu den politischen Utopien der Antike und der Neuzeit sowie zur Epoche der französischen Aufklärung. Seit 2012 ist er der Herausgeber der „Nachgelassenen Schriften Wolfgang Harichs". Der erste Band dieser Edition erschien 2013 unter dem Titel „Hegel zwischen Feuerbach und Marx". Zahlreiche Monographien und Aufsätze zu den genannten Forschungsschwerpunkten sowie zur Philosophiegeschichte der DDR.

Die Deutsche Nationalbibliothek verzeichnet diese Publikation in der Deutschen Nationalbibliographie.

Alle Rechte vorbehalten. Nachdruck, auch auszugsweise, fotomechanische Wiedergabe, Publikation im Internet oder anderen Medien, Verwertung in Film, Funk und Fernsehen, Übersetzung, nur mit vorheriger schriftlicher Genehmigung des Autors.

Herstellung und Verlag:
BoD - Books on Demand, Norderstedt
ISBN 978-3-7392-1091-9
2015

Inhaltsverzeichnis

ANDREAS HEYER S. 07
Diskussionen aus der DDR
Vorwort

DIETER SCHILLER S. 11
Antwort auf einige Fragen eines Bundesdeutschen
zur DDR-Literatur

KLAUS KÖRNER S. 40
Die Bonner Deutschlandpolitik und das
SBZ-Archiv, 1950-1968

INES WEBER S. 65
Sozialistisches Denken in der DDR.
Robert Havemann und Rudolf Bahro

ANDREAS HEYER S. 99
Die Demokratie-Kritik der DDR-Opposition

HEINER HALBERSTADT S. 138
Erinnerungen an Gespräche mit Wolfgang Harich

ROBERT STEIGERWALD S. 146
Zu Wolfgang Harich

CAMILLA WARNKE S. 159
Bemerkungen zu Wolfgang Harichs
Philosophievorlesungen in den frühen 50er Jahren

CAMILLA WARNKE S. 167
Vorlesungsmitschrift
Wolfgang Harich über den deutschen Pantheismus

ALEXANDER AMBERGER S. 197
„Ich bitte nur darum: Macht von mir Gebrauch!"
Harichs Kontroversen mit DDR-Funktionären
im Spiegel der MfS-Akten 1974-79

Andreas Heyer

Diskussionen aus der DDR. Vorwort

Nach den Umbrüchen in der DDR und dem sich daran anschließenden Beitritt der fünf neuen Bundesländer zum Staatsgebiet der BRD sah sich das damalige Bonner Parlament veranlasst, die vierzigjährige Geschichte des sozialistischen Teils Deutschlands aufzuarbeiten. Unter der Leitung von Rainer Eppelmann nahmen sich zwei Enquete-Kommissionen zur *Aufarbeitung von Geschichte und Folgen der SED-Diktatur* dieser Aufgabe an.

Von Anfang an war vielen Ostdeutschen klar, dass nicht so sehr wissenschaftliche, sondern vielmehr ideologische Motive für das Wirken dieser Kommissionen ausschlaggebend und anleitend waren. Es regte sich massiver Widerstand, dem schließlich die Einrichtung der Alternativen Enquete-Kommission folgte. Der erste Vorsitzende war Wolfgang Harich, nach seinem Rücktritt übernahm Siegfried Prokop die Leitung. Er selbst hat von den damaligen Entwicklungen, Thesen und Theorien, über seine Freunde und Mitstreiter, kurz, über die Bilanz der AEK, in einem umfangreichen Aufsatz berichtet.[1]

In der AEK lernten sich Siegfried Prokop und Wolfgang Harich kennen. Und ihre Zusammenarbeit hatte weitere Folgen. Nachdem Wolfgang Harich 15. März 1995 viel zu früh verstorben war, intensivierte Siegfried Prokop die Arbeiten an seiner Biographie Harichs, die schließlich 1997 unter dem Titel *Ich bin zu früh geboren* erschien.[2] Bereits ein

---
1 Prokop, Siegfried: *Wolfgang Harich und die Alternative Enquête-Kommission*, in: Heyer, Andreas (Hrsg.): *Wolfgang Harichs politische Philosophie*, Hamburg, 2012, S. 70-82.
2 Prokop, Siegfried: *Ich bin zu früh geboren. Auf den Spuren Wolfgang Harichs*, Berlin, 1997.

Jahr zuvor hatte er *Das Wolfgang Harich Gedenk-Kolloquium am 21. März 1996* organisiert (eingeladen hatte die AEK) und die Vorträge mit weiteren Dokumenten und Materialien der Öffentlichkeit vorgestellt.[3] Es war ihm gelungen, viele der Freunde und Mitstreiter Harichs noch einmal zusammenzuführen im Gedenken an den überaus produktiven marxistischen Philosophen. In den folgenden Jahren bemühte sich Prokop weiter intensiv um Harich und publizierte verschiedene Aufsätze, kleinere Studien und Dokumente.

Von daher lag es natürlich nahe, dass für die Festschrift zu Ehren Siegfried Prokops das Thema Harich einen eigenen und wichtigen Platz einnehmen sollte. Camilla Warnke gehörte in den fünfziger Jahren zu den HörerInnen der Vorlesungen, die Harich an der Berliner Humboldt-Universität zur Geschichte der Philosophie hielt. Ihre dabei angefertigten Notizen haben, wie sie selber ausführt, die Jahrzehnte überdauert. Aus den ausführlichen Mitschriften kommt im vorliegenden Band der Abschnitt *Der deutsche Pantheismus* zum Abdruck. Er bietet wichtige Einblicke in die für Harichs Denken zentrale Epoche des Übergangs von der Aufklärung zur klassischen deutschen idealistischen Philosophie. In einer Einleitung (*Bemerkungen zu Wolfgang Harichs Philosophievorlesungen in den frühen 50er Jahren*) bietet Warnke zudem eine ideengeschichtliche Verortung und Interpretation der Thesen Harichs, die das von ihr an anderen Stellen bereits gezeichnete Bild ergänzen.[4]

Alexander Amberger hat sich in den letzten Jahren intensiv mit der Philosophie der DDR beschäftigt, vor allem mit Harich. Davon zeugen verschiedene kleinere Aufsätze und zuletzt die große Monographie *Marxistische Systemkritik und politische Utopie in der DDR*.[5] Gemeinsam mit Siegfried Prokop ist er Autor der Broschüre *Ein rot-grünes*

---

3 Prokop, Siegfried (Hrsg.): *Ein Streiter für Deutschland. Das Wolfgang-Harich-Gedenk-Kolloquium am 21. März 1996 im Ribbeck-Haus zu Berlin*, Berlin, 1996.
4 Warnke, Camilla: *Der junge Harich und die Philosophiegeschichte. Wolfgang Harichs Vorlesungen zur Geschichte der Philosophie, 1951-1954*, Berlin, 1999. – *Das Problem Hegel ist längst gelöst. Eine Debatte in der DDR-Philosophie der 50er Jahre*, in: Gerhardt, Volker; Rauh, Hans-Christoph (Hrsg.): *Anfänge der DDR-Philosophie. Ansprüche, Ohnmacht, Scheitern, 1945-1958*, Berlin, 2001, S. 194-221. – *Ich lasse auf Hegel nicht scheißen! Wolfgang Harichs Vorlesungen zur Geschichte der Philosophie 1951-1954*, in: Dornuf, Stefan; Pitsch, Reinhard (Hrsg.): *Wolfgang Harich zum Gedächtnis. Eine Gedenkschrift in zwei Bänden*, München, 2000, 504-547.
5 Amberger, Alexander: *Bahro, Harich, Havemann. Marxistische Systemkritik und politische Utopie in der DDR*, Paderborn, 2014.

Deutschland.⁶ Für den vorliegenden Band steuerte er einen Aufsatz („*Ich bitte nur darum: Macht von mir Gebrauch!*") bei, der sich mit Harichs ökologischem Denken beschäftigt und dieses in seiner permanenten Konfrontation zum SED-Staat rekonstruiert.

Die Thesen und Aussagen beider Beiträge werden derzeit durch die Funde bestätigt, die Andreas Heyer sukzessive im Rahmen seiner Ausgabe der *Nachgelassenen Schriften Wolfgang Harichs* der Öffentlichkeit vorstellt. Siegfried Prokop hat in verschiedenen Rezensionen die Notwendigkeit der Edition herausgestellt. Die Mitschriften Camilla Warnkes decken sich mit den gerade erscheinenden Vorlesungsnotizen Harichs, zeigen gleichzeitig aber auch die Differenz zwischen dem tatsächlich im Vorlesungssaal gesprochenen Wort und dem ursprünglich im Manuskript geplanten Verlauf an.⁷ Und den Hintergrund der Überlegungen Alexander Ambergers bildet der Band *Ökologie, Frieden, Wachstumskritik* ab, der alle relevanten Äußerungen Harichs inklusive vieler Dokumente aus seinem Nachlass enthält.⁸

Mit Heiner Halberstadt und Robert Steigerwald legen zwei Weggefährten Harichs in ihren jeweiligen Erinnerungen dar, wie sie den Berliner Philosophen erlebten. Während Halberstadt (*Erinnerungen an Gespräche mit Wolfgang Harich*) über die Jahre seit Harichs Haftentlassung berichtet, bietet der Text von Steigerwald (*Zu Wolfgang Harich*) Einblicke vor allem in die Nietzsche-Debatte der achtziger Jahre.

Mit der Umbruchzeit von 1989/1990 beschäftigt sich der Text von Dieter Schiller.⁹ Schiller stellte für die Festschrift einen Beitrag (*Antwort auf einige Fragen eines Bundesdeutschen zur DDR-Literatur*) zur Verfügung, in dem er versuchte, am Ende der DDR die kulturelle und literarische Produktion des kleineren Teils Deutschlands gleichsam zu inspirieren, auf ihre Funktionen im „Leseland DDR" und auf ihre Zukunftsfähigkeit hin zu überprüfen. Ein Dokument, welches die damals auf beiden politischen Seiten gemachten Fehler ebenso thematisiert wie die Hoffnungen und Ängste, die in jenen Jahren Konjunktur hatten.

---

6 Amberger, Alexander; Prokop, Siegfried: *Ein rot-grünes Deutschland. Über eine Vision Harichs 1989/90*, Berlin, 2011.

7 Harich, Wolfgang: *Philosophiegeschichte und Geschichtsphilosophie. Vorlesungen, in zwei Teilbänden*, hrsg. von Andreas Heyer, Band 6.1 und 6.2 der *Nachgelassenen Schriften*, Marburg, 2015.

8 Harich, Wolfgang: *Ökologie, Frieden und Wachstumskritik*, hrsg. von Andreas Heyer, Band 8 der *Nachgelassenen Schriften*, Marburg, 2015.

9 In diesem Kontext sind auch die Beiträge von Herbert Wöltge im ersten Teil der Festschrift zu lesen und zu verstehen. Beide Autoren ergänzen sich gegenseitig.

Mit Ines Weber konnte eine Wissenschaftlerin als BeiträgerIn zu dieser Festschrift gewonnen werden, die gerade eine beachtenswerte Dissertation über das politische Denken von Robert Havemann und Rudolf Bahro vorgelegt hat.[10] Ihr Aufsatz *Sozialistisches Denken in der DDR. Robert Havemann und Rudolf Bahro* thematisiert zwei der einflussreichsten Oppositionellen der späten DDR, deren theoretische Modelle in den letzten Jahren, trotz aller persönlichen und theoretischen Kontroversen, mehrmals gemeinsam mit denen von Wolfgang Harich analysiert worden sind.

Wissenschaftliches Neuland betritt Klaus Körner mit seinem Aufsatz *Die Bonner Deutschlandpolitik und das SBZ-Archiv, 1950-1968*. Er untersucht die seinerzeit einflussreiche Zeitschrift in ihrem Bedingungsgefüge von Politik, Ideologie und theoretischem Anspruch. Zahlreiche Entwicklungslinien werden anhand der handelnden Personen gegenwärtig und machen nachvollziehbar, wie und warum sich bestimmte Teile der westdeutschen Wissenschaften in den Diskussionen über die DDR positionierten.

Mit der vorliegenden Auswahl ist die Hoffnung verbunden, dass Siegfried Prokop in den Beiträgen zu seinen Ehren auch eigene Gedanken wieder entdeckt, ihre Anwendung und Weiterentwicklung, und die Leser der Festschrift mit den Autoren gemeinsam eine noch immer spannende und längst nicht abgeschlossene Reise durch die Erforschung der DDR absolvieren können.

Andreas Heyer im Juli 2015

---

10 Ines Weber: *Sozialismus in der DDR. Alternative Gesellschaftskonzepte von Robert Havemann und Rudolf Bahro*, Berlin, 2015.

DIETER SCHILLER

Antwort auf einige Fragen eines Bundesdeutschen zur DDR-Literatur

Sehr geehrter Herr ***,

bevor ich Ihre Fragen beantworte, ist eine Vorbemerkung nötig.

Die literaturgeschichtliche Stellung der DDR-Literatur im Gesamtzusammenhang der deutschsprachigen und europäischen Literaturentwicklung muss heute sicher grundsätzlich neu durchdacht werden. Darüber gibt es für mich keinen Zweifel. Aber ich bin – ohne das hier näher begründen zu können – davon überzeugt, dass

- (a) es eine relativ eigenständige Entfaltung der Literatur in der DDR gegeben hat und in Resten wohl auch noch gibt;
- (b) die in der Literatur der DDR vor allem seit den sechziger Jahren artikulierten Auseinandersetzungen mit den Erfahrungen, Konflikten, Mentalitäten und Problemen in der DDR weit übers DDR-Milieu hinausreichen;
- (c) die wichtigsten Leistungen dieser Literatur in ihrem künstlerischen Niveau und – wenn auch in begrenztem Grade – ihren innovatorischen Elementen innerhalb der europäischen Kultur einen eigenständigen Platz haben und behalten werden.

Die Auflösung der Gesellschaft, die sich als realer Sozialismus verstand, und das Ende des Staates, der wesentlich die Rahmenbedingungen der Literaturproduktion und -rezeption bestimmte, verändert das Blickfeld und lässt viele bisherige Kriterien und Akzentsetzungen bei ihrer Wertung fragwürdig erscheinen. Für mich persönlich stellt sich beispielsweise die Frage nach der einen deutschen Kultur und den Beziehungen zwischen den verschiedenen deutschsprachigen Literaturen auf neue und andere Weise, als das bisher der Fall war. Freilich nicht so, wie das gegenwärtig in bundesdeutschen Blättern geschieht.

Dem politischen Modetrend, Schriftsteller und Bücher abzuwerten, die sich für eine Erneuerung der DDR und den Bestand dieser deutschen Möglichkeit eingesetzt haben, kann ich mich nicht anschließen und will es auch nicht. Das ist vielleicht weniger eine Frage der Politik als der Ethik. Ein Neudurchdenken, wie es heute unabdingbar nötig ist, hat – meine ich – schon lange vor der sogenannten Wende begonnen, in den ersten Anfängen wohl Mitte der siebziger Jahre. Für mich bezeichnet der VII. Schriftstellerkongress 1972 einen Ansatz zu einer neuen Sicht. Der sehr rasch erfolgte Versuch von offizieller Seite, sie kulturpolitisch zu paralysieren, erwies sich letztendlich als vergeblich.

Ein tiefer Widerspruch zwischen realer Literaturentwicklung und offizieller Kulturpolitik hatte sich schon lange vorher aufgetan, er kulminierte zunächst im 11. Plenum des ZK 1965 und dann in der Biermann-Affäre vom Herbst 1976. Es spricht für den Teil unserer Schriftsteller, der offen war für Realitätserfahrung und kritisches Denken, dass er seither seine literarische Arbeit als Warnung, Gegenentwurf oder utopische Transzendierung der gestockten Verhältnisse begriffen hat. Volker Brauns Stück "Die Übergangsgesellschaft" sei als ein Beispiel genannt.

Nicht wenige Autoren haben die DDR verlassen, weil solche Vorstöße sie immer wieder in Konflikte mit der kulturpolitischen Reglementierung brachten und zuweilen in eine ausgrenzende Zensur mündeten. Das Abdrängen brisanter Fragen in die Medien der Bundesrepublik und anderer europäischer Länder hat diese Tendenz forciert, zumal im Regelfall abzusehen war, dass zur Durchsetzung kritischer Bücher in der DDR ohnehin die Aufmerksamkeit in der westlichen Öffentlichkeit und die Publikation auf dem Buchmarkt der Bundesrepublik eine wichtige Voraussetzung waren. Die Übersiedlung in die BRD erfolgte nicht selten aus Verärgerung, meist aus Protest gegen Restriktionen, in einigen Fällen aber auch aufgrund von massiven Repressionen oder auch um voraussehbaren

Schwierigkeiten nach Publikation eines Buches zu entgehen. Aus der Rückschau stellen sich eine große Zahl der in westlichen Verlagen erschienenen Bücher als wichtige Zeugnisse einer Literatur dar, die von den Erfahrungen und Problemen der Menschen in der DDR geprägt und aus dem Kontext der DDR-Verhältnisse kaum herauszulösen ist.

Heute stehen wir vor dem Problem, dass die DDR-Literatur bzw. die Literatur in der DDR historisch geworden und weitgehend als eine abgeschlossene Entwicklung zu betrachten ist, das Phänomen aber nicht von einem Tag auf den anderen abrupt verschwinden wird. Nach dem Anschluss wird unter den neuen Produktions- und Rezeptionsbedingungen eine Aufarbeitungs-, Abrechnungs-, Bilanz- und Trauerliteratur entstehen, deren gesellschaftlicher Bezugspunkt die Verhältnisse und Erfahrungen der nun verschwindenden DDR bleiben. DDR-Literatur im oben gemeinten Sinn ist das natürlich nicht mehr. Mit dem Verschwinden des gesellschaftlichen Experiments "realer Sozialismus" ergeben sich grundlegend neue Antriebe und Bedingungen literarischen Schaffens und literarischer Kommunikation. Das Erlebnis der Krise und des Zusammenwachsens mit den sogenannten alten Bundesländern, der widerspruchsreiche Prozess des Sich-zurecht-findens in neuen Lebensbedingungen, die Schwierigkeit, auch individuelle Entwicklungen neu zu disponieren, schafft bei den potentiellen Lesern andere Interessen und Bedürfnisse – wie zu erwarten ist, leider meist mit der Konsequenz ihres Verzichts auf Literatur als vermittelndes Medium zwischen individueller und gesellschaftlicher Erfahrung und "Organ gesellschaftlicher Selbstverständigung". Zu vermuten ist darüberhinaus, dass ein starker Druck zur Anpassung an bundesrepublikanische Normen und zur Diskreditierung und Verdrängung der DDR-Vergangenheit wirksam werden wird.

Ich rechne stark mit einer öffentlichen Erwartungshaltung, welche verlangt, die DDR-Vergangenheit zu verteufeln statt sie nüchtern zu analysieren. Ob das freilich wiederum zu einer produktiven Herausforderung werden kann, diese sozialpsychologische Sperre zu durchbrechen und die kritische Aufarbeitung der Erfahrungen des gesellschaftlichen Experiments "realer Sozialismus" dennoch weiterzuführen, bleibt abzuwarten. Ich hoffe darauf, weiß aber, dass die Wahrscheinlichkeit gering ist.

Eine Chance, sich in die bundesrepublikanischen Kultur- und Literaturverhältnisse zu integrieren, gibt es nur, wenn es gelingt, die unterschiedlichen Erfahrungen sachlich-kritisch zu reflektieren, die in vierzig Jahren getrennter staatlich-gesellschaftlicher

Entwicklung gemacht worden sind. Freilich kann ich meine Zweifel nicht verhehlen, ob eine solche Chance in der Öffentlichkeit der ehemaligen Bundesrepublik gewollt ist. Abschwören sollen wir im Osten, zumindest uns rechtfertigen. Ich sage das so nachdrücklich, weil Ihr Fragebogen diese Situation für meine Begriffe beiseite lässt, viel zu pauschal verfährt und zu unhistorischen Sichtweisen neigt.

Ihre erste Frage gilt den Konsequenzen, die sich für die "Literaturlandschaft DDR" aus der herausragenden Rolle ergeben, die ihr von der SED-Führung zugeschrieben wurde.

Zuerst muss man einmal feststellen, dass weder die Kulturpolitik noch die Vorstellung von den Wirkungsmöglichkeiten der Literatur von Seiten der SED in den 45 Jahren ihrer Herrschaft einheitlich waren. Im Gegenteil sind eher schroffe Wendungen charakteristisch, die oft nur notdürftig ideologisch verbrämt wurden. In verschiedenen Perioden der Entwicklung gab es sogar einen beträchtlichen Spielraum, der in Krisensituationen freilich rigoros eingeschränkt wurde. Es gab immer ein Zusammenspiel von Reglementierung, Zensur und (oft mitbedingt von Einsicht oder Borniertheit der Verantwortlichen) Gewährenlassen. Zwischen den offiziellen Erklärungen und der Praxis der Kulturpolitik, wie sie von den verschiedenen Kulturinstitutionen betrieben wurde, gab es oft gravierende Differenzen. Natürlich, von Seiten der Parteiführung der SED – und entsprechend, jedoch häufig nicht unbedingt gleichlaufend in den Bezirksleitungen – wurde immer wieder versucht, den Kulturbetrieb "auf Linie" zu bringen: Durch zentrale Institutionen von solchem Gewicht wie die Staatliche Kunstkommission, dann das Ministerium für Kultur oder die Kulturkommission beim Politbüro, aber auch durch die Künstler-Verbände und deren Parteiorganisationen der SED. Die unterschiedliche Effektivität solcher Steuerungsmechanismen ist bisher wenig erforscht, so wenig übrigens wie die Wirksamkeit des demokratischen Reibungswiderstands und des Sandes, der immer wieder ins Getriebe gestreut wurde – von beider Wechselwirkung ganz zu schweigen.

Ich würde noch einen zweiten Gesichtspunkt hinzufügen, die Tatsache nämlich, dass es bis in die Führungsspitze der SED hinein unter prominenten Parteimitgliedern sehr unterschiedliche Vorstellungen und Konzepte gab – das waren ja zum Teil Leute mit durchaus eigenständigen Positionen. Darunter befanden sich Leiter wichtiger Institutionen, Persönlichkeiten, die sich auf eine Hausmacht stützen konnten oder internationales Gewicht besaßen. Sie versuchten nicht selten, ihre Vorstellungen innerhalb ihres Einflussbereich so weit wie möglich durchzusetzen, bisweilen mit beachtlichem Erfolg, wenn auch in der Regel gegen starken Widerstand in der politischen Führung.

Über Kulturpolitik, Leitungspraxis und Kunstentwicklung in unserem Lande zu reden, heißt, diese verschiedenen Ebenen in ihrem konfliktreichen Wechselspiel untersuchen. Es gibt Perioden, in denen die tatsächlichen Vorgänge im Kulturbereich in starkem Maße von der parteiamtlich und staatlich propagierten Kulturpolitik abgekoppelt waren. Ein Widerspruch zwischen zentraler Reglementierung und Alltagspraxis hat im Bereich der künstlerischen Intelligenz immer bestanden, aber die Interessenlagen in den verschiedenen Künsten und in den verschiedenen Sparten der kulturellen Tätigkeit, insbesondere der Massen- und Alltagskultur, differierten natürlich außerordentlich stark. Das hatte dann in Konfliktsituationen die böse Konsequenz, dass sich die verschiedenen Interessengruppen oft leicht gegeneinander ausspielen ließen.

Die immer virulente Aversion gegen die Intelligenz und die Vorstellung bei einem wesentlichen Teil der Funktionärskader, die Künstler seien "schwankende Gestalten", hat sich mehrfach auf verhängnisvolle Weise gegen demokratische Veränderungsversuche mobilisieren lassen. Streng restringiert waren immer alle Medien, welche Massen erreichen können und denen ein hoher ideologischer Wirkungsgrad zugesprochen wurde. Die Verhältnisse in der Kunst-Öffentlichkeit sind dagegen sehr viel differenzierter zu betrachten. Die großen Wendepunkte wie Formalismus-Debatte, Harich-Janka-Prozesse, 11. Plenum und Biermann-Affäre waren ja gerade Maßnahmen zur Zerschlagung beachtlicher Ansätze, von der Kunstöffentlichkeit her Tendenzen der Demokratisierung in die gesellschaftlich-politische Öffentlichkeit zu tragen, also ernst zu machen mit der vorgegebenen Verbindung von Kunst und Volk. Natürlich muss man sehen, dass es in den Anfängen der sich als sozialistisch verstehenden Kulturpolitik eine maßlose Überschätzung der Wirkungsmöglichkeit von Kunst gab, eine – oft naive – Kurzschlüssigkeit in der offiziösen Bestimmung der Produktions-, Rezeptions- und Wirkungsbedingungen. Hier gab es zeitweise – nicht zuletzt unter dem Eindruck sowjetischer Orientierungen und Kunstdogmen – sogar einen gewissen Konsens zwischen offizieller, offiziöser und professioneller Bemühung um eine neue Kunst. Doch unterschieden sich die Theorie und Praxis einer rigiden politischen Instrumentalisierung von Kunst und Literatur erheblich von den Bemühungen progressiver Künstler und Kunstwissenschaftler um "Weite und Vielfalt" einer sozialistisch orientierten Kunst.

Die Geschichte des Streits um den sozialistischen Realismus dokumentiert diese Problematik am deutlichsten. Die Beschränkung des Spielraums für Experimente, die Präferenz für den Realismus "in den Formen des Lebens" etc. und die ideologischen Kampagnen (z. B. über ideologische Klarheit und künstlerische Meisterschaft 1955/56, über die Veränderung der Lebensweise der Künstler 1959 oder später über die Sicht des Planers und Leiters in der Kunst) kennzeichnen tiefe Eingriffe in die Schaffensweise der Künstler. Sie waren freilich zunächst noch begleitet von einem widerspruchsvollen Ringen von Seiten der künstlerischen Intelligenz um einen produktiven Konsens mit den Mächtigen. Viel Gehör fanden sie freilich nicht, ein substantieller Dialog wurde zunehmend verweigert und schrittweise immer mehr schöpferische Individuen und Gruppen in Randpositionen gedrängt, oft sogar ideologisch ausgegrenzt. Viele machten mehrfach die Erfahrung, dass mühsam erarbeitete politische Positionen und Loyalitäten sowie scheinbar gesicherte künstlerische Spielräume durch schroffe Wendungen der politischen Führung in ihren Grundlagen erschüttert, ja vernichtet wurden.

Solche Umbrüche in der Kulturpolitik – oft von Machtkämpfen und Entscheidungen innerhalb der SED-Parteiführung bedingt, die wenig mit der kulturellen Sphäre zu tun hatten – wurden dann in der Regel erst nachträglich theoretisch-konzeptionell gerechtfertigt und in der Öffentlichkeit mehr oder weniger rigoros durchgesetzt. Diese Rechtfertigung durch Parteiideologen wurde meist mit Veränderungen der gesellschaftlich-politischen Rahmenbedingungen begründet und kamen deshalb zuweilen plausibel daher. So konnten sie in der Regel auch bei einem Teil der Intellektuellen und Künstler mehr oder weniger Resonanz und Rückhalt gewinnen, besonders bei denen, die ihre künstlerischen Zielvorstellungen und Interessen innerhalb der neu verordneten kulturpolitischen Vorgaben glaubten wahren oder gar ausbauen zu können hofften. Denn ein Großteil auch der kritischen Intelligenz und Künstlerschaft sah sich ja keineswegs als Gegner des Sozialismus, sondern wollte mit seinem Schaffen zu einer Demokratisierung und Humanisierung der realsozialistischen Verhältnisse beitragen. Das galt auch für solche, die sich dem offiziösen Kunstdogmatismus und den kulturpolitischen Repressionen widersetzten. Es wäre ein wichtiges Thema, systematischer nach den philosophischen und ästhetischen Gewährsleuten zu fragen, an denen sich der intellektuelle Diskurs in den verschiedenen Phasen der DDR-Kulturgeschichte orientiert hat. Die Berufung auf Brecht – um hier dieses Beispiel zu nennen – war immer ein Versuch, Widerspruchsdenken und moderne Kunstsprache innerhalb sozialistischer Gesellschaftspraxis wirksam zu halten.

Ebenso gab es – besonders im kulturell-künstlerischen Milieu – eine verdeckte, aber stetig wirksame Orientierung an Ernst Blochs Hoffnungsphilosophie als Alternative zu den verknöcherten Thesen des offiziellen Schulmarxismus, der marxistisch-leninistischen Grundausbildung.

Eines der entscheidenden Hemmnisse für produktive Beziehungen von politischer Führung und künstlerischer Intelligenz war das Dogma vom Primat der Politik, der Unterordnung aller geistig-kulturellen Äußerungen innerhalb der Gesellschaft unter die jeweils praktizierte aktuelle politische Leitungspraxis. Dabei wurde nicht mehr berücksichtigt, dass jede kulturpolitische Konzeption – eben als politische Konzeption – besondere Akzente setzen muss, also einseitig verfährt und auch verfahren muss, wenn sie Wirkung machen soll. Niemals aber kann ein politischer Steuerungsversuch den ganzen Raum der künstlerisch-literarischen Entwicklung umfassen, ja die künstlerische Praxis wird sich in ihren innovatorischen Elementen notwendig auf Probleme orientieren, die über den geltenden gesellschaftlichen Konsens hinausreichen. Der Anspruch der Politik, den Kunstprozess langfristig steuern und ihren Interessen unterordnen zu können, das Bestreben, diesen Anspruch administrativ durchzusetzen, musste zu schweren Konflikten führen. Das wirkte für einen Teil der künstlerischen Intelligenz als eine Herausforderung, diesen Anspruch zu unterlaufen, für einen anderen Teil wirkte es frustrierend.

In späteren Perioden – vor allem nach dem 11. Plenum 1965 – wird unter diesen Umständen die Haltung der Mehrheit der künstlerischen Intelligenz, auch wenn sie sich als Integrationsfaktor der Gesellschaft begriff, durch Dissens gegenüber Reglementierungspraktiken geprägt. War in den sechziger Jahren das Bestreben kennzeichnend, durch Kunst zur Schaffung einer gesellschaftlichen Öffentlichkeit beizutragen, so wurde in den siebziger Jahren die Kunst immer mehr zum Ersatz einer kritischen Öffentlichkeit, weil die politische und kulturelle Öffentlichkeit deformiert war und deshalb in wesentlichen Bereichen funktionsuntüchtig. Es darf dabei nicht übersehen werden, dass damit nicht unbedingt eine grundsätzliche Provinzialisierung verbunden war. Denn indem Literatur und Kunst Funktionen übernahmen, welche die Defizite anderer – strenger reglementierter – Medien ausgleichen konnten, waren sie doch nicht mit diesen Ersatzfunktionen identisch. Ihr journalistisch-dokumentarischer Zug schloss eine gleichzeitige Belebung von Phantasie und Imagination nicht aus. Aber auch die Erkundung von Gruppen- und Generationserfahrungen verband sich mit der Artikulation von Anspruch und Beschädigung von Individuen – eingedenk der damals neuentdeckten Grundthese von Marx, dass die Befreiung des Einzelnen die Bedingung der Befreiung aller sein muss. In diesen Kontext gehört dann auch die Ausbildung neuer Generationshaltungen, von Haltungen der Ausgliederung aus Verhältnissen, in denen der Einzelne sich ständig gesellschaftlich-ideologischen Forderungen und Anpassungszwängen gegenübersieht. Konsequenz ist die Verweigerung des Engagements oder die Verlagerung des Engagements von der politischen Sphäre in ökologische Bereiche oder auf das Feld individueller Kommunikation.

Auf diese Entwicklung reagierte die Führung der SED relativ differenziert. Mit dem 6. Plenum 1972 wurde der Anfang gemacht, die traditionelle Ausgrenzung der historischen Avantgarden aufzuheben und die Reglementierung im Formalen allmählich ad acta zu legen. Offiziell wurde die Aufhebung von Tabus verkündet, wenn der sozialistische Standpunkt gewahrt sei – die Definition dieses Standpunkts blieb freilich Privileg der politischen Führung. Die Unersetzlichkeit der Kunst und die Erkundung neuer Wirklichkeit durch die Kunst wurden verbal proklamiert, von vielen angesprochenen Schriftstellern und Künstlern aber demonstrativ ernst genommen. Ich glaube, dass damit ein wichtiger Schritt getan wurde. Vor allem der VII. Schriftstellerkongress dokumentiert dessen produktive Konsequenz. Die nun beginnende Auseinandersetzung mit offenen Fragen einer öffentlichen Gesellschaftsanalyse wurde freilich fast umgehend wieder gestoppt. Eine Politik der Duldung von kritischen Stimmen im internen Kreise bei gleichzeitiger rigider Zurückweisung jeder öffentlichen Artikulation wurde praktiziert. Das Ausweichen vieler Schriftsteller in westliche Medien war die Folge und führte dann wieder zu neuen Restriktionen bis hin zu den Ausschlüssen aus dem Schriftstellerverband (1979) und zur systematischen Vertreibung oder auch zur freiwilligen Ausreise von kritischen Autoren. Hier stellt die Biermann-Affäre den Wendepunkt dar. Seit diesem Zeitpunkt werden wesentliche Teile der Kulturpolitik der DDR durch die Reaktionen der westdeutschen und westeuropäischen Öffentlichkeit in einem nicht geringem Maße mitbestimmt.

Ihre zweite Frage gilt den Folgen der restriktiven Informationspolitik in der DDR für die Literatur. Sie kann kaum in kurzen Worten beantwortet werden. Hier nur wenige Bemerkungen, die eine Richtung des Nachdenkens andeuten sollen. Kulturpolitische Orientierungen der SED-Führung waren in der Regel von den jeweiligen Schwerpunkten der gesellschaftspolitischen Zielsetzung bestimmt. Das wurde über weite Strecken von einem Großteil der progressiven Autoren auch akzeptiert. Das Problem liegt darin, dass diese Orientierung vorrangig auf bestimmte Stoffbereiche gerichtet war und – ausgesprochen oder unausgesprochen – auch die Einhaltung von "realistischen" Form-Mustern implizierte. In der Praxis ergab sich freilich, dass in vielen Fällen kulturpolitische Konflikte daraus erwuchsen, dass Künstler, welche durchaus bestrebt waren, den politischen Vorgaben gerecht zu werden, mit ihrer künstlerischen Realisierung dann doch ins Kreuzfeuer der Kritik von oben gerieten. Ein klassisches Beispiel ist Peter Hacks' Stück "Die Sorgen und die Macht", aber auch Heiner Müllers "Der Lohndrücker" oder Volker Brauns "Paul Bauch" könnten hier genannt werden.

Natürlich hatte all das Konsequenzen. Es gehört zur tragischen Existenz Johannes R. Bechers, dass sein Versuch, die Nachkriegswirklichkeit lyrisch zu erkunden, bald, nämlich schon 1948, in Widerspruch mit den Forderungen seiner Partei geriet, endlich die Errichtung der neuen Gesellschaft zu gestalten. Bechers Bestreben zur demokratischen Erneuerung Deutschlands hatte ihn veranlasst, in dem Gedichtband "Volk im Dunkel wandelnd" seine Sicht der Nachkriegswirklichkeit lyrisch zu artikulieren. Diese Lyrik war kritisch und streckenweise sogar verzweifelt – ebendeshalb aber authentisch. Die Forderungen der SED führten dann aber zu einem abrupten Bruch in seinem Schaffen, der in den "Neuen Deutschen Volksliedern" zum Deutschlandtreffen 1950 und zu den Weltfestspielen der Jugend und Studenten 1951 kulminieren. Dadurch kommt zwar tatsächlich etwas Neues in Bechers Schaffen, zugleich wird aber eine Entwicklung abgebrochen, die ihm – so glaube ich – eine gesamtdeutsche Repräsentanz hätte sichern können. Dass die westlichen Attacken kräftig dazu beitrugen, eine solche Entwicklung zu verhindern, sei nur am Rande vermerkt. Ist schon hier, bei einem Dichter, der sich programmatisch von modernen Literaturströmungen losgesagt hatte, ein solch schroffer Bruch sichtbar, so kann man ahnen, was die Kombination von Forderung nach den neuen Stoffen und sozialistischem Realismus (contra "Formalismus") für Autoren bedeutete, die sich weiterhin den künstlerischen Avantgarden verpflichtet sahen.

Die Forderung nach neuen Stoffen war immer an die jeweils aktuellen politischen Konzepte gebunden. In den fünfziger Jahren beispielsweise wurde die Gestaltung der Produktionssphäre in der DDR gefordert, doch sollte sie mit der nationalen Problematik kombiniert sein. Die Schwierigkeiten, die sich daraus z. B. für Anna Seghers ergaben, sind am epischen Konzept des Romans "Entscheidung" abzulesen. Aus dieser doppelten

Forderung ergab sich oft das Sujet-Klischee des Agenten, das die innere Problematik der im Ansatz schon realsozialistischen Entwicklung überdeckte. Auf diese Weise wurde auch eine gründliche Auseinandersetzung mit dem Leben der Leute im Nationalsozialismus in den Hintergrund geschoben, ein Manko, auf das Anna Seghers immer wieder hingewiesen hat. In "Der Mann und sein Name" hat sie versucht, einen Durchbruch zu erzwingen. Seit Mitte der fünfziger Jahre wurde der Sujetbereich der Erfahrungen junger Hitlersoldaten dann zu einem Hauptstrang in der DDR-Literatur. Erster großangelegter Versuch in dieser Richtung war Fühmanns "Fahrt nach Stalingrad", auch wenn der Autor dieses Poem bald verworfen hat. Was Anna Seghers darüber zu sagen wusste, hat Bestand.

Sehr viel komplizierter liegt das Problem beim sogenannten "Bitterfelder Weg" seit 1959. Natürlich ging es dabei um den Versuch, die gesamte kulturelle Öffentlichkeit neu zu strukturieren, also um eine kulturpolitische Strategie, die weit über die Künste hinaus reichte. In diesem Rahmen wurde auch ein ernstzunehmender Versuch gemacht, das Verhältnis von Literatur und Öffentlichkeit neu zu bestimmen. Die Zeitschrift "Forum" hat aktuelle Literatur als ein Medium begriffen und propagiert, das geeignet war, Öffentlichkeit herzustellen. Bis zu einem gewissen Grad hat das sogar funktioniert, und darin bestand eine große Leistung der Redaktion und der Leute, die sie unterstützten. Als dann im Fernsehen diese Linie weitergeführt werden sollte, wurde allerdings erkennbar, dass die offiziell protegierten "Fernsehromane" meist zu einer harmonisierenden Gesellschaftssicht tendierten, nach dem Modell der "lösbaren Konflikte". Von der offiziösen Kritik und den Verantwortlichen in der Kulturpolitik wurden sie – im Gegensatz zu gleichzeitigen Romanen – unangemessen hochgelobt. Denn die epische Literatur, die Romanliteratur, war weitaus schärfer auf die real existierenden Widersprüche der Gesellschaft gerichtet und suchte gängige Orientierungen zu hinterfragen, die auf eine recht oberflächliche Übereinstimmung von Individuen und Gesellschaft hinausliefen.

Der "Bitterfelder Weg" ist eine widerspruchsvolle Sache. Zunächst sollten Arbeiterschriftsteller gefördert werden, um die neue Wirklichkeit in die Literatur zu bringen. Die Berufsschriftsteller wurden aufgefordert, ihre Lebensweise zu ändern und in die Betriebe zu gehen, um die gesellschaftliche Wirklichkeit kennenzulernen. Viele taten das und lernten diese Wirklichkeit kennen – das hatte freilich zur Folge, dass Romane wie "Der geteilte Himmel" oder "Spur der Steine" entstanden, die durchaus nicht den kulturpolitischen Vorgaben entsprachen. "Der geteilte Himmel" wurde hart attackiert, wobei politische und literarische Vorwürfe einander auf sehr charakteristische Weise ergänzten. Immerhin gelang es bei diesem Buch noch, eine gesellschaftliche Akzeptanz durchzusetzen (Vgl. die Dokumentation "Der geteilte Himmel und seine Kritiker"). Auch Strittmatters "Ole Bienkopp" wurde nach vielen internen Querelen schließlich als sozialistischer Klassiker etabliert, freilich fatalerweise nach dem 11. Plenum des ZK im Dezember 1965. Diesem verhängnisvollen kulturpolitischen "Kahlschlag" fiel nicht nur eine Jahresproduktion der DEFA-Studios zum Opfer, er hatte auch eine tiefgreifende Deformierung des literarischen Prozesses zur Folge.

Dieses Plenum eröffnete einen längerwährenden Prozess der Verdrängung der künstlerischen Intelligenz aus politischen und kulturpolitischen Entscheidungsgremien und veranlasste die Resignation vieler Künstler und teilweise sogar ihren Rückzug aus der Öffentlichkeit. Es war eine Art von "Ruhigstellung" führender Künstler, die bisher trotz aller Repressionen und Reglementierungen über einen nicht unbeträchtlichen kulturpolitischen Einfluss verfügt hatten. Von nun an setzte sich die Praxis durch, kritische Debatten nach Möglichkeit innerhalb der Verbände und Gremien zu belassen, sie von der Öffentlichkeit abzuschotten. Die Verbände hatten die Doppelfunktion, als Instrumente der obrigkeitlichen Reglementierung zu fungieren und zugleich eine Interessenwahrnehmung zu organisieren, um auf diesem Wege die intellektuelle Opposition zu kanalisieren oder zu paralysieren. Trotz spektakulärer Vorgänge – wie der Ausschluss widerspenstiger Mitglieder aus dem Schriftstellerverband – muss jedoch gesagt werden, dass die repressive Seite in der Arbeit der Verbände keineswegs die alles bestimmende war.

Man darf die Entwicklung nicht vereinfachen, wie das offenbar immer mehr Mode wird. Gerade in den sechziger Jahren suchten viele Schriftsteller nach Wegen, Anschluss an die Literatur der Moderne zu finden. Vermittler wurden dabei – durch ihr Werk oder auch ihr persönliches Auftreten – offiziell akzeptierte weltliterarische Persönlichkeiten wie Majakowski, Aragon oder Neruda. Eine ganze Reihe von Diskussionen wurden mit deutlichem Bezug auf die internationale Literaturentwicklung geführt. Ich hatte schon auf die Diskussion um Christa Wolfs "Der geteilte Himmel" verwiesen, bei der eine wesentliche Komponente die Frage nach der Verwendung moderner epischer Techniken war. Diskussionen um die harte Schreibweise und das Kriegsthema folgten. Folgenreich war auch die Lyrik-Diskussion im Anschluss an Hermlins Akademie-Lesung 1962 und die darauf folgende "Lyrik-Welle". War die Lesung Hermlins noch auf die entschiedene Kritik der Politiker gestoßen, so war der Versuch, durch Einschaltung des Zentralrates der FDJ mit großen Lesungen ein Forum öffentlichen Wirkens für vorwiegend junge Lyriker zu schaffen und auf diese Weise die Entwicklung zu steuern, immerhin ein produktiver Ansatz. Das dieser Ansatz bald in Manipulierung umschlug, hatte den Rückzug vieler Lyriker aus dieser Form öffentlichen Wirkens zur Folge. Aber diese Entwicklung hatte auch die Konsequenz, dass mit der Anthologie "In diesem besseren Land" zum ersten Mal eine ausgeprägt kritisch denkende Richtung in der Lyrik der DDR programmatisch dokumentiert werden konnte. Doch wurde der Versuch, in der Zeitschrift "Forum" eine kontroverse Lyrik-Debatte zu führen, rigoros abgebrochen. Immerhin blieb der Anlauf nicht ohne Folgen: Die Reihe der Auswahlbände junger Lyrik und die Reihe "Poesie-Album" führten die – politisch gebremsten – Impulse in der Praxis durchaus weiter.

Chance und Problematik von kulturpolitischen Orientierungen lassen sich auch am Beispiel der Entwicklungsromane zum Thema des zweiten Weltkrieges untersuchen. Zweifellos sind eine ganze Reihe wirkungsvoller und qualitätsvoller Bücher erschienen, aber letztlich haben sich alle großräumig geplanten Entwicklungsromane als Sackgassen erwiesen. Die Thematik solcher meist stark autobiographisch fixierter Bücher scheint einem Bedürfnis der Leser entgegengekommen zu sein, die höchst widerspruchsvollen eigenen Erfahrungen in Krieg, Nachkrieg und gesellschaftlicher Umwälzung im Spiegel der Literatur zu reflektieren. Der nachhaltige Erfolg des ersten Bandes um Werner Holt von Dieter Noll ist ein gutes Beispiel dafür. Doch der Versuch, Fortsetzungen dieser Bücher nach einem vorgegebenen Entwicklungsschema (Entscheidung gegen den Krieg und Entscheidung für den Sozialismus) zu strukturieren, scheiterte in der Regel. Denn die Hoffnung, eine – der subtilen Auseinandersetzung mit den Erlebnissen im Nazifaschismus vergleichbare – Darstellung der individuellen Konflikte in der realsozialistisch werdenden Gesellschaft geben zu können, war offenbar angesichts der ideologischen Tabus eine Illusion. Das Problem der "Kindheitsmuster", das Christa Wolf in ihrem Roman aufgeworfen hat, wurde von vielen Lesern mit großem emotionalem Engagement aufgegriffen. Doch statt die Frage nach der psychischen Prägung durch autoritäre Strukturen ernstlich und öffentlich zu erörtern, wurde diese Seite des Buches stark tabuiert. Aus der Rückschau demonstriert der von Gerhard Schneider herausgegebene Sammelband "Eröffnungen", wie Reglementierung auf dem Feld der Literatur zu Deformationen geführt hat, durch welche die künstlerische Entwicklung einer ganzen Autorengeneration zeitweilig blockiert worden ist. Langfristig war damit eine Dissoziierung programmiert.

Ihre dritte Frage gilt den Bemühungen, durch Literatur historisches Bewusstsein zu entwickeln und ein Abbild der DDR-Gesellschaft zu geben. Diese Frage irritiert mich, weil ich die zugrunde gelegte Vorstellung vom "Abbild einer Gesellschaft" als fragwürdig empfinde. Der Begriff wird – so scheint mir – von Ihnen zu mechanistisch aufgefasst. Mir ist auch nicht ganz klar geworden, wie Sie die Beziehung zwischen historischem Bewusstsein und Abbild der Gesellschaft verstanden wissen wollen. Ich weiß deshalb nicht, ob meine Antwort Ihre Frage trifft, und antworte also so, wie ich sie verstehe.

Die DDR stand von Anfang an vor einem Legitimationsproblem. Verursacht war das durch die Schaffung der Bundesrepublik, die sowjetische Deutschlandpolitik und die wirtschaftliche Schwäche der in der Sowjetischen Besatzungszone etablierten Gesellschaft. Die Entwicklung in Richtung einer sozialistischen Alternative in Deutschland war legitim und hatte zeitweilig einen beträchtlichen Rückhalt in Teilen der Bevölkerung. Dieser Rückhalt war aber nie so stark, dass die Führung der SED die vorgeblich plebiszitäre politische Legitimierung hätte aufgeben können. Daraus erklärt sich ihr Bestreben, eine historische Gesetzmäßigkeit als wichtigsten Faktor der Legitimation zu propagieren.

In der Anfangsphase der DDR bot der Antifaschismus eine wirksame Basis für ein neues gesellschaftliches Selbstverständnis, das weit über die relativ schmale kommunistische Minderheit hinausreichte. Verankert war es besonders im politisch aktiven Teil der Jugend und der Intelligenz. Es gab noch eine produktive Pluralität im öffentlichen Leben und – im Rahmen der sowjetischen Vorgaben – ein Bemühen um Klärungen auf geistig-kulturellem Gebiet. Erst das Jahr 1948 bedeutete hier einen tiefen Einbruch, markiert durch den Kongress von Wroclaw und Fadejews berüchtigte Rede. Freilich waren alle Fragen, die mit dem Komplex des Stalinismus und seiner ideologischen und politischen Praxis zu tun hatten, von vornherein aus dem antifaschistischen Konsens ausgeklammert. Jede Kritik auf diesem Feld wurde als antisowjetisch und gegen die Freundschaft zur Sowjetunion gerichtet betrachtet und verfolgt, nicht selten sogar unter Missbrauch juristischer Mittel. Die sowjetische Besatzungsmacht ging in den ersten Jahren rigoros vor, aber repressive Maßnahmen der Staatsorgane der DDR waren in den beginnenden fünfziger Jahren oft nicht weniger hart. Damit wurde von vornherein auch ein großer Fragenkreis ausgeschlossen, der für die Errichtung einer stabilen antifaschistisch-demokratischen Ordnung essentielle Bedeutung hatte. Ein derart reduzierter, selektiver Antifaschismus bildete begreiflicherweise auch ein Hindernis für jede Bemühung um einen gesamtdeutschen demokratischen Konsens – insbesondere über die Notwendigkeit, eine Spaltung Deutschlands zu verhindern. Für die Literatur der Nachkriegszeit ergab sich daraus, dass die Phase einer tiefgreifenden Abrechnung mit dem deutschen Faschismus sehr rasch abgelöst wurde durch die innerdeutsche Polemik im Zeichen des kalten Krieges und eine kulturpolitische Orientierung auf die "neue Wirklichkeit", die Umgestaltung der gesellschaftlichen Verhältnisse nach dem sowjetisch-stalinistischen Modell.

Schon 1948 erklärte Ulbricht die Beschäftigung mit Fragen des Exils und des Widerstands für historisch überholt. Geschichtliche Dimension zu gewinnen hieß also vor allem, der Orientierung auf eine Wiedervereinigung Deutschlands eine revolutionäre oder zumindest progressive Vorgeschichte zuzusprechen und die Traditionen zu beleben und zu propagieren, mit denen die – sehr abrupt einsetzende – politische Entscheidung begründet werden konnte, die Grundlagen einer sozialistischen Gesellschaft zu schaffen. Mir scheint es übrigens auch heute noch nötig, die oft aus dem Bewusstsein der Durchschnittsbürger verdrängten progressiven, revolutionären und sozialistischen Traditionen der deutschen Geschichte in der Öffentlichkeit bewusst zu halten. Deshalb betrachte ich den in der DDR vollzogenen Umbau des Geschichtsbildes bei allen Engstirnigkeiten auch heute noch grundsätzlich als einen Schritt nach vorn – dann nämlich, wenn an Stelle des einseitig staatslegitimierenden Akzents der gesellschaftsgeschichtliche tritt. Denn diese an sich vorwärtsweisenden Bemühungen in der DDR waren verbunden mit der Fixierung auf offiziöse Sichtweisen und mit der Tabuierung von Vorgängen, die den jeweils gültigen Parteidogmen widersprachen. Das offizielle Geschichtsbild trug immer stark dogmatische Züge – auch wenn die Fachwissenschaft im Lauf der Entwicklung wesentlich differenzierter urteilte. So führte – beispielsweise – die intensive Beschäftigung mit der 48er Revolution dazu, dass in der populären Propagierung fast nur noch die radikale Linke anerkannt wurde. Ebenso erfolgte die Beschäftigung mit der Novemberrevolution fast ausschließlich unter dem Gesichtspunkt, die Notwendigkeit der Entstehung der KPD zu begründen – zunächst sogar noch unter den Kriterien des "Kurzen Lehrgangs der Geschichte der KPdSU".

Grundsätzlich sollte jede Geschichtsdarstellung letztendlich die Argumente liefern, warum die führende Rolle der marxistisch-leninistischen Partei neuen Typus notwendig und durch die Geschichte legitimiert sei. Insofern musste – besonders in den Jahren des kalten Krieges – in jeder Situation immer sehr genau danach gefragt werden, a) welche geschichtlichen

Traditionen besondere Aufmerksamkeit verdienten, b) wer welche Akzente setzte und c) wann welche Verschiebungen der Schwerpunkte erfolgten. Denn während einerseits eine massive politische Instrumentalisierung von Geschichte erfolgte, wurde andererseits auch Geschichtsmaterial mobilisiert, das sich vordergründiger Ideologisierung quer stellte und beitragen konnte, eine dialektische Traditionsbeziehung zu ermöglichen und ein unverstelltes Geschichtsbewusstsein auszubilden.

Das trifft meines Erachtens durchaus auf weite Bereiche der Auseinandersetzung mit der klassischen deutschen Kultur zu. Natürlich gab es die klischierten Redensarten vom klassischen humanistischen nationalen Erbe, die als ideologische Keulen gegen Kosmopolitismus und Formalismus geschwungen wurden. Aber schon in den 50er Jahren gab es auch eine solide Forschung und ernstliche Bemühungen um die Propagierung eines differenzierten Bildes von der Wende vom achtzehnten zum neunzehnten Jahrhundert. Dabei muss sehr nachdrücklich darauf hingewiesen werden, dass die parteioffiziellen Konzepte mit ihren politisch verkürzten und manipulierten Wertungen nicht identisch sind mit der tatsächlichen Klassik-Rezeption in der kulturellen Öffentlichkeit.

Unter den marxistischen Richtungen in der Literaturwissenschaft der DDR gab es stark voneinander abweichende Sichtweisen, Methoden und Forschungsschwerpunkte, die in die Öffentlichkeit hineinwirkten. Sie artikulierten sich erst allmählich und gewannen Profil in der seit den 60er Jahren sich verstärkenden Debatte über das Erbe. Waren in den fünfziger und zum Teil auch in den sechziger Jahren die Vorstellungen vom klassischen Erbe noch stark normativ geartet, so gewinnt die öffentliche Debatte über das kulturelle Erbe in den 70er Jahren eine neue Qualität. Eine Reihe von Theateraufführungen vermitteln ein aufregend verändertes und widersprüchliches Bild von klassischen Werken und vor allem die Romantik-Welle trug deutlich die Züge eines – freilich höchst umstrittenen – Gegenentwurfs zu offiziösen Klischees der Literatur- und Kulturgeschichte.

Bei all diesen Vorgängen hat Literatur und Publizistik eine große Rolle gespielt. Man muss aber sehen, dass es eigentlich immer um die Frage nach der Historizität der Gegenwart ging. Es ist eine grundfalsche Vorstellung, als sei die Literatur und Publizistik in der DDR nur den kulturpolitischen Vorgaben gefolgt und habe sie apologetisch bestätigt. Für die wesentlichen Hervorbringungen trifft das nicht zu. Im Gegenteil sehe ich eher eine Tendenz zu einer innovativen Literatur, die neue Fragen aufwirft, welche dann – im Glücksfall – von der Kulturpolitik aufgegriffen werden. Die Beschäftigung mit dem Kriegsthema am Stoff des zweiten Weltkrieges beispielsweise war ein produktiver Ansatz, der später in die Gefahr geriet, durch reglementierende Eingriffe abgelenkt zu werden. Die Rückschau Günter de Bruyns auf seinen Erstling ("Eröffnungen") ist ein gutes Beispiel dafür.

Aber auch die widerspruchsvolle Geschichte der Beschäftigung mit der proletarisch-revolutionären Tradition gehört in diesen Kontext. Zunächst schroff als sektiererisch, formalistisch oder naturalistisch zurückgewiesen, wurde diese literarische Strömung der zwanziger und dreißiger Jahre um 1957 von der Kulturpolitik aufgegriffen: Zum einen als Schutzschild gegen westliche Einflüsse und Ersatz für die drohende umfassende Rezeption der Moderne, und zum andern als ein Instrument der ideologischen Disziplinierung der gegenwärtigen Autoren. Als besonders prekär erwies sich dabei die bald sichtbar werdende Tendenz, die sozialistische Literatur zum Hauptstrom und zum Maßstab der deutschen Literaturentwicklung seit den zwanziger Jahren zu erklären. In der tatsächlichen Wirkung war jedoch die Neubefragung der proletarisch-revolutionären Literatur auch ein Anstoß, auf die utopischen Horizonte der progressiven Avantgarde-Literatur zurückzugreifen. Das förderte – wie langsam und mühevoll auch immer dieser Prozess verlief – den schrittweisen Abbau von literarischen Tabus und engstirnigen Kunstvorstellungen.

In Literatur und Literaturwissenschaft ist eindeutig früher als in der allgemeinen Geschichtspropaganda auf Defizite aufmerksam gemacht worden. Dabei war natürlich die Neue Linke und der Neomarxismus in der Bundesrepublik eine wichtige Herausforderung und hat in vielen Punkten initiierend gewirkt. Man kann so weit gehen und sagen, dass die Beschäftigung mit der Geschichte, mit historischen Gegenständen, Traditionen, Erfahrungen zu einem wichtigen Medium der Artikulation von Widerspruch und Widerstand gegen verknöcherte ideologische Positionen geworden ist. An historischen Gegenständen wurde oft aktuelle Problematik exemplarisch durchgespielt. Auf der anderen Seite hatte aber zuweilen die polemische Position gegenüber ideologisierten historischen Klischees auch eine Enthistorisierung zu Folge.

Um auf Ihre Frage zurückzukommen: Natürlich lassen sich historische Prozesse und gesellschaftliche Entwicklungen in der Literatur der DDR ablesen. Aber das geschieht auf eine sehr differenzierte und oft nur indirekte Weise. Literatur kann stofflich gesellschaftliche Vorgänge "spiegeln", sie kann sie aber auch in phantastischen oder gleichnishaften Bildern bewusst zu machen versuchen. Sie kann in die Geschichte greifen, um die Gegenwart kritisch durchschaubar zu machen, sei es durch Mobilierung der Vorgeschichte der Gegenwart, sei es durch Insistieren auf Alternativen zur Gegenwart. Als Bobrowski die Frage nach der historischen Schuld stellte, war das eine leise, aber unüberhörbare Polemik gegen das Schema vom Aufstieg, von der Wandlung, von der Lösung aller Fragen im Bekenntnis zum Sozialismus. Aber das Wichtigste daran war wohl, dass er all das von der Frage nach der individuellen Verantwortung, der ethischen Substanz der Individuen her anpackte. Geschichte war hier als Vorgang zwischen Menschen erfasst und damit als ein offener Prozess.

Ihre vierte Frage gilt dem Problem, ob die DDR-Literatur durch die restriktive Medienpolitik in die Rolle einer "Ersatzöffentlichkeit" gedrängt worden sei, und wieweit Werke, die – wie Stefan Heyms "Fünf Tage im Juni" – nur in der Bundesrepublik verlegt werden konnten, eine ähnliche Funktion ausübten.

Die Verdrängung von Werken und Autoren aus dem Land, die Abschottung der literarischen Öffentlichkeit in der DDR von diesen Autoren und Werken kann man nicht einfach als Teilaspekt des Problems behandeln, das mit Literatur und literarischer Kommunikation als "Ersatzöffentlichkeit" beschrieben wird. Es ging ja bei der kulturpolitischen Regulierung und Reglementierung gerade darum, bestimmten Werken und Publikationen die Möglichkeit weitgehend zu nehmen, eine solche Funktion wahrzunehmen. Das heißt nicht, dass solche Werke und Publikationen in den literarisch interessierten Kreisen der DDR nicht wahrgenommen worden wären. Sie waren zu einem großen Teil im engeren Zirkel der literarischen Experten und vielen wachen Lesern bekannt. Aber die Kulturpolitik zielte darauf, kontroverse Diskussionen zu Gesellschaftsanalyse und -alternativen nicht über solche engeren Zirkel hinausdringen zu lassen. Es ergab sich eine seltsame Konstellation insofern, als kulturpolitische Entscheidungen oft als Reaktion auf Äußerungen oder Publikationen von Schriftstellern jenseits unserer Staatsgrenzen erfolgten, die bestenfalls in einem engen Kreis von Insidern bekannt waren. Mit den Folgen aber waren Leser konfrontiert, die von den auslösenden Vorgängen nichts oder nur ungenaues wussten und sich nur zuweilen über westliche Medien informieren konnten.

Schon im Rahmen einer – im weiteren Sinne verstandenen – literarischen Öffentlichkeit konnte solche Kenntnis nicht mehr vorausgesetzt werden. Kenntnis oder Unkenntnis darüber war von Zufälligkeiten wie etwa der Möglichkeit illegaler Einfuhr von Einzelexemplaren von Büchern und Zeitschriften bedingt, oder aber durch die – meist gezielte – Information innerhalb der westlichen Medien, die dann freilich in einem recht breiten Kreis von Interessenten wahrgenommen wurde. Aber gerade solche westlichen Informationen konnten in der großen literarischen Öffentlichkeit nicht oder nur indirekt, also verzerrt, debattiert werden. Die Polemik gegen Westpublikationen (die im Wortlaut nicht publiziert oder nicht einmal ausführlich zitiert werden konnten) war freilich nicht selten eine Form, bei vielen Lesern Aufmerksamkeit zu wecken.

Als ein Sonderproblem kommt hinzu, dass die systematische und oft recht willkürliche Ausgrenzung von Werken dazu führte, dass die Kritik deformiert wurde. Gegenüber der Praxis, unliebsame Bücher durch Pressekampagnen zu brandmarken, wurde es für einen Kritiker zuweilen fast unmöglich, zu wesentlichen und vor allem gesellschaftskritischen Büchern ernstliche Einwände zu erheben. Denn solche Einwände konnten als Denunziation aufgefasst oder nachträglich einer Rechtfertigung von Restriktionen dienstbar gemacht werden. Das bedeutet übrigens nicht, dass die Literaturkritik einen ernsthaften Einfluss gehabt hätte. Wo Reglementierungen oder Verbote vorgenommen wurden, lag in jedem Fall eine politische Entscheidung vor der ideologischen Kampagne, die immer nur Nachvollzug war. Dass im einen oder anderen Fall die öffentliche Reaktion kulturpolitische Instanzen bewog, ihre Maßnahmen zu modifizieren, bestätigt nur diese Regel. Das spektakulärste Beispiel ist für mich die Affäre um Volker Brauns "Hinze-Kunze-Roman".

Eine "Ersatzfunktion" im Rahmen der geistig-kulturellen und politischen Öffentlichkeit nahm Literatur innerhalb der DDR dadurch ein, dass sie in Presse und anderen Medien nicht artikulierte oder bewusst ausgesparte Probleme ansprach, also gleichsam journalistische Aufgaben wahrnahm. Ähnliches hat Literatur übrigens auch in vergangenen Zeiten getan, sehr extrem in der Weimarer Republik, wo eine im Großen und Ganzen funktionierende – wenn auch im Medienbereich rechtslastige – Öffentlichkeit existierte. Das Problem liegt eben darin, dass der Schreibende sich der Pflicht konfrontiert sieht, zu sagen, was ohne ihn öffentlich nicht gesagt werden würde. Wie das im Einzelnen geschieht, muss jeweils konkret untersucht werden. Oft sucht der Schriftsteller Fragen zu formulieren und Bedürfnisse zu artikulieren, die, indem sie öffentlich werden, demokratische Aktivität wecken und gleichzeitig das politische Führungspersonal veranlassen sollen, sich solchen Aktivitäten nicht zu verschließen oder sie zumindest nicht zu behindern.

Auf diesem Feld wäre es von großem Interesse, der Frage nachzugehen, wie sich Publizistik und Literatur in der DDR der Beziehung von Industrie und Ökologie gestellt haben. Es ist nicht zu übersehen, dass sich Schriftsteller in der DDR – besonders seit der Biermann-Affäre – in wachsendem Maße als Sprachrohr einer im gesellschaftlichen Leben noch diffusen Opposition empfanden. Das lässt sich freilich nicht an der Literaturkritik ablesen, denn es gehörte zu den eingespielten Regeln, in der Presse Lesarten zu umstrittenen Werken anzubieten, die ihrer Integration in die reglementierte literarische Öffentlichkeit förderlich waren. Wo gegen solche Werke nicht zentral gesteuerte Kampagnen im Gange waren, bemühten sich wohlmeinende Kritiker in der Regel, Modelle ihrer Integrierbarkeit zu liefern und dabei die dem realen Sozialismus nicht integrierbaren Seiten auszublenden.

Ich glaube, man kann Autoren und Werke, die durch repressive Maßnahmen verschiedener Art oder auch durch eigene Entscheidung der Autoren auf den westlichen Buchmarkt abgedrängt worden waren, nicht generell zu dem Komplex der sogenannten "Ersatz-Öffentlichkeit" rechnen – höchstens im Einzelfall ist das möglich. Sicher, säuberlich trennen kann man da nicht, schon deshalb, weil bei bestimmten Büchern die Wirkung auf dem westlichen Buchmarkt und eine dadurch veranlasste Rückwirkung auf die literarische Öffentlichkeit in der DDR dazu geführt hat, dass ursprüngliche Restriktionen aufgegeben und die Verweigerung der Druckgenehmigung rückgängig gemacht wurde. Ja, es scheint zuzeiten ein bewusst praktiziertes Prinzip in den verantwortlichen Institutionen gewesen zu sein, Bücher, die – trotz Verbot – im Westen zum Druck gelangten, nach einer gewissen Zeit, wenn die politische Brisanz abgeklungen war oder Muster der Integration gefunden worden waren, doch noch zum Druck zuzulassen. In der Regel ist aber in solchen Fällen die Erstrezeption der außerhalb der DDR-Grenzen erschienenen Bücher innerhalb der literarischen Öffentlichkeit der DDR nicht nachvollzogen worden – der Zeitpunkt des Erscheinens in der DDR ist entscheidend für die Wirkung beim breiteren Lesepublikum.

Die Grauzone zwischen den Bemühungen der Verlage und Zensurbehörden um Änderung unliebsamer "Stellen", der gezielten Druckverzögerung (man solle "einen politisch günstigeren Zeitpunkt abwarten"), der Restriktion durch Papierzuteilung, dem Gerangel verschiedener Instanzen auf der übergeordneten politischen Ebene und schließlich dem Verbot von Büchern muss natürlich in jedem einzelnen Fall aufgehellt werden – wobei ein Verbot – wie gesagt – nicht unbedingt endgültig sein musste. Dafür sind Bücher wie Christa

Wolfs "Christa T." und Hermann Kants "Impressum" sehr verschiedene, aber charakteristische Beispiele. Auch einige Titel von Stefan Heym ließen sich hier nennen. Innerhalb der Versuche, die Wirkung von Büchern zu begrenzen, die von der politischen Führung als prekär oder bedenklich betrachtet wurden, spielte die Manipulierung der Auflagenzahl eine beträchtliche Rolle. Durch eine geringe Auflage konnte der Kreis der Leser für ein scheinbar freigegebenes Buch zumindest zeitweise auf eine enge literarischen Interessentengruppe reduziert werden. Die Hoffnung der Verantwortlichen, damit auf lange Zeit den Wind aus den Segeln zu nehmen, erfüllte sich jedoch selten.

Nur wenige Bücher konnten trotz eines Verbots nachhaltig von außen in die DDR hineinwirken. Das wichtigste von ihnen ist wahrscheinlich Stefan Heyms "Fünf Tage im Juni". Ausschlaggebend dafür ist sicher zunächst das hohen Sachinteresse am Stoff, der auch in späteren Jahren seine Faszination nicht verloren hat. Aber ich glaube, dass auch die jahrelange Verteufelung des Buches durch hohe Funktionäre – schon vor der Veröffentlichung der überarbeiteten Fassung im Westen – ihren Teil beigetragen hat, die Aufmerksamkeit nicht erlahmen zu lassen. Zuerst und vor allem aber war die Tatsache wichtig, dass der Autor unerschütterlich in der DDR lebte und als Sprecher einer entschiedenen, aber staatspolitisch loyalen Opposition auftrat. Ich selber habe ein Exemplar des hektographierten Manuskripts der ersten Fassung bereits Mitte der sechziger Jahre von Bekannten in die Hand bekommen und gelesen, im engen Kreis auch darüber diskutiert. Nach Erscheinen der Taschenbuchausgabe dürfte der Roman dann auch innerhalb der DDR zu einer der wichtigsten, wenn auch illegalen Informationsquellen über den 17. Juni geworden sein. Aber das ist nicht die Regel.

Natürlich war der Kreis der Leser von Heyms Buch beschränkt, in Bibliotheken war es ja nicht zugänglich und konnte für den Nichtspezialisten nur über Westkontakte vermittelt werden. Doch ich halte es für gegeben, dass dieses Buch tatsächlich eine Rolle innerhalb einer informellen "Ersatzöffentlichkeit" gespielt hat, auch wenn mir empirische Erhebungen nicht bekannt sind. Öffentlich debattiert worden ist es natürlich in der DDR nicht, höchstens zuweilen diffamiert. Doch seine Existenz war wohl jedem Literaturinteressierten bekannt, und sei es nur, weil es unter den Titeln aufgeführt war, die auf dem berüchtigten 11. Plenum des ZK der SED im Dezember 1965 exemplarisch verdammt wurden.

Ihre fünfte Frage gilt den Veränderungen, die sich seit den revolutionären Umwälzungen von 1989 vollzogen haben. Zunächst stehe ich dem Begriff der "revolutionären Umwälzungen" höchst skeptisch gegenüber. Die Hauptbewegung innerhalb der DDR von 1989 war die Abstimmung mit den Füßen und die war nicht revolutionär. Demgegenüber war die basisdemokratische Bewegung mit dem Ziel einer revolutionären Erneuerung des Sozialismus immer eine schmale Minderheit und wurde nach der vollzogenen Wende faktisch schon im Keim erstickt. Sie war – auf Grund des brüchig gewordenen Regimes – die Initialzündung für die bedingungslose Kapitulation der Führungselite der DDR und die Rückkehr zu kapitalistischen Verhältnissen. Der Übergang von der selbstbewussten Losung "Wir sind das Volk" zum anpasserischen und nationalistischen Slogan "Wir sind ein Volk" ist Symbol der Selbstaufgabe und Unterwerfung einer Mehrheit, die ganz zweifellos weniger demokratisch als durch medienpolitische Manipulation zustandegekommen war. Der überstürzte Anschluss und die nachfolgende Kolonisation der "ehemaligen DDR" waren nur noch Konsequenzen daraus. Dass die sogenannten Bürgerrechtler in der Mehrzahl ihre eigenen Forderungen schnell vergaßen und einige von ihnen sich vorwiegend damit beschäftigten, sich selbst nicht in Vergessenheit geraten zu lassen, ist nur ein Randproblem. Umso mehr verdienen natürlich die wenigen, die ihren Idealen treu geblieben sind, Wertschätzung und Achtung. Auch Schreibende sind unter ihnen.

Ich könnte also bestenfalls von einer revolutionären Möglichkeit innerhalb einer Umwälzung sprechen, die die Auflösung des in die Krise geratenen und von ihrer Schutzmacht aufgegebenen administrativ-zentralistischen Kommandosystems in der DDR besiegelte. Natürlich ist es eine Frage des Standpunkts, ob man diesen Vorgang eine demokratische Revolution nennen will – die Entscheidung für den Anschluss und den Einigungsvertrag spricht dagegen. Tatsache ist jedenfalls, dass der basisdemokratische, radikale Ansatz in den wenigen Wochen von Januar bis März 1990 an die Peripherie gedrängt worden ist.

Mit dem Staat und dem Gesellschaftsmodell des realen Sozialismus hat sich das System der literarischen Verhältnisse aufgelöst, das durch sie bedingt war. Natürlich war diese Auflösung seit Jahren durch die systematische Verdrängung der Opposition und durch die tiefgreifende Deformation der Öffentlichkeit vorbereitet. Die Literatur in der DDR wurde staatsoffiziell als sozialistische Nationalliteratur der DDR bezeichnet. Die Voraussetzung dafür war die Abgrenzungspolitik gegenüber der BRD, die These von der Herausbildung einer besonderen nationalen Identität in der DDR. Eine solche Sicht wurde von einer Reihe Autoren geteilt, von vielen aber auch abgelehnt. In der Praxis war der Gebrauch der Formel von der sozialistischen Nationalliteratur nicht mehr als ein Ausweis politischer Loyalität. Sicher bezeichnete diese Formel letzten Endes auch die von vielen Beobachtern geteilte Überzeugung von der Eigenständigkeit der DDR-Literatur. Man verglich sie gern mit den Besonderheiten der deutschsprachigen Literaturen in Österreich und der Schweiz, aber betonte, dass sie auf literarische Verhältnisse gegründet sei, die anders strukturierten Kommunikationsprozessen und Steuerungsmechanismen unterworfen waren als die marktwirtschaftlichen westlicher Länder.

Ganz zweifellos wurde jedoch durch die politisch forcierte offizielle Begriffsbildung die Differenziertheit der realen literarischen Vorgänge innerhalb der Literatur in der DDR verdeckt und die Vielfalt literarischer Strömungen und Tendenzen eingeebnet. Dass sich ein beträchtlicher Teil der Autoren in mehr oder weniger offen zur Schau getragener Opposition zur Staatspolitik, wenn auch nicht unbedingt zum Staat selber befand, blieb sorgfältig ausgespart. Aber dass eine relative Eigenständigkeit der Literatur in der DDR zumindest von den endfünfziger bis zu den ersten achtziger Jahren existierte, scheint mir auch heute nicht falsch zu sein. Diese beruhte in erster Linie auf den Bedingungen der Produktion, Distribution und Rezeption innerhalb der DDR-Gesellschaft. Es gehörte zu den verhängnisvollen Defiziten, dass im zentral gesteuerten und reglementierten System der Literaturverhältnisse in der DDR letzten Endes die Literatur von der politischen Führung nicht als Artikulation von Interessen, Bedürfnissen und Ansprüchen der Menschen akzeptiert wurde. "Ersatzöffentlichkeit" zu sein, schließt ja die Voraussetzung ein, dass eine Öffentlichkeit, in der demokratische Einflussnahme praktiziert wird, nicht existiert und im Grunde auf eine Ventilfunktion reduziert wird, bestenfalls auf Lebenshilfe.

Literatur konnte natürlich eine funktionierende politisch-gesellschaftliche Öffentlichkeit nicht ersetzen. Sie hätte beitragen können, eine solche Öffentlichkeit als Voraussetzung demokratischer Mitbestimmung vorzubereiten und auszugestalten. Doch die politischen Kräfte fanden sich nicht, welche die Kraft und die Fähigkeit hätten aufbringen können, eine solche Veränderung zu erzwingen. Es erweist sich im Nachhinein, dass die Schriftsteller, die als Wortführer einer Erneuerung der DDR auftraten, zwar eine breite Unzufriedenheit und die Aufbruchstimmung großer Teile der Intelligenz artikulierten, aber mit ihren politischen Zielvorstellungen isoliert blieben. In der zweiten Phase der Massenbewegung des Herbst 1989 (also nach dem 4. November) verloren Stefan Heym, Christa Wolf und auch Christoph Hein nicht ihre Bedeutung, aber sie verloren ihre Funktion als Wortführer einer breiteren, politisch relevanten Bewegung. Sie hätten auch nur eine Chance haben können, wenn die radikaldemokratische Massenbewegung sich durchgesetzt hätte oder wenn eine demokratisch und sozialistisch orientierte Reformbewegung die Stabilisierung des Staates DDR hätte erreichen können. Beides war nicht der Fall, geriet nicht einmal in den Bereich der realisierbaren Möglichkeiten. Deshalb ist auch der Vorwurf Unsinn, die Schriftsteller hätten nicht an der Spitze der revolutionären Bewegung in der DDR gestanden. Diese hat sich vielmehr nie formieren können – nicht zuletzt scheint mir, weil sich eine handlungsfähige Parteiopposition innerhalb der SED zu spät herausgebildet hat und die SED/PDS im Zuge der Anschlusspolitik ihre Handlungsfähigkeit weitgehend verlor und mit bloßer Selbsterhaltung beschäftigt war.

Der Zusammenbruch der Kommunikationsbedingungen der DDR-Literatur hat den vagen Ansätzen zu einer Vorreiter-Rolle bei der Erneuerung des realsozialistischen Staatswesens ein Ende gemacht. Literatur und literarische Kommunikation können politische Gruppen und Bewegungen nicht ersetzen. Sie haben sicher schon begriffen, verehrter Herr***, dass ich weniger der Literatur an sich als einer Reihe von Schriftstellern bei den Umwälzungen im Jahr 1989 eine bedeutende Rolle zuschreibe. Ohne ihre Texte, nämlich die publizistische oder literarische Auseinandersetzung mit den gesellschaftlichen Gravamina der verschiedenen Bevölkerungsschichten, hätte sich die Opposition – basisdemokratische Bürgerrechtsbewegung und die Erneuerungsbestrebungen innerhalb der SED – kaum formieren können. Ich meine damit jene Gruppen, die auf der großen Demonstration am 4. November 1989 zu Wort kamen und deren Ziele durch diese Demonstration repräsentiert wurden. Diese Seite schriftstellerischen Wirkens hat übrigens bis heute Bedeutung behalten, denn die höchst bedeutsame Durchsetzung des Prinzips der Gewaltlosigkeit beim Untergang der DDR geht nicht zuletzt auf das humanistische Engagement der Schriftsteller, Theaterleute, Unterhaltungskünstler etc. zurück. Nur eben, die Masse der "Ausreisewilligen" wird weder von diesen Schriftstellern noch von der basisdemokratischen Bewegung der Bürgerrechtler repräsentiert.

Für die Ausreisenden wollten viele namhaften Schriftsteller nicht Vorreiter sein. Freilich, das Problem ist, dass weder die basisdemokratische Bewegung noch die Schriftsteller diese Menschen zu erreichen vermochten, die – aus welchen Gründen auch immer – die DDR verließen. Man mag das gut oder schlecht finden: Die systemkritische Literatur war als Gegenöffentlichkeit nicht auf Zerstörung der sozialistischen Ansprüche und Ansätze im gesellschaftlichen System der DDR aus, sondern sie suchten die Utopie einzuklagen, in deren Namen der Aufbau dieser Gesellschaft einst begonnen worden war und die für viele die einzige Legitimation für dieses historische Experiment war. Sie wollten Anspruch und Wirklichkeit konfrontieren, um Möglichkeiten für die Realisierung des Anspruchs freizulegen. Die wichtigste Einsicht bestand darin, dass der Stalinismus – verstanden als Einheit von terroristischer Herrschaftspraxis, gesellschaftlichem System autoritärer Lenkung von oben und einem ideologischen Dogmengefüge als Instrument der geistigen Integration und Repression – nicht nur eine Deformation des Sozialismus war, sondern eine grundsätzliche Fehlentwicklung programmiert hatte.

Dennoch, das Ziel der Autoren, die sich zum Sprecher einer Erneuerung dieses Landes und der Hoffnung auf eine Alternative zur kapitalistischen Bundesrepublik (bei Abbau des Freund-Feind-Denkens aus dem Kalten Krieg!) gemacht hatten, war die Stabilisierung eines erneuerten Landes, war der grundsätzliche Umbau eines Systems, das seine Stabilität eingebüßt hatte, weil seine Regenerationsfähigkeit verloren gegangen war – vorausgesetzt, sie hätte je bestanden. Wichtig wäre heute, bei solchen pauschalisierenden Aussagen nicht stehen zu bleiben und die Positionen der einzelnen Schriftsteller zu untersuchen, nicht, um sie nun in eine neue Ersatzfunktion als zum Scheitern verdammte Politiker zu drängen, sondern um den Platz von Schriftstellern und Literatur in der – hoffentlich – demokratischer werdenden Öffentlichkeit nicht auf ein wiederum pauschalisierendes Klischee festzuschreiben.

Dass sich im Zuge der Wendung von der Konföderations- zur Anschlusspolitik jede Hoffnung auf eine eigenständige Erneuerung der DDR-Gesellschaft rasch als illusionär erwies, veranlasste viele der an den Runden Tischen beteiligten basisdemokratischen Bürgerrechtler, sich neu zu orientieren. Erwartungen knüpften sich nun an einen Prozess der Wiedervereinigung, in dessen Verlauf die Integration der DDR eine Erneuerung und Erweiterung der sozialstaatlichen Grundlagen und der demokratischen Verfassung der Bundesrepublik nach sich ziehen könne. Ob das für die literarische Entwicklung relevant werden wird, ist gegenwärtig völlig offen.

Ihre sechste Frage gilt der Rolle der Schriftsteller innerhalb der Umwälzungen in der DDR, d. h. der Frage, ob Schriftsteller die Entmachtung der SED mit ihrem Schaffen vorbereitet haben, oder ob vielmehr die These berechtigt ist, die Revolution habe ohne die Literaten stattgefunden. Diese Frage hat sich nach dem Gesagten schon fast erledigt. Die Probleme, die hier zu erörtern wären, können nicht im Kontext der wenigen Monate seit Mitte 1989 beantwortet werden. Ohne die Literaten wäre an die "Revolution" von 1989 nicht zu denken gewesen, so wenig wie ohne die Friedensgruppen, die Ökologie-Bewegung, die Menschenrechtsbemühungen der Kirche etc. Man muss großräumiger denken, wenn man der Rolle der Schriftsteller gerecht werden will.

Da muss Hermlin und seine große Lyrik-Lesung 1962 erwähnt werden, die den Beginn der kritischen Literatur in der DDR signalisierte, da wird das Auftreten des damals noch kommunistisch argumentierenden Wolf Biermann wichtig und fast noch wichtiger werden die Folgen der Biermann-Affäre 1976. Aus meiner Sicht hat der VIII. Schriftstellerkongress (besonders die Reden von Franz Fühmann und Volker Braun) eine zentrale Rolle – und das schließt ein, dass eine genaue Analyse der widersprüchlichen Wirksamkeit des Schriftstellerverbandes und des Ministeriums für Kultur an der Zeit wäre, das mehr als ein bloße Reglementierungs- und Zensurbehörde war. Gegenwärtig steht eine solche Analyse noch aus.

Ich halte es für wichtig, dass – um nur diese Beispiele zu nennen – Rudolf Bahro im "Forum" den "Paul Bauch" und die Akademie-Zeitschrift "Sinn und Forum" die "Unvollendete Geschichte" von Volker Braun gedruckt haben. Die Schriftsteller haben in den sechziger und siebziger Jahren viele Fragen artikuliert, die in ihrer praktischen Bedeutung erst in den 80er Jahren erkannt worden sind. Rufer in der Wüste waren die besten – aber Rufer, die mehr als ihr Wohlleben riskierten. (Der es ihnen vorwarf, hat übrigens nicht schlecht gelebt und sein eigenes Wohlleben keineswegs riskiert.) Könnte man nicht auch sagen, dass die politischen Nutznießer der Umwälzung die namhaften Schriftsteller aus der DDR fallen ließen, eben weil eine ganze Reihe von ihnen die Intentionen des Sommers und des Herbstes 89 nicht verraten wollten?

Gesetzt, es wäre wahr, dass "die Revolution ohne die Literaten" stattgefunden hat, bliebe immer noch die Frage, ob ein Kriterium zur Beurteilung von Schriftstellern und ihrer Werke sein kann, Revolutionen ausgelöst zu haben oder nicht. Der Vorwurf besagt eigentlich nur, dass Schriftsteller selten als Organisatoren der Basisbewegung aufgetreten sind und dass sie mit ganz verschiedenen individuellen Haltungen auf die Vorgänge reagiert haben – wie das der Besonderheit ihres Metiers entspricht. Der Versuch namhafter Autoren, im Scheitern eines Systems seine Ausgangsutopie lebendig zu halten, ist in meinen Augen moralisch ehrenwert, auch und gerade, wenn das bedeutet, nicht mit dem Strom zu schwimmen.

Mir scheint hier noch eine andere Anmerkung nötig. Mit mehr oder weniger Recht sind eine Reihe von Schriftstellern in Verruf gekommen, die versucht haben, im Rahmen der bestehenden gesellschaftlichen Strukturen Strategien einer Veränderung auf lange Sicht zu praktizieren. Ich nenne hier nur den Namen Hermann Kants als einen unter vielen. Sicher, die Wirklichkeit hat sie desavouiert. Aber das ist eine Wahrheit post festum. Tatsächlich gab es bis zum Sommer 1989 nur die Alternative, politisch innerhalb des realsozialistischen Systems zu wirken oder mit Verweigerung zu reagieren, im äußersten Fall das Land zu verlassen. Eine ernsthafte Analyse der Verhältnisse wird nicht umhin kommen, beide Haltungen in ihrer Problematik und Widersprüchlichkeit zu betrachten und zu analysieren.

Ich rede hier nicht von opportunistischem Anpassen oder prinzipiellem Aussteigertum, die wären unter anderen Gesichtspunkten zu werten und keine Spezialität dieses Landes. Ich rede hier von Strategien, die gesellschaftlich etwas bewirken sollen. Da ist der Schriftsteller, der innerhalb der offiziellen Institutionen wirkt und Kompromisse schließt, natürlich immer auch systemstabilisierend. Aber hat es nicht auch stabilisierend gewirkt, wenn Schriftsteller, die ins Abseits oder über die Grenzen gedrängt wurden, sich drängen ließen? Wer wegging, befreite die Mächtigen in der DDR von einer Stimme der Opposition.

Die schrecklichen Vereinfachungen bringen nicht viel weiter. Mir scheint, es wäre Zeit, an eine genaue und vorurteilsfreie Analyse der folgenschweren Eingriffe politischer Instanzen in den Literaturprozess heranzugehen, die sehr detailliert die Beweggründe klarlegt, die bestimmend waren für die sehr unterschiedlichen individuellen Reaktionen. Bis heute herrscht eine resentimentgeladene Argumentation vor. Sie ist berechtigt als Reaktion der Betroffenen, seien es die Ausgebürgerten, Abgeschobenen, Ausgeschlossenen, Diskriminierten oder Ungedruckten. Eine Untersuchung der literarischen Verhältnisse und der kommunikativen Bedingungen für das Entstehen und die Verbreitung von Literatur darf aber dabei nicht stehenbleiben.

Ihre siebente Frage gilt dem aktuellen Funktions- und Machtverlust der Literatur in der DDR und den Autoren, welche die Abschaffung von Gängelei und Zensur mit einer Einbuße an öffentlichem Gehör bezahlen mussten. Da die literarischen Verhältnisse zerfallen und aufgesprengt werden, die Stellung der Literatur innerhalb der demokratischen Öffentlichkeit sich grundlegend ändert, versteht sich eine Funktionsveränderung der Literatur von selbst. Sicher wird Literatur einen Teil ihrer Provokation einbüßen, wenn Pressefreiheit verwirklicht ist und man erfahren wird, dass diese Freiheit auch ihre Grenzen hat. Der Dialog mit den heute Mächtigen hört auf, wenn sie über weit effektivere Mechanismen der Kontrolle der Öffentlichkeit verfügen. Einbuße an öffentlichem Gehör hat also wenig mit Abschaffung der Gängelei der Literatur, der Zensur von literarischen Werken zu tun, sondern damit, dass die öffentliche Artikulation demokratischer Forderungen etc. in den Medien und Institutionen die Autoren in andere Konstellationen bringt.

In der DDR haben sich viele Autoren als Partner in einem Dialog mit den Lesern verstanden. Das werden sie vermutlich weiter zu tun versuchen. Es ist sogar anzunehmen, dass die Bewältigung der Erfahrungen der 40 Jahre DDR und die Konflikte des Anschlusses an die Bundesrepublik ein wichtiger Gegenstand der Autoren bleiben wird, die so oder so mit der Geschichte der DDR verbunden sind. Literatur wird also ihre außerliterarischen Bezüge und Anstöße nicht verlieren. Dem Verdrängungsprozess entgegenzuwirken, der massiv einsetzen wird, ist die eine Seite, die andere, Selbstprüfung und Selbstbesinnung des lesenden Teils der Menschen zu stimulieren, die mit dem Zusammenbruch der DDR fertig werden müssen. Ein Antrieb mag es auch werden, den Lesern in der ehemaligen BRD ein Bewusstsein für den historischen Prozess zu ermöglichen, der auch die westdeutschen Länder verändern wird, selbst dann, wenn die herrschenden Eliten sich dagegen stemmen. In welche Richtungen diese Veränderungen gehen werden, ist heute noch nicht abzusehen. Noch sind die tiefgreifenden sozialpsychologischen Konsequenzen nicht einmal angedacht, mit denen Millionen zu tun haben werden. Mit Recht wird viel von der notwendigen Trauerarbeit gesprochen. Es scheint aber einigermaßen sicher, dass sich mit der Entwicklung der demokratischen Öffentlichkeit auch die literarische Kommunikation differenzieren muss, ein Vorgang, dessen soziologische Besonderheiten heute noch nicht bestimmt werden können. Sicher scheint mir beispielsweise, dass regionale Bindungen der kulturellen Institutionen wieder eine stärkere Rolle spielen werden. Ob eine kulturelle Identität der ehemals zur DDR gehörenden Länder erhalten bleibt, scheint mir zweifelhaft, vermutlich werden solche Momente höchstens über ein bis zwei Generationen hin wirken. DDR-Literatur ist ein historisches und ein heute im Prinzip abgeschlossenes Phänomen. Gegenüber der bisher proklamierten öffentlichen Rolle von Literatur in der DDR ist auf absehbare Zeit eine Marginalisierung unvermeidlich. Allerdings muss die Frage erlaubt sein und sehr sorgfältig erörtert werden, wie weit die offiziell propagierte Rolle der Literatur in der DDR auch den realen Tatsachen entsprochen hat. Die vorgegebene Funktion der Literatur im gesellschaftlichen Selbstverständnis ist in ihrem Verhältnis zur Realität literarischer Kommunikation bisher nicht ernstlich untersucht worden.

Literatur heißt es, habe in der DDR in hohem Grade publizistische Funktionen wahrgenommen und sei deshalb unter ästhetischen Gesichtspunkten irrelevant. Nun, wahrscheinlich wird auch künftig den Beruf des freien Schriftstellers nur ausüben können, wer die künstlerische Arbeit durch publizistische, journalistische, redaktionelle oder verlegerische Tätigkeit ergänzt. Darauf hat erst kürzlich Heinz Czechowski hingewiesen. Die prinzipielle Verflechtung von Expertenkreisen, literarischer, geistig-kultureller und demokratischer Öffentlichkeit ist ja innerhalb der Bedingungen von kapitalistischer Marktwirtschaft und parlamentarischer Demokratie weit entwickelter als unter den realsozialistischen Bedingungen. Was im Realsozialismus wahr war, ist es im Realkapitalismus noch mehr: Von Kunst allein kann man nicht leben. Zu hoffen ist, dass der andere Satz auch seine Gültigkeit behält: Ohne Kunst kann man nicht leben. Die Entwicklung der Massenmedien kann freilich den Zweifel daran lehren. Übrigens darf man den Bruch, der bevorsteht, auch nicht übertreiben. Viele Autoren der DDR haben schon seit langen Jahren die Bedingungen des westlichen Marktes kennengelernt. Während sie bisher in der Regel den Adressaten vor allem in der DDR suchten, wird sich das Bild des in die Bücher eingeschriebenen Lesers künftig beträchtlich verändern.

Ihre achte Frage gilt dem 17. Juni 1953 in der Literatur und der Bedeutung der Bücher zu diesem Thema. Der 17. Juni ist in meinen Augen ein aktuelles Thema geblieben, nicht nur, weil er einen entscheidenden Wendepunkt in der Gesellschaftsgeschichte der DDR darstellt, sondern auch weil die damit verbundenen Probleme über lange Jahre tabuisiert waren. Nahezu alle Grundfragen der Entwicklung des realsozialistischen Experiments sind hier modellhaft vorgebildet, seiner Möglichkeiten und seines Scheiterns. Brechts Tagebuchnotiz ist aktuell geblieben. Es gab eine Chance, die Bedürfnisse der Massen berücksichtigen zu lernen, eine ernsthafte Demokratisierung durchzusetzen und die Intellektuellen langfristig zu gewinnen. Sie ist vertan worden.

Eine zulängliche Darstellung der literarischen Auseinandersetzung mit dem Thema "17. Juni" steht noch aus. (Nachträgliche Anmerkung: Einen Überblick zum Thema gibt das Buch von Johannes Haupt: Der 17. Juni 1953 in der Prosaliteratur der DDR bis 1989. Über den Zusammenhang von Politik und Literatur und die Frage nach einem 'Leseland DDR'. Diss. phil Mannheim 1991). Aus meiner Sicht wird das Problem der Demokratisierung in Volker Brauns "Hinze-Kunze-Roman" am entschiedensten reflektiert. Auch Peter Hacks "Moritz Tassow" halte ich für ein Stück, das prinzipielle Bedeutung für die Analyse der Alternativen in der DDR-Geschichte besitzt. Darstellungen des 17. Juni finden sich bekanntlich bei Seghers, Neutsch, Heiner Müller u. a.

Jürgen Kuczynski hat immer wieder betont, dass man über die DDR aus der Literatur mehr als aus der ganzen sozialwissenschaftlichen Forschung erfahren könne. Er hat recht damit. Besonders was die jeweils historische "Befindlichkeit" von Individuen und Gruppen angeht, ist die Auskunft der Literatur unersetzbar. Welch schroffe Brüche da bedacht werden müssen, mag Fühmanns Auseinandersetzung mit dem Problem der Wandlung in seinem Ungarn-Buch belegen. Für mich ist die Literatur in der DDR seit den 60er Jahren eine Literatur, die einige Autoren von weltliterarischem Rang hervorgebracht hat. Heute soll das weggeredet werden – ich halte das für eine aktualisierende politische Attitüde. Da soll der emanzipatorische Anspruch begraben werden, der zum Besten gehört, was Bücher aus der DDR zu bieten haben.

Sehr geehrter Herr, ich sehe, dass ich immer skizzenhafter werde und merke, dass ich nur einige von den Dingen, die ich mir notiert hatte, in den einzelnen Punkten unterbringen konnte. Möglicherweise können Sie wenig damit anfangen, weil ich oft Namen und Werke nur andeuten konnte, an die ich dachte. Aber mehr ins Einzelne zu gehen, hätte bedeutet, ins Uferlose zu geraten, und dieser etwas lang geratene Brief wäre nie geschrieben worden.

Mit freundlichen Grüßen

(Geschrieben im Juli 1990, überarbeitet 1995)

KLAUS KÖRNER

Die Bonner Deutschlandpolitik und das SBZ-Archiv, 1950-1968

Das Deutschland-Treffen der Freien Deutschen Jugend (FDJ) in Ost-Berlin zu Pfingsten 1950 und der Nationalkongreß im August 1950 bildeten den Auftakt für eine große Kampagne der SED gegen die geplante Westintegration und Wiederbewaffnung der Bundesrepublik und für „Frieden und nationale Einheit" Die Aufforderung an die Westdeutschen lautete, nationalen Widerstand zu leisten.[1] Das Rezept für die europäische Sicherheit lautete schlicht: „Ami, go home!"[2]

Ein Gesamtdeutscher Informationsdienst für Abwehr und Aufklärung

Die Bundesbehörden befanden sich 1950 noch im Aufbau, insbesondere die Aktionsfähigkeit des Gesamtdeutschen Ministeriums (BMG) war durch den Streit zwischen Bundeskanzler Konrad Adenauer und Bundesminister Jakob Kaiser über die Ernennung von Franz Thedieck zum Staatssekretär gelähmt.Für Adenauer hatte die Westintegration absoluten Vorrang vor der Wiedervereinigung. Einig waren sich die westdeutschen Parteien in der Nichtanerkennung der DDR und dem Postulat der Alleinvertretungsberechtigung Bonns. Kaiser und sein damaliger Gefolgsmann Thedieck hatten im Gegensatz zu Adenauer die Vorstellung von einem vereinten Deutschland als Brücke zwischen Ost und West.

---

[1] Wilhelm Pieck: Kampf um Frieden, Einheit und wirtschaftlichen Aufstieg, in: ders., Reden und Aufsätze, Berlin/DDR 1954, S. 451-494.
[2] Confuse and Control. Soviet Techniques in Germany. US Department of State, Washington 1951.

Kaiser hatte auf eine große Koalition gehofft und plädierte wie der SPD-Vorsitzende Kurt Schumacher für den Vorrang der Wiedervereinigung vor der geplanten Westintegration. Mit Beginn des Korea-Krieges am 25. Juni 1950 schwenkte Thedieck auf die Linie Adenauers ein und wurde darauf zum Staatssekretär ernannt. Das Jahr 1950 war für die bundesdeutsche Führung und die DDR-Führung das Jahr der großen Illusionen. In Bonn hoffte man, durch Westintegration, Wiederbewaffnung und eine Politik der Stärke die „Herausgabe der Ostzone" erzwingen zu können. Die SED-Führung meinte, Westdeutschland gehe der wirtschaftlichen Verelendung und politischen Unterdrückung durch die westlichen Besatzungsmächte entgegen und könne durch eine Politik des nationalen Widerstand auf DDR-Kurs gebracht werden. Tatsächlich wurde nach 1950 der Status quo der Teilung ausgebaut. Es war ein langer Weg bis zum geregelten Nebeneinander der beiden deutschen Staaten durch den Grundlagenvertrag von 1972.

Die amerikanische Außenpolitik ging von der Annahme aus, dass es kein geeintes Deutschland in einem gespaltenen Europa gegen könne. Dennoch, so meinte Hochkommisar John McCloy, dürfe man die Parole von der deutschen Einheit nicht den Sowjets überlassen und regte Verhandlungen über freie gesamtdeutsche Wahlen an.[3] Für US-Außenminister Dean Acheson war das ein riskanter Vorschlag, sollten die Sowjets sich darauf einlassen, Deutschland nach dem Modell Österreich frei wählen zu lassen, so wäre die Westintegration dauerhaft blockiert.[4] Tatsächlich gab es diese Bereitschaft nur sehr bedingt, denn die Vorschläge der Sowjetunion und der DDR enthielten stets Vorschläge zur Bildung paritätisch besetzter gesamtdeutscher Gremien, bevor an Wahlen zu denken war. Die Sowjetunion und auch die DDR hätten also die Entwicklung jederzeit anhalten können. Die sowjetischen Vorschläge enthielten auch die Forderung nach einem Mitbestimmungsrecht über die innere Struktur Gesamtdeutschlands, das außenpolitisch neutralisiert werden sollte. Vielleicht gab es auch die Hoffnung auf ein „Sowjetdeutschland in Sowjeteuropa". Die Westmächte hatten sich in ihren Verhandlungen mit der Bundesregierung auf das Ziel einer festen Bindung Westdeutschlands und gegebenenfalls Gesamtdeutschlands festgelegt, forderten aber von den Sowjets Entscheidungsfreiheit der gesamtdeutschen Regierung.[5] Westdeutsche Politiker bekamen von Außenminister John Foster Dulles die Botschaft mit auf den Weg, mit den Russen sei man sich in einem Punkt einig: ein vereinigtes, bewaffnetes ungebundenes Deutschland zwischen Ost und West

---

3 Kai Bird: The Cairman John J. McCloy, New York 1992, S. 336 f.
4 Dean Acheson: Present at the Creation, Washington 1970, S. 804 f.
5 Thomas A. Schwartz: America's Germany, Cambridge (Ms.) 1991, S. 275.

könne es nicht geben.⁶ Alle westlichen Pläne für Rüstungsbegrenzungen im Fall einer Wiedervereinigung gingen davon aus, dass bei Wahlen die westlichen Parteien siegen würden und die gesamtdeutsche Regierung für die Westintegration optieren würde. Dass sich die Sowjetunion auf eine derartige Regelung einlassen würde war sehr unwahrscheinlich.⁷ Dennoch bestimmte die Forderung nach freien Wahlen in den nächsten fünf Jahren die öffentliche Diskussion.

Von den Westdeutschen erwartete McCloy einen kämpferischen Einsatz für Freiheit und Einheit sowie gegen den Kommunismus.⁸ Tatsächlich waren die meisten Westdeutschen durch die politische Entwicklung der letzten Jahre fast betäubt und verfolgten das politische Geschehen mit einer Ohne-mich-Einstellung. Die US-Hochkommission und die Central Intelligence Agency (CIA) und die Marshallplan-Verwaltung stellten für politische Werbung beträchtliche Geldmittel zur Verfügung. Die Vergabe erfolgte in der Regel an vertrauenswürdige Einzelpersonen, nicht an Institutionen, wie das bei deutschen Behörden üblich war. Der von der CIA finanzierte Kongreß für Kulturelle Freiheit in West-Berlin Ende Juni 1950 bot Gelegenheit, drei Männer für eine gemeinsame Aktion in Westdeutschland zusammenzubringen, Eugen Kogon, Ernst Tillich und Joseph Caspar Witsch. Kogon war Präsident der Europa-Union und betrieb mit US-Geldern ein kleines Medienimperium zur Förderung von politischer Bildung, Aufklärung über die parlamentarische Demokratie und Werbung für den Europa-Gedanken.⁹ Ernst Tillich war stellvertretender Leiter der Kampfgruppe Gegen Unmenschlichkeit (KgU) in West-Berlin, die den Widerstand gegen das SED-Regime fördern und amerikanische Dienste mit Nachrichten versorgen sollte. Joseph Caspar Witsch war ein 1948 aus der Sowjetzone geflüchteter früherer Bibliothekar, er betrieb in Köln die westdeutsche Niederlassung des Weimarer Gustav Kiepenheuer Verlages. Fluchtgrund war die sowjetische Beschuldigung, Witsch sei Mitarbeiter eines Schumacher-Agentensystems, also des SPD-Ostbüros.

Ins Visier amerikanischer Stellen war Witsch spätestens durch die Veröffentlichung des Aufrufs „Rettet Deutschland für Europa!" vom 4. Juni 1950 geraten, den zahlreiche Flüchtlinge aus Thüringen unterschrieben hatten. Einer der Unterzeichner, Professor Arwed Blomeyer, früher Universität Jena, hatte die Frage aufgeworfen, was denn praktisch

---

6 Judith Michel: Willy Brandts Amerikabild und -politik 1933-1992, Göttingen 2010, S. 129.
7 Henry L. Roberts: Russia and America. Dangers and Prospects, New York 1961 (1956), S. 185 ff.
8 Kai Bird, McCloy, S. 324 f.
9 Klaus Körner: Eugen Kogon als Verleger, in: Aus dem Antiquariat 1994, S. 281 ff.

gemacht werden solle. Die Antwort bekam Witsch Ende Juni von seinem US-Verbindungsoffizier zur hören. Für den gewerkschaftlichen Bereich gebe es den Stab um Edu Wald in Hannover, der bald das antikommunistische Weißbuch[10] herausbringen werde, für die schlichte antibolschewistische Propaganda werde in Hamburg demnächst der Volksbund für Frieden und Freiheit gegründet. Es fehle noch in Nordrhein-Westfalen eine Agentur, die mit einem Informationsdienst und Aktionen aufklärend über die politischen Verhältnisse in der Sowjetzone und über die kommunistische Infiltration im Westen aufkläre, Zielgruppe: liberales Bürgertum und dessen Presse. Für diese Aufgabe habe sich Witsch durch seine politischen Erfahrungen in der sowjetischen Zone qualifiziert.

Als Redakteur für den geplanten Informationsdienst sei der bisherige stellvertretende Leiter des Kampfbundes gegen Unmenschlichkeit in Göttingen, Berend von Nottbeck die geeignete Besetzung. Nottbeck sei zwar wegen seiner frühere Tätigkeit als NS-Journalist mit SS-Dienstrang nicht unbelastet, inzwischen sei er aber geläutert. Mit der Geschäftsführung der neuen Agentur solle Witschs früherer Mitstreiter gegen die Sowjets in Thüringen, Heinz Baumeister, beauftragt werden. Von dem kam dann gleich der Vorschlag, auch noch den Verlag Rote Weissbücher zu gründen, der kommunismuskritische Werke herausbringen sollte, unabhängig von den Absatzmöglichkeiten auf dem Buchmarkt. Tillich erbot sich, Nachrichten und Berichte für den Informationsdienst zu liefern und regte an, noch einen weiteren Verlag zur gründen, der vorwiegend in de KgU produzierte Kleinschriften herstellen sollte, die man an Ostbewohner abgeben wolle, den Verlag für Politische Publizistik. Die Anschubfinanzierung für die drei Unternehmungen sollte zunächst über Kogons Informationsdienst laufen. Die erste Anschaffung war ein Stapeldrucker mit der der neue Dienst in einer Auflage von 5000 Exemplaren im Rotsprintverfahren hergestellt werden sollte. Als Zielgruppe waren politische Organisationen und Einzelpersonen gedacht, sowie Zeitungen, die für einen erhöhten Preis gleich das Abdruckrecht miterwerben sollten.[11]

Im September 1950 trat das von Witsch, Kogon und Tillich gegründete Publizistische Zentrum für die Einheit Deutschlands an die Öffentlichkeit und stellte das erste Heft des „PZ-Archiv" vor. Darin wurden der Stockholmer Appell der kommunistisch gesteuerten Weltfriedensbewegung attackiert, die Behauptung von DDR-Propagandachef Gerhart

---

10 Feinde der Gewerkschaften – Feinde der Demokratie, Weißbuch des DGB, Düsseldorf 1950. Ted Morgan: Jay Lovestone, A Covert Life, New York 1999, S. 156-176.
11 Frank Möller: Das Buch Witsch, Köln 2014, S. 302 ff.

Eisler, US-Flugzeuge hätten Kartoffelkäfer über der DDR abgeworfen als Lüge entlarvt und die von Rückversicherern geschalteten Anzeigen in KPD-Zeitungen angeprangert. Am unteren Rand jeder Seite stand die Parole: „Besinnt Euch auf Eure Kraft – Der Westen ist stärker!" Das große Thema der Folgeausgabe waren die Scheinwahlen zur Volkskammer im Oktober 1950. Vom SPD-Vorstand wurde das PZ-Archiv schlicht als amerikanisch finanzierter 14-tägig erscheinender „anti-bolschewistischer Pressedienst" bewertet.[12]

Die Hoffnung aus eine starke Resonanz des PZ-Archivs und auch die Erwartung, über den Verkauf von Abdruckrechten einen Teil der Kosten wieder hereinzubekommen, trogen. Nach sechs Monaten wurde beschlossen, aus dem Pressedienst eine im Buchdruck hergestellte weniger agitatorisch argumentierende, seriöse 14-tägige Zeitschrift zu machen. Auf dem Umschlag wurde in roter Schrift, etwas chinesisch anmutender Schrift das Signet der Zeitschrift großformatig wiedergegeben. Der Untertitel lautete „Dokumente, Berichte, Kommentare zu gesamtdeutschen Fragen". Die Parole „Besinnt Euch auf Eure Kraft – der Westen ist stärker!" wurde daneben klein gedruckt. Auf der Innenseite folgten das Inhaltsverzeichnis und eine Glosse. Die dritte Umschlagseite war für Rezensionen und Buchhinweise vorgesehen, die Rückseite für Werbeanzeigen des Verlages, der sich jetzt Kiepenheuer & Witsch nannte. Nach dem Leitartikel, der meist von Berend von Nottbeck verfasst war, folgten die Hauptaufsätze, danach kamen eine Biographie eines DDR-Politikers, die Chronik der Sowjetzone, politische Dokumentation und Pressauszüge („Aus der sowjetdeutschen Publizistik und Presse"). Als Autoren standen dem Blatt die Mitarbeiter der amerikanisch gesponserten Organisationen in West-Berlin, wie KgU (Hasso Graf, Ernst Tillich, Heinrich von zur Mühlen, Otto E. H. Becker), Untersuchungsausschuss freiheitlicher Juristen (UfJ) (Theo Friedenau, Walter Rosenthal), Ostbüro des DGB (Otto Stolz), Rundfunk im amerikanischen Sektor (Rias), Bonner Ministerialbeamte und Journalisten, die sich vorwiegend mit Ostfragen beschäftigten, zur Verfügung. Manche Autoren schrieben unter Pseudonym oder kennzeichneten ihre Artikel mit drei Sternen, so der Legationsrat Boris Meissner.

Zwischen den beiden deutschen Staaten und den vier Besatzungsmächten bestand unausgesprochen Einigkeit darüber, den Kalten Krieg in Deutschland nicht gewaltsam auszutragen. Als sich die KgU dennoch zu Sprengstoff-Aktionen hinreißen ließ (oder von ihrem US-Führungsoffizier dazu angehalten wurde) und Tillich eine Kontrolle durch Bonn

---

12 Die SPD unter Kurt Schumacher und Erich Ollenhauer 1946 bis 1963, Bd. 3 1950 bis 1952, hsg. v. Christoph Stamm, Bonn 2011, S. 102.

verweigerte, sorgte Thedieck dafür, dass Tillich aus dem Herausgeberkollegium des PZ-Archivs entfernt wurde und dort auch nicht mehr veröffentlichen konnte.[13] Das Gesamtdeutsche Ministerium hatte bereits Anfang 1951 eine Teilauflage des PZ-Archivs angekauft. Als sich US-Dienststellen.seit Frühjahr 1952 nach Unterzeichnung der Westverträge unter dem neuen Hochkommissar James B. Conant weitgehend aus der Finanzierung politischer Werbung zurückzogen, lag es nahe, das Blatt dem BMG ganz zu übertragen, zumal es.sich gegenüber anderen als das führende Informationsblatt über die Verhältnisse in der DDR durchgesetzt hatte, auch wenn es kaum abonniert, sondern fast vollständig gratis verteilt wurde. Bei der Übernahme durch das BMG regte der Abteilungsleiter Ewert von Dellingshausen an, das Blatt in „SBZ-Archiv" umzubenennen und erwartete die Vorlage der Manuskripte vor Druck. Mit der Übernahme und Umbenennung war Witsch einverstanden, eine Art Vorzensur durch das Ministerium lehnte er ab, allenfalls könne man über einzelne „gewagte" Beiträge vorher sprechen. Bei der Gelegenheit entledigte sich Witsch gleich seiner beiden weiteren Mitstreiter, Kogon wurde für die Gelddurchleitung nicht mehr benötigt und auch Baumeisters Einsatz war nicht mehr erforderlich, zumal sich das Publizistische Zentrum neben der Herausgabe des PZ-Archivs kaum etwas unternommen hatte. Für das SBZ-Archiv und andere Sachbücher, die dem literarischen Anspruch des Verlages Kiepenheuer und Witsch nicht genügten, gründete Witsch den Nebenbetrieb Verlag für Politik und Wirtschaft.[14]

Jakob Kaiser hatte das Gesamtdeutsche Ministerium als Ministerium für die Wiedervereinigung konzipiert.[15] Bundeskanzler Adenauer sah die Aufgabe des Ministeriums eher in der Abwehr kommunistischer Infiltration, eine Art „Propagandaministerium gegen Pankow" (Walter Dirks). Der Bonner Korrespondent der DDR-Nachrichtenagentur ADN Wilhelm K. Gerst schrieb, „das Jakob-Kaiser-Ministerium überschüttet Deutschland mit Hetzbroschüren".[16] Thedieck bemerkte dazu, im Rückblick gefielen ihm manche der Schriften auch nicht, aber verglichen mit dem, was „sich die andere Seite geleistet hat, haben wir uns große Zurückhaltung auferlegt". In der DDR-

---

13 Kai-Uwe März: Kalter Krieg als antikommunistischer Widerstand. Die Kampfgruppe gegen Unmenschlichkeit 1948-1959, München 1987, S. 150 ff. Interview v. Klaus Körner mit Staatssekretär a.D. Franz Thedieck v. 16. Juli 1984.
14 Klaus Körner: SBZ von A-Z. Die sieben Verlage des Berend von Nottbeck, in Aus dem Antiquariat 1999, S, 188 ff.
15 Stefan Creuzberger: Kampf für die Einheit. Das gesamtdeutsche Ministerium und die politische Kultur des Kalten Krieges 1949-1969, S. 58 f.
16 Wilhelm Karl Gerst: Bundesrepublik Deutschland unter Adenauer, Berlin/DDR 1957. S. 216 f.

Führung sah man das anders, dort wurde das BMG als „Spionageministerium" attackiert.[17] In die im SBZ-Archiv veröffentlichten Beiträge gingen anfangs auch nachrichtendienstlich gewonnene Erkenntnisse ein. Als man in Ostberlin 1952 versuchte, die undichte Stelle in einem Ministerium herauszufinden, erlaubte sich das SBZ-Archiv den Scherz, auch das Suchformular zu veröffentlichen.[18] Tatsächlich bestand die große Mehrzahl der Informationen über die DDR aus einer sorgfältigen Analyse der DDR-Presse. In gewisser Weise war die 1949 gegründete DDR-Zeitschrift „Dokumentation der Zeit. Gesamtdeutsches Informations-Archiv" eine Art Gegenstück zum SBZ-Archiv. Darin wurde aufgrund sorgfältiger Presseanalyse über die Bundesrepublik berichtet.

Um sich vor Übergriffen des DDR-Ministeriums für Staatssicherheit gegen das SBZ-Archiv, den Verlag für Politische Publizistik und den Verlag Rote Weißbücher zu schützen, wurden in Köln besondere Sicherheitsvorkehrungen für das Verlagsgebäude von Kiepenheuer & Witsch getroffen, die Bonn finanzierte. Im Dachgeschoß sorgte Redakteur von Nottbeck dafür, dass wichtige Manuskripte und Materialien im Panzerschrank eingeschlossen wurden In der Folgezeit entwickelte sich der Verlag Kiepenheuer & Witsch auch mit seinen Büchern zur Auseinandersetzung mit dem Kommunismus zum Hausverlag des Gesamtdeutschen Ministeriums. Drei Gesprächskreise beim Verlag zeigten Witsch als Netzwerker des Kalten Krieges. Da gab es den engeren Witsch-Kreis, zu dem neben Verlagsmitarbeitern auch Beamte der Bonner Ministerien und der Bundeszentrale für Heimatdienst gehörten, zeitweilig nahmen daran auch CIA-Leute teil, die sich auf Antikommunismus verstanden.[19] Zweitens gab es den Godesberger Kreis, in dem alle Organisationen, die sich mit DDR- und Ostfragen beschäftigten und von staatlichen Subventionen lebten, vertreten waren. Etwas exklusiver war der sog. Kreml-Klub, zu dem die Wissenschaftler und Publizisten kamen, die sich mit der Politik der Sowjetunion auskannten, dazu gehörten Wolfgang Leonhard, Richard Löwenthal und Boris Lewytskyi. Ein vierter Kreis bestand aus früheren DDR-Dissidenten, die sich jährlich in Kasbach bei Linz trafen. Nur einmal veröffentlichte das Blatt einen Bericht über ein Treffen und die Kritik der Teilnehmer an ihrer Behandlung in der Bundesrepublik.[20]

---

17 Hans Teller: Der kalte Krieg gegen die DDR, Berlin/DDR 1979, S. 51 ff.
18 Betr.: westdeutsche Publikation SBZ-Archiv, in SBZ-Archiv 1953, S. 20 f.
19 Möller, Das Buch Witsch, S. 527 ff.
20 Carola Stern: Die Bundesrepublik als Exil, SBZ-Archiv 1960, S. 321 f.

Bei der Übernahme des Blatts in die Verantwortung des BMG im Mai 1952 erreichte die Auseinandersetzung zwischen CDU und SPD über die Frage der Vereinbarkeit von Wiedervereinigung und Westintegration ihren Höhepunkt. Im Vorjahr hatte der SPD-Redner im Bundestag Herbert Wehner die Öffentlichkeitsarbeit des Gesamtdeutschen Ministeriums heftig kritisiert. Andererseits verfügte das Ministerium über einen großen Geheimfonds, den die SPD mit kontrollieren und an dessen Vergabe sie auch teilhaben wollte, schon um ihr Ostbüro zu finanzieren. Für die Arbeit des SBZ-Archivs bedeutete das, dass man sich möglichst auf die Beschreibung und Analyse der Verhältnisse in der DDR beschränken und die bundesdeutschen Debatten über die Deutschlandpolitik möglichst ausblendenden sollte. Auch das im Aufruf von 1950 angesprochene Thema Abwehr kommunistische Infiltration wurde nur gelegentlich behandelt.

Bei der „großen Politik", also der Kommentierung der Konferenzen der vier Besatzungsmächte über Deutschland und der Wiedervereinigungspolitik der Bundesregierung verfolgte das Blatt einen regierungsnahen Kurs. So hieß es im Kommentar zur Stalin-Note vom 10. März 1952, es sei zwar prüfenswert, ob sich die sowjetische Deutschlandpolitik geändert habe, auf alle Fälle müssten aber gesamtdeutsche freie Wahlen am Anfang der Wiedervereinigung stehen. In einem weiteren Beitrag über „EVG und deutsche Einheit" hieß es, die EVG sei die Voraussetzung für die Geschlossenheit und Stärke des Westens, wodurch die Sowjetunion zur Aufgabe der DDR gebracht werden könne.[21] Zu den Scheinaktivitäten Bonns – die Früchte der Politik der Stärke sollten sich ja erst längerfristig einstellen – gehörte 1952 auch die Gründung des Forschungsbeirats für die Wiedervereinigung Deutschlands, der Wirtschaftsgutachten für den Tag X der Wiedervereinigung vorlegte, die von der DDR als „graue Pläne" zur Annexion diffamiert wurden.[22]

„Wir haben keine Illusionen." Die Berliner Außenministerkonferenz 1954

In der westdeutschen Öffentlichkeit wurden große Erwartungen mit der für Januar 1954 vereinbarten Konferenz der Außenminister der vier Großmächte über die deutsche Frage verbunden: die Wiedervereinigung durch freie Wahlen und einen Friedensvertrag. Tatsächlich sollte die Konferenz nach der Planung der Westmächte und der

---

21 Heinrich von zur Mühlen, EVG und deutsche Einheit, SBZ-Archiv 1952, S. 321 f.
22 Teller, Der kalte Krieg gegen die DDR, S. 60 ff. Roland Wöller: Der Forschungsbeirat für Fragen der Wiedervereinigung Deutschlands 1952-1975, Düsseldorf 2004.

Bundesregierung durch ihr erwartetes Scheitern der zögerlichen französischen Nationalversammlung, zeigen, dass es keine Alternative zu den 1952 unterschriebenen Westverträgen mit der Remilitarisierung Westdeutschlands gebe.

Zu den wenigen Außenseiterstimmen gehörten der Abteilungsleiter für Politik im Bayerischen Rundfunk Walter von Cube und sein Kollege Walter Maria Guggenheimer.[23] Es komme darauf an, meinte von Cube, den Friedensvertrag möglichst weit in die Ferne zu verschieben, je später er komme, desto billiger werde er. Eine Einigung der vier Mächte in Berlin bedeute, „dass wir 1954 den Krieg ein zweites Mal verloren haben."[24] Als von Cube am 29. Januar 1954 von Bundeskanzler Adenauer zu einem Gespräch empfangen wurde, hieß es bei Journalisten, er sei die Stimme des Kanzlers.[25] Schon vorher hatte von Cube dafür plädiert, statt auf Wiedervereinigung zu setzen, möglichst völkerrechtlich verbindliche Verträge mit dem zweiten deutschen Staat zu schließen, das „Jakob-Kaiser-Reich" sei ein Traum.[26]

In der Londoner „Times" wurde im Vorfeld der Konferenz zu bedenken gegeben, man müsse neben dem vermutlich zum Scheitern verurteilten Plan für die Wiedervereinigung durch freie Wahlen auch einen Alternativplan für die Regelung des Modus vivendi zwischen den beiden Deutschlands vorlegen, eine sogenannte „kleine Lösung" der deutschen Frage. Auf Anraten Bonns erschien dazu ein empörter Beitrag des „Zeit"-Chefredakteurs Paul Bourdin.[27] Ähnlich argumentierte Karl Silex in den „Deutschen Kommentaren".[28] Das SBZ-Archiv erschien als Doppelausgabe. Witsch schrieb einen dreiseitigen Leitartikel „Wir haben keine Illusionen". Darin räumte er ein, dass eine Einigung der Konferenz über die Wiedervereinigung unwahrscheinlich sei. Eine „kleine Lösung" lehnte er entschieden ab. Zugleich argumentierte er, die Welt werde keinen Frieden finden, wenn nicht zuvor das Haupthindernis, die Teilung Deutschlands, überwunden sei.[29] Das war eine Aufnahme der in der Weimarer Zeit gängigen Parole, es können keinen wahren Frieden geben, bevor nicht das „Unrecht von Versailles" beseitigt

---

23 Walter Maria Guggenheimer: Kommentare, Düsseldorf 1955, S. 157 ff.
24 Michael Mansfeld: Bonn – Koblenzer Straße, München 1967, S. 422 f. Hilfestellung für Moskau, Zeit v. 28. Jan. 1954.
25 Kabinettsprotokolle der Bundesregierung 1954, Boppard 1993, S. 41.
26 Walter von Cube: Ich bitte um Widerspruch, Frankfurt am Main 1952.
27 Paul Bourdin: Ein widerwärtiger Plan, Zeit v. 28. Jan. 1954.
28 Karl Silex: Gegen die „kleine Lösung", Deutsche Kommentare v. 8. Jan. 1954.
29 Joseph Caspar Witsch: Wir haben keine Illusionen, SBZ-Archiv 1954, S. 1-3.

worden sei.[30] Die Berliner Konferenz endete ohne Ergebnis. Im Rückblick meinte der Leiter der Bonner Beobachterdelegation Wilhelm Grewe, das Ende der Berliner Konferenz sei der Zeitpunkt gewesen, an dem die Wege der beiden Teile Deutschlands auseinander gingen.[31]

„Schein und Wirklichkeit in der DDR". Das SBZ-Archiv und der „linke Antikommunismus".

Um der Entwicklung zur Festigung der Teilung entgegenzuwirken gründete Jakob Kaiser 1954 das Kuratorium Unteilbares Deutschland. Da sich Kaiser nicht mit Adenauer anlegen und die SPD in die Arbeit einbinden wollte, blieben die Kundgebungen und Erklärungen des Kuratorium stets etwas unverbindlich und politisch harmlos.[32] Die Überlegungen von SBZ-Archiv Verleger Witsch und Redakteur von Nottbeck gingen in eine andere Richtung.

Aus den Diskussionen beim Kongreß für Kulturelle Freiheit entnahmen Witsch und von Nottbeck, dass ehemalige Kommunisten die besten Zeugen gegen den Kommunismus wären und die Entwicklung in den kommunistischen Ländern außerdem auch wissenschaftlich analysiert werden müsse. Das Gesamtdeutsche und auch das Innenministerium propagierten einen traditionell konservativen Antibolschewismus. „Das Gesamtdeutsche Ministerium war damals ein reiner CDU-Laden" urteilte Wolfgang Leonhard im Rückblick. Vom SPD-Ostbüro und dem Westberliner Philosophie-Professor Hans-Joachim Lieber kam das Argument, man müsse argumentieren, dass in der DDR kein wahrer Sozialismus, sondern eine kommunistische Diktatur aufgebaut würden. Zwischen einem bürgerlich-kapitalistischen Weg und dem DDR-Kurs gebe es einen dritten Weg des freiheitlichen Sozialismus. Mit dieser Argumentation könne man auch in die SED hineinwirken. Im Politjargon der DDR war das politisch-ideologische Diversion.

Für die Mitarbeit am SBZ-Archiv hatte Witsch daher 1954 Wolfgang Leonhard unter Vertrag genommen. Der stammte von kommunistischen Eltern ab, war in einer Kominternschule in der Sowjetunion erzogen worden und war mit Walter Ulbricht 1945 nach Berlin zurückgekehrt, um die SED aufzubauen. Nach Konflikten mit der Partei und insbesondere nach dem Bruch Moskaus mit Tito war er 1949 nach Jugoslawien geflüchtet, um dann 1950 in Westdeutschland eine titoistisch orientierte Unabhängige Arbeiter-Partei

---
30 Stephan Hermlin: Lektüre 1960-1971, Berlin/DDR 1973, S. 39 f.
31 Wilhelm G. Grewe: Rückblenden 1976-1951, Berlin 1979, S. 186.
32 Karl Silex: Mit Kommentar, S. 277.

(UAP) aufzubauen.³³ „Meine politischen Aktionen in Westdeutschland waren 1952 vollständig gescheitert, und ich saß ohne Geld in einer Einzimmerwohnung im Haus Baden in Köln. Da war der Vertrag mit mit Witsch, in dem ich mich 1954 zu Archivarbeiten für das SBZ-Archiv verpflichtete, eine große Hilfe, um meine Erinnerungen vollenden zu können." Leonhards 1955 erschienenes Buch „Die Revolution entläßt ihre Kinder" wurde später ein Welterfolg. Er erhielt ein Stipendium für Oxford und seine Freundin aus Berliner Tagen, die frühere FDJ-Vorsitzende aus Zehlendorf Ilse Spittmann wurde seine Nachfolgerin. Freier Mitarbeiter wurde der ebenfalls aus Berlin stammte der frühere Kulturredakteur der „(Ost-) Berliner Zeitung" Jürgen Rühle.³⁴

Regelmäßige Beiträge lieferten auch der DDR-Referent des Instituts für Politische Wissenschaft an der Freien Universität Ernst Richert und seine Mitarbeiterin Carola Stern. Die hieß eigentlich Erika Assmus und war bis 1951 Dozentin an der Parteihochschule der SED in Kleinmachnow gewesen.³⁵ Über die Geschichte der KPD schrieb regelmäßig Hermann Weber, der wegen seiner Tätigkeit für die FDJ in der Bundesrepublik verfolgt worden war und dann aber nach dem 17. Juni 1953 mit der KPD gebrochen hatte. Weber entdeckte bald seine Neigung zu historischer Forschung, er wurde später einer der bekanntesten Kommunismus-Forscher der Bundesrepublik.³⁶ Solange gegen ihn ermittelt wurde, verwandte er das Pseudonym W. Herrmann.³⁷

Aus seinen SBZ-Archiv-Aufsätzen ging 1958 das gemeinsam mit Heinz Lippmann herausgegebene Buch „Schein und Wirklichkeit in der DDR" hervor. Das war eine Abrechnung der DDR-Dissidenten mit dem realen System der DDR. 1964 folgte der Band „Ulbricht fälscht Geschichte", in dem Weber die Entstellungen, Auslassungen und Verfälschungen in der dem 1962 von Walter Ulbricht in Theoriezeitschrift der SED „Einheit" vorgestellten „Grundriß der Geschichte der deutschen Arbeiterbewegung" anprangerte, aus dem dann 1966 die achtbändige Geschichte der deutschen Arbeiterbewegung hervorging. Carola Sterns Ulbricht-Biographie von 1964 wurde ein Bestseller, der auch als Tarnschrift über die Bundeswehr in die DDR exportiert wurde. Von Leonhards Erinnerungen erschien bereits 1956 zur Verbreitung in der DDR durch das

---

33 Wolfgang Leonhard: Meine Geschichte der DDR, Berlin 2007, S. 129.
34 Möller, Das Buch Witsch, S. 383 ff.
35 Carola Stern: Doppelleben, Köln 2001, S. 64 ff.
36 Bilanz und Perspektiven der DDR-Forschung, hrsg. v. Rainer Eppelmann u.a., Festschrift für Hermann Weber zum 75. Geburtstag, Paderborn 2003.
37 Hermann und Gerda Weber: Leben nach dem „Prinzip links", Berlin 2006, S. 121 f.

Ostbüro der SPD bestimmte Tarnausgaben.[38] Die DDR nahm für sich das Recht in Anspruch, missliebige Personen aus West-Berlin oder auch Westdeutschland zu entführen und zu verurteilen.

Mehrere Versuche, Wolfgang Leonhard aus Köln oder Carola Stern aus West-Berlin zu entführen, sind misslungen. Der Journalist Karl Wilhelm Fricke war das prominenteste Opfer. Fricke stammte aus der Ostzone, sein Vater war dort in den berüchtigten Waldheimer Prozessen 1950 zu einer langjährigen Zuchthausstrafe verurteilt worden und in der Haft verstorben. Nach seiner Flucht in den Westen hatte er zunächst ein Studium an der Hochschule für Politik in West-Berlin begonnen, um dann aber seit 1952 als Journalist zu arbeiten. Es gelang ihm, sein Beiträge im „Rheinischen Merkur", in der „Deutschen Rundschau", in der „Freiheit" und – am wirksamsten – im SBZ-Archiv unterzubringen. Schon aufgrund seiner Erfahrungen, sah er es aus seine Pflicht an, über die Verhältnisse in der DDR kritisch und auch polemisch zu berichten. Zu seinen Quellen zählten auch die Erkenntnisse westlicher Agenturen, die teilweise auch nachrichtendienstlich tätig waren. Am 1. April 1955 wurde er von Mitarbeitern der Staatssicherheit der DDR in eine Falle gelockt und nach Ostberlin entführt.[39] Dort verurteilte ihn das Oberste Gericht der DDR wegen Boykotthetze nach Artikel 6 DDR-Verfassung von 1949 zu einer Haftstrafe von vier Jahren, obwohl er seine journalistische Arbeit außerhalb des Geltungsbereichs des DDR-Rechts getan hatte und Bestrafung von sog. Boykotthetze nur eine Verfassungsauftrag, aber kein Straftatbestand war. Über seine Entführung, Verhaftung, Vernehmung, Verurteilung und Haft hat er nach seiner Freilassung 1959 und später an Hand der der Stasi-Akten einen dokumentarischen Bericht veröffentlicht.[40]

Trotz dieser durch Entführung und Verurteilung ausgedrückten Gewichtung des SBZ-Archivs als eines gegen die DDR gerichteten „Kampforgans" des Gesamtdeutschen Ministeriums wurde Verleger Witsch erstmals 1963 von einem Stasi-IM öffentlich in der DDR-Presse als „Globke der Kultur" attackiert.[41]

---

38 Klaus Körner: „Die rote Gefahr", Hamburg 2003, S. 99 f.
39 Harry Pross: Kollege Fricke, in: Deutsche Rundschau 1955, S. 1017-1019.
40 Karl Wilhelm Fricke: Die Taktik des Menschenraubs, SBZ-Archiv 1959, S. 178-181 u. 210-213. Ders: Menschenraub, 2. Aufl. Bonn 1960. Ders: Akten-Einsicht. Rekonstruktion einer politischen Verfolgung, Berlin 1997.
41 Dietrich Liebscher: Die „lautlose" Gewalt des Dr. Witsch oder Bemerkenswertes über einen Globke der Kultur, in: Sonntag v. 13. Okt. 1963.

Welchen Stellenwert Witsch und das SBZ-Archiv für Bonn hatten, zeigt die Konferenz des Witsch-Kreises in Niederbreisig im November 1955. Unmittelbar nach der Rede Sowjetaußenminister Molotows vom 8. November 1955 auf der Genfer Außenministerkonferenz der vier Großmächte, in der er den Vorrang der europäischen Sicherheit vor einer Wiedervereinigung betont, freien Wahlen eine Absage erteilt und die Bildung eines Gesamtdeutschen Rates vorgeschlagen hatte, lud Witsch zu einer Konferenz „über aktuelle Fragen der politischen Publizistik" ein. Der Einladung war ein Memorandum mit konkreten Vorschlägen für die Verbesserung der politischen Informationsarbeit beigefügt, in dem kritisiert wurde, dass die Bundesministerien nicht in gleichem Umfang wie bis 1952/53 die US-Dienststellen zur Verfügung stellten.

Die Veranstaltung am 22. und 23. November 1955 im Hotel „Zum Weißen Roß" in Bad Niederbreisig am Rhein hatte streng konspirativen Charakter. Eingeladen waren Vertreter des Deutschen Industrieinstituts, der CDU- und SPD-Fraktionen des Bundestages, des Auswärtigen Amtes, des Gesamtdeutschen Ministeriums, des Innenministeriums, der Bundeszentrale, prominente Journalisten wie Gerd Ruge (NWDR Köln) und Klaus Harpprecht (Rias Berlin).sowie vom Verlag Berend von Nottbeck, Wolfgang Leonhard und Carola Stern, insgesamt 38 Teilnehmer. Nicht eingeladen waren Vertreter der FDP, da deren Partei- und Fraktionsvorsitzender Thomas Dehler gerade die einfache Wahrheit verkündet hatte, es gebe keine Wiedervereinigung auf der Grundlage der Pariser Verträge.[42] Im Frühjahr 1955 hatte von Nottbeck eine Aufsatzfolge über Probleme der Wiedervereinigung in Auftrag gegeben, zu den Texten sollten Zeitgenossen aus Ost und West kurze Stellungnahmen abgeben.

Jetzt war das Ziel Einheit in weite Ferne gerückt und es ging darum, der westdeutschen Öffentlichkeit zu vermitteln, wie man künftig mit der DDR umgehen wolle. War nicht die Aufnahme diplomatischer Beziehungen zu Moskau der erste Schritt zur Anerkennung der DDR? Wird sich die sowjetische Botschaft zu einer kommunistischen Propagandazentrale entwickeln? Wie funktionierte die politische Schulung in der DDR und wie könne man deren Westarbeit entgegenwirken? Schließlich war für das nächste Jahr auch das KPD-Verbot zu erwarten. Das SBZ-Archiv kommentierte das KPD-Verbot etwas unentschieden als rechtlich unvermeidlich, wenn auch politisch inopportun.[43]

---

42 Adenauer und die FDP, bearb. v. Holger Löttel, Paderborn 2013, S. 439 ff.
43 Friedrich Wilhelm Schlomann; Recht und politische Opportunität, SBZ-Archiv 1956, S. 241.

Im Frühjahr 1955 schien für das SBZ-Archiv die Welt noch in Ordnung zu sein. Von Nottbeck hatte der Bundesregierung nach der Ratifizierung der Westverträge bescheinigt, auf dem richtigen Wege zu sein. Doch die Sowjetunion hatte das gemacht, was sie vorher angedroht hatte, nach der Aufnahme der Bundesrepublik in die Nato werde sie nicht mehr über eine Wiedervereinigung durch freie Wahlen verhandeln. Bonn war durch die sowjetische Koexistenz-Politik in die weltpolitische Defensive geraten. Die Großmächte suchten eine Entspannung auf der Grundlage des Status quo, die Bundesrepublik wollte aber den Status verändern. Jetzt waren Schadensbegrenzung und politische Abwehrstrategien gefragt. Im Vorfeld der Genfer Gipfelkonferenz vom Juli 1955 hatten die Briten erneut angefragt, ob sie beim Scheitern der Verhandlungen über die Wiedervereinigung nicht auch die Frage einer „kleinen Lösung" zur Verbesserung der innerdeutschen Beziehungen ansprechen sollten.[44] Das hatte Bonn abgelehnt und auch in Niedebreisich war das kein Gesprächsthema. Über die Verhandlungen informieren Protokolle der beteiligten Ministerien, des Verlages, der CIA – und des Ministeriums für Staatssicherheit, das trotz aller Geheimhaltung mit einem Informanten dabei war.[45]

Die Folge der Niederbreisich-Konferenz wurde in den nächsten Monaten sichtbar. Das Gesamtdeutsche Ministerium veröffentlichte Anfang 1956 die Molotow-Rede vom 8. November 1955 mit einem Kommentar als Broschüre.[46] Die Bundeszentrale traf Vorbereitungen für die Gründung des Ostkollegs, in dem politische Multiplikatoren für die Auseinandersetzung mit dem Kommunismus und der sowjetischen Politik geschult werden sollten. Für die Grundlagenforschung wollte der Bund ein Institut zur Erforschung des Marxismus-Leninismus (Institut für Sowjetologie) gründen. Der Verband Deutscher Studentenschaften führte verstärkt gesamtdeutsche Seminare durch in denen über die Deutschlandpolitik und den Marxismus-Leninismus informiert wurde.[47] An den Universitäten entstanden Ost-West-Arbeitskreise, die der Vorbereitung von Debatten mit FDJ-Delegationen aus der DDR dienten. In Hamburg wurde im Studentenhaus eigens eine Arbeitskreis- Ost Bibliothek angelegt. An der Universität Kiel forderte die Studentische Arbeitsgemeinschaft für gesamtdeutsche Beziehungen sogar, dass Marxismus-Leninismus zum ordentlichen Lehrfach erhoben werde.

---

44 Mechthild Lindemann: Die deutsche Frage auf den Genfer Viermächtekonferenzen 1955, Diss. Bonn 1994, S. 217.
45 Möller, Das Buch Witsch, S. 536.
46 Molotow trommelt für Pankow. Die Rede Molotows auf der Genfer Außenministerkonferenz am 8. November 1955, Lippstadt 1956.
47 Detlev E. Otto: Studenten im geteilten Deutschland, Bonn 1959, S. 66.

Das SBZ-Archiv attackierte in mehreren Aufsätzen, dass sich nach der Sowjetunion auch die SED von der Wiedervereinigung verabschiedet habe.[48] Gleichwohl erschien die 1955 geplante siebenteilige Serie „Probleme der Wiedervereinigung" über das Jahr 1956 verteilt. Für das Gesamtdeutsche Ministerium wurde die Serie 1957 sogar noch als Sonderdruck in einer Auflage von 10.000 Exemplaren verbreitet. Im Leitartikel dazu hieß es, die Wiedervereinigung sei zwar in die Ferne gerückt, aber solange die Spaltung dauere, „kann es keinen Zeitpunkt geben, zu dem eine Behandlung dieser Probleme nicht von höchster Aktualität und Dringlichkeit ist". Die Beiträge behandelten sieben innenpolitische Themen in Frageform.

- „Was geschieht mit den politischen Funktionären der DDR?"
- „Was muß auf dem Gebiet der Justiz geschehen?"
- „Wie soll die Verwaltung geregelt werden?"
- „Situation und Aufgaben im Bildungswesen."
- „Was muß in der Landwirtschaft geschehen?"
- „Wie soll das Arbeits- und Sozialrecht geregelt werden?"
- „Was soll mit den volkseigenen Betrieben geschehen?"

Zu der in jenen Jahren im Westen viel diskutierten zentralen Frage, wie ein europäisches Sicherheitssystem aussehen könnte, dass es für die Sowjetunion attraktiv erscheinen lassen könnte, die Wiedervereinigung nach westlichem Modell zuzulassen, gab es keinen Beitrag. Es fehlen auch Erörterungen, was zu tun sei, wenn eine Wiedervereinigung in absehbarer unerreichbar bleibe, wie ein Modus vivendi mit der DDR aussehen könne, schließlich kamen von den Westmächten nach 1955 entsprechende Anregungen.[49] Als Referent in Niederbreisich und in einer Aufsatzfolge im SBZ-Archiv vermittelte Leonhard eine positive Perspektive, die Veränderungen in der Sowjetunion nach 1953 deuteten auf eine Abkehr vom stalinistischen System hin. Alle Zeichen sprächen dafür, dass der 20. Parteitag der KPdSU große Veränderungen mit sich bringen werde, wobei für Leonhard offen blieb, ob das auch für die Zukunft der deutschen Frage gelte.

Am 24. Februar 1956, dem letzten Tag des 20. Parteitags der KPdSU, hielt der Parteisekretär N.S. Chruschtschow eine Geheimrede, die zu den Reden gehört, die die Welt

---

48 Carola Stern: Deutsche Einheit auf Eis, SBZ-Archiv 1956, S. 130 ff.
49 Gerst, Bundesrepublik Deutschland, S. 381 ff.

bewegten.[50] Darin rechnete er mit Stalin ab, enthüllte dessen Verbrechen und versprach die Rückkehr zu Leninschen Prinzipien der Parteiführung und sozialistischer Gesetzmäßigkeit. Der CIA gelang es, in den Besitz des vollen Wortlauts der Rede zu kommen, die in DDR-Zeitungen nur indirekt und in Auszügen wiedergegeben, in geschlossenen Parteiversammlungen aber verlesen wurde. Die Verbreitung des vollen Texts in der DDR war eine der wichtigsten Aufklärungsaktionen des Ostbüros. Für viele SED-Genossen war die Abkehr von Stalin gleichbedeutend mit dem Zusammenbruch ihrer politischen Weltanschauung. Überall im Ostblock, vor allem in Polen und Ungarn, gab es jetzt Diskussionszirkel, in denen über eine Reform des Sozialismus und die Ablösung der Stalin-Epigonen gesprochen wurde.

Waren es am 17. Juni 1953 Arbeiter gewesen, die gegen das System demonstriert hatten, so war der antistalinistische Aufbruch von 1956 eine Sache der Intellektuellen, der Studenten, Professoren, Schriftsteller und Kulturbundfunktionäre.[51] Zu einem dieser Zirkel gehörten die Mitarbeiter des Aufbau Verlages Walter Janka, Gustav Just und Wolfgang Harich. Harich entwickelte das Konzept eines demokratischen Sozialismus, für den er auch die SPD gewinnen wollte, um die Wiedervereinigung zu ermöglichen. Schon im Vorjahr hatte sich Chruschtschow mit dem jugoslawischen Parteichef Tito versöhnt und erklärt, es gebe verschiedene Wege zum Sozialismus. Für die aus der DDR stammenden Mitarbeiter des SBZ-Archivs schien auch ein Traum realisierbar zu werden Von sowjetischer Seite in Ostberlin wurde eine Ablösung Walter Ulbrichts für denkbar gehalten und Harich ermutigt, seine Gedanken zu Papier zu bringen. Ein dritter Weg zwischen kapitalistischem Westsystem und Sowjetsystem schien in greifbare Nähe zu rücken. In Polen gelang es, den Posener Aufstand friedlich zu beenden und die alte Warschauer Führungsgarnitur abzusetzen. In Ungarn entwickelte sich die intellektuelle Revolte zum offenen Aufstand, der durch sowjetische Militärintervention niedergeschlagen wurde.

Damit war für die sowjetische Führung im Oktober 1956 klar, dass im Frontstaat DDR keine Experimente zugelassen werden durften und Walter Ulbricht gestärkt werden müsse. Seit dem Sommer 1956 hatte der Verlagslektor im Ostberliner Aufbau Verlag und Philosophie-Professor Wolfgang Harich mit dem Verlagsleiter Walter Janka und dem

---

50 Reden, die die Welt bewegten, 10. Aufl. Stuttgart 1989, S. 509-544.
51 Heinz Kersten: Aufstand der Intellektuellen. Wandlungen in der kommunistischen Welt, Stuttgart 1957. Siegfried Prokop: 1956 – DDR am Scheideweg. Opposition und neue Konzepte der Intelligenz, Berlin 2006.

Chefredakteur der Kulturbundzeitung „Sonntag" Gustav Just über die Möglichkeit einer Ablösung der stalinistischen SED-Führung unter Walter Ulbricht und die Annahme eines revisionistischen Kurses durch die Partei diskutiert. In seiner im Herbst 1956 formulierten Plattform plädierte für Meinungsfreiheit, Rechtssicherheit, Abschaffung von Staatssicherheit und Geheimjustiz. Anstelle des Scheinparlaments Volkskammer solle ein frei gewähltes Parlament völlige Souveränität besitzen.

Harich hoffte auch auf eine Wiedervereinigung. Eine kapitalistische Restauration solle es nicht geben, dafür sollten in Westdeutschland aber gemäß den Forderungen der SPD die Schlüsselindustrien verstaatlicht und die Wehrpflicht abgeschafft werden. Für dieses Programm warb er in den verschiedenen oppositionellen Gruppen. Er geriet bei Gesprächen mit der Westberliner SPD an Mitarbeiter des Ostbüros und fuhr auch nach Hamburg, um mit der Redaktion der „Anderen Zeitung" und dem „Spiegel"-Herausgeber Rudolf Augstein zu verhandeln. Nach der Rückkehr aus Hamburg wurde er am 29. November 1956 verhaftet. Im März 1957 wurde er wegen Bildung einer konspirativen staatsfeindlichen Gruppe zu zehn Jahren Zuchthaus verurteilt.[52] Im SBZ-Archiv wurde die Harich-Plattform veröffentlicht und der Harich-Prozeß im Zusammenhang mit der Verfolgung der Intellektuellen in der DDR ausführlich beschrieben.[53] Um zumindest den westdeutschen Kommunisten die Augen zu öffnen, veröffentlichten die linken Mitarbeiter des SBZ-Archivs ein vom Verfassungsschutz gesponsortes Blatt „Der dritte Weg", das an Mitglieder der inzwischen verbotenen KPD verschickt wurde.[54]

Als Gegenentwurf zur Wiedervereinigung durch freie Wahlen hatte Ulbricht Ende Dezember 1956 die Bildung einer deutschen Konföderation vorgeschlagen. Die Bildung dieses Staatenbundes hatte er aber mit so vielen Vorbedingungen für Änderungen der poltischen und und gesellschaftlichen Verhältnisse in Westdeutschland verbunden, dass der Vorschlag völlig unglaubwürdig wirkte. Im Vorfeld der Bundestagswahlen im September 1957 übergab übergab die DDR-Regierung den Chefs der in Ostberlin akkreditierten diplomatischen Missionen im Juli eine Erklärung zur Wiedervereinigung, in der sie nicht

---

52 Hermann Weber: Von der SBZ zur DDR 1945-1968, Hannover 1968, S. 111-120.
53 Die politische Plattform Harichs und seiner Freunde, SBZ-Archiv 1957, S. 72-75. Heinz Kersten: Ulbrichts Kampf gegen die Intellektuellen. Vom XX. Parteitag der KPdSU zum Harich-Prozeß, SBZ-Archiv 1957, S. 66-72. Martin Jänicke: Der Dritte Weg. Antistalinistische Opposition gegen Ulbricht seit 1953, Köln 1964.
54 Günther Nollau: Das Amt, München 1978, S. 226 ff. Weber, Leben nach dem Prinzip „links", S.204-209.

mehr auf der Erörterung solcher Fragen bestand, „die mit der weiteren Entwicklung Westdeutschlands oder der DDR verbunden sind".[55]

Konkret wollte sie damit auch Gespräche über Rüstungsbegrenzung anregen. Das war für Bonn überhaupt kein Thema für Verhandlungen mit der DDR. Allerdings hatte die DDR seit 1950 jedes Jahr Vorschläge für die Verständigung der beiden deutschen Staaten gemacht.[56] „Deutsche an einen Tisch" lautete seit 1951 die Parole der DDR. Da sie das westdeutsche System meist gleichzeitig als eine Art Ausgeburt der Hölle bezeichnete (Hort des Imperialismus, Militarismus und der alten Faschisten), konnte man an der Ernsthaftigkeit dieser Aufforderungen zweifeln. Ging es ihr nur um die Anerkennung oder verstärkte Infiltration? Die einfachste Formulierung stammt von einer Propagandapostkarte des Geschäftsführers des antikommunistischen Volksbundes für Frieden und Freiheit aus dem Jahr 1951: „Alle Wege durch den eisernen Vorhang führen in die Sklaverei!"

Der Schriftsteller Stephan Hermlin hat die klassischen Westargumente gegen gesamtdeutsche Gespräche formuliert: „1. Das deutsche Gespräch ist ein Manöver der „Kommunisten", mit dem Ziel, die „Nichtkommunisten" zu betrügen und eine totalitäre Diktatur über sie zur errichten. 2. Allzu viele Dinge im Osten sind unübersichtlich. Wir fürchten die dortige Ordnung. Darum ist es zwecklos, dass wir miteinander diskutieren. 3.Ich spreche mit meinen Freunden, nicht mit meinen Gegnern. 4. Weltanschauliche Differenzen machen ein Gespräch mit dem Osten unmöglich. 5. Für den Frieden sind wir sowieso. Jedermann ist für den Frieden. Das brauchen wir nicht erst zu betonen. 6. Wir wollen mit den „Menschen reden, nicht mit den Funktionären, die im Auftrag zu uns kommen".[57] Der Buchreferent des Gesamtdeutschen Ministeriums gab dazu eine Art Handreichung heraus.[58]

Der nach der Bundestagswahl 1957 an Stelle des schwer erkrankten Jakob Kaiser ins Amt des Gesamtdeutschen Ministers gekommene Berliner CDU-Vorsitzende Ernst Lemmer wollte prüfen., ob es Möglichkeiten für eine Entspannung zwischen den beiden Staaten gab. In seinen Reden hatte er stets für die Ausweitung innerdeutscher Kontakte und auch für die

---

55 Carola Stern: Variationen zum Thema Wiedervereinigung, SBZ-Archiv 1957, S. 225 f.
56 Vorschläge der DDR zur Verständigung der beiden deutschen Staaten 1949-1960, hrsg. v. Karl Bittel m. Vorwort von Adolf Deter, Berlin/DDR 1961.
57 Stephan Hermlin: Die Sache des Friedens, Berlin/DDR 1953, S. 325 ff,
58 Sebastian Losch: Gespräch mit Kommunisten, Bad Godesberg 1962.

von der DDR gewünschte Ausweitung der Wirtschaftsbeziehungen plädiert und sich auch für eine Amnestie für wegen politisch motivierter Straftaten verurteilter Kommunisten im Westen eingesetzt, um damit die DDR zu Entlassung politischer Gefangener zu bewegen. Innenminister Gerhard Schröder verwahrte sich im Bundestag jede Gleichsetzung von politischen Gefangenen in Ost und West und lehnte eine Amnestie rundweg ab. Herbert Wehner leistete sich daraufhin eine Attacke gegen Schröder, indem er ihn mit dem sowjetischen Generalstaatsanwalt Andrej Wyschinski verglich.[59]

Mit seinen Vorstellungen für Behördenverhandlungen mit der DDR stieß Lemmer bei Bundeskanzler Adenauer auf völliges Unverständnis. Er beschwerte sich darüber bei Bundespräsident Theodor Heuss.[60] Mit Rücktritt drohen konnte er schon deshalb nicht, weil er keinerlei Altersversorgung besaß. Adenauer wollte menschliche Erleichterungen für die Bevölkerung der DDR in Direktverhandlungen mit der Sowjetunion erreichen. Das war eine Einstellung nach Art der Philosophie: Man verhandelt doch mit dem Hausbesitzer und nicht mit dem Hausmeister. So fragte er im Vorfeld des Bonn-Besuchs des sowjetischen Vizeministerpräsidenten Anastas Mikojan im März 1958 den Sowjetbotschafter Andrej Smirnow, ob es nicht möglich wäre, der DDR den Status Österreichs zu geben. Es folgten in den nächsten Jahren abgeschwächte Globke- und Burgfriedenspläne.[61] Für die Sowjetunion war das keine Themen, Mikojan hatte nur die Forderung an Bonn, bloß keinen Krieg anzufangen. Der Bundestag hatte gerade nach bewegter Debatte der Ausrüstung der Bundeswehr mit Atomwaffen zugestimmt. Carola Stern stellte in einem Leitartikel die bange Frage, wie dieser Beschluß auf die Bevölkerung der Zone wirken müsse.[62] Durch die sowjetische Berlinnote vom November 1958 war Bonn völlig in die Defensive geraten. Am liebsten hätte Adenauer die deutsche Frage für die nächsten 10 Jahre aus Verhandlungen ausgeklammert.

Die DDR fing 1957 an, den 1953 liberalisierten Reiseverkehr in die Bundesrepublik einzuschränken.[63] Dafür vermerkte das Bundesinnenministerium verstärkte Infiltration durch Reisekader der DDR und Einladungen westdeutscher Gruppen (Gesamtdeutsche Arbeiterkonferenzen in Leipzig, Frohe Ferien für alle Kinder). Um dem entgegenzuwirken

---

59 Christoph Meyer: Herbert Wehner. Biographie, München 2006, S. 198.
60 Ernst Lemmer: Manches war doch anders, Frankfurt am Main 1968, S. 359.
61 Christian Hacke: Die Außenpolitik der Bundesrepublik Deutschland, Berlin 2004, S. 88.
62 Carola Stern: Die Sowjetzone blickt auf den Bundestag, SBZ-Archiv 1958, S. 97.
63 Kurt Plück: Der schwarz-rot-goldene Faden, Bonn 1996, S.61 ff.

legte die Bundesregierung Ende 1960 den Entwurf eines Reisegesetzes vor, der es der westdeutschen Seite erlauben sollte, Reisekader der DDR an der Grenze zurückzuweisen und ausreisebereite Westgruppen wieder nach Hause zu schicken. Im Bundestag gab es heftige Kritik an dem Vorhaben, das schließlich nicht umgesetzt wurde.[64] Im SBZ-Archiv erschien dazu nur in der Rubrik Chronik der Sowjetzone eine ADN-Meldung über ein Interview mit DDR-Staatssekretär Otto Winzer.

Im Herbst 1960 führte die DDR eine Genehmigungspflicht für Bundesbürger, die Ostberlin besuchen wollten, ein. Nach der Kündigung des Interzonenhandelsabkommens durch Bonn versicherte die DDR, das Verfahren künftig als reine Formalie behandeln zu wollen und das Abkommen wurde zum 1. Januar 1961 wieder in Kraft gesetzt. Am 13. August 1961 wurde die Sektorengrenze erneut gesperrt, diesmal für DDR-Bürger und mit dem Bau einer Mauer. Willy Brandt beschrieb das Bild der westlichen Deutschlandpolitik, am 13. August sei der Vorhang aufgezogen worden und man konnte sehen, dass die Bühne leer war. Die Westmächte protestierten zwar verhalten, verwiesen aber intern darauf, dass die viel zitierte „Front der Freiheit" in Berlin doch standgehalten habe.

Nach 12 Monaten von Protest, Ernüchterung und Enttäuschung gab der Tod Peter Fechters an der Mauer am 17. August 1962 beim Westberliner Senat den Anstoß zu neuen Überlegungen.[65] Wenn man von Appellen an die Großmächte nichts zu erwarten hatte, konnte man dann nicht versuchen, mit der DDR eine kleine Regelung über die Ausgabe von Passierscheinen für Westberliner auszuhandeln. Brandts Pressechef Egon Bahr trug diese Überlegungen bei einer Tagung der Politischen Akademie Tutzing im Juli 1963, die Stichworte lauteten „Wandel durch Annäherung" und „Politik der kleinen Schritte". Der frühere stellvertretenden Leiter des Ostbüros Wolfgang Schollwer entwickelte das Konzept, durch Verhandlungen mit der DDR eine Verklammerung zwischen den beiden deutschen Staaten zu versuchen. Rückblickend meint er:„Die Bonner Politik hat in den 1950er Jahren vor allem aus Bekenntnissen zur Wiedervereinigung bestanden, ohne zu sagen, wie die konkret umgesetzt werden konnte.Und das reichte den meisten Politikern."[66]

---

64 Gegen den roten Funktionär. Weißbuch der Bundesregierung, Bonn 1960. Gerhard Loewenberg: Parliament in the German Political System, New York 1966, S. 317 ff.
65 Egon Bahr: Zu meiner Zeit, Berlin 1996, S. 142 ff.
66 Interview Klaus Körner mit Wolfgang Schollwer v. 20. Sept. 1979.

Die erste Frucht des Bahrschen Konzepts war das Passierscheinabkommen vom Dezember 1963. Da die Ansätze für eine neue Ostpolitik in Bonn kontrovers diskutiert wurden, schrieb auch das SBZ-Archiv nichts darüber. Als der neue Bundeskanzler Ludwig Erhard dann aber in dem Passierscheinabkommen eine Art trojanisches Pferd für die Anerkennung der Drei-Staaten-Theorie sah, erlaubt sich Ilse Spittman, die nach dem Ausscheiden von Nottbecks 1960 zur verantwortlichen Redakteurin des SBZ-Archivs aufgestiegen war eine kritische Anmerkung. Der Besucherstrom nach Ostberlin sei doch ein beeindruckendes Bekenntnis zur Wiedervereinigung gewesen.[67] Die Ernüchterung in der deutschen Frage nach 1961 zeigte sich auch in einer zunehmenden Versachlichung der Beiträge im SBZ-Archiv. Die Zeitschrift bekam auch einen neuen Umschlag, zunächst in Rot, dann aber wie Ilse Spittman meinte, in einem „entschiedenen FDJ-Blau".

Der Wandel zeigte sich auch in der Erweiterung des Mitarbeiterstabes. Der junge DDR-Forscher Peter Christian Ludz von der Freien Universität stellte die gängige These, die DDR sein ein totalitäres System nachhaltig in Frage, die Entwicklung laufe auf ein eher autoritäres Regime zu. Die im Westen vornehmlich aus Gründen der ideologischen Einwirkung auf die DDR geschätzte These vom dritten Weg bezeichnete er als Mythos. Erforderlich seien empirische Untersuchungen über den gesellschaftlichen Wandel in der DDR. Seine in einer Fachzeitschrift über Soziologie in der DDR veröffentlichte Untersuchung wurde auszugsweise in zwei Folgen des SBZ-Archivs nachgedruckt.[68] Bei den Literaturhinweisen verwies Ludz verstärkt auf Schriften von DDR-Autoren, die in der DDR-Abteilung des Instituts für Politische Wissenschaft analysiert wurden.[69]

Carola Stern, ab Mitte 1960 Lektorin für politische Sachbücher bei Kiepenheur und Witsch, ermunterte den Berliner Journalisten Peter Bender dazu, ein kämpferisches Buch für eine neue Deutschlandpolitik zu schreiben. Unter dem Titel „Offensive Entspannung" verlangte Bender Direktverhandlungen mit der DDR und die Aufgabe von Nichtanerkennung und Alleinvertretungsanspruch. In der „Zeit" wurde die Schrift von Theo Sommer lebhaft begrüßt, im SBZ-Archiv dagegen von Hans-Dietrich Sander verrissen.[70]

---

67 Ilse Spittmann: Geschäfte mit der Menschlichkeit, SBZ-Archiv 1964, S. 1-3.
68 Peter Christian Ludz: Soziologie inder „DDR", Teil I, SBZ-Archiv 1964 S. 269 ff., Teil II, S. 296 ff.
69 Peter Christian Ludz: Aus der Literatur über die Sowjetzone, SBZ-Archiv 1964 S., 320 f.
70 Stern, Doppelleben, S. 164 f. SBZ-Archiv 1964, nach S. 384.

Ausführlich dokumentiert wurden im SBZ-Archiv aber auch weiterhin die aktuellen politischen Aktionen, so die von der SED zunächst vorgeschlagenen aber dann wieder aufgegebenen Projekte eines Zeitungsaustauschs 1964 und des Redneraustauschs von 1966 sowie den Abbruch der Passierscheinverhandlungen. Vergeblich sucht man im SBZ-Archiv dagegen nach einem Kommentar zu Erhards Friedensnote vom März 1966, in dem Bonn den Austausch von Gewaltverzichtserklärungen vorschlug, dabei aber die nicht anerkannte DDR ausnahm, wie die SED in ihrem Brief an die SPD vom 26. Mai 1966. kritisch anmerkte.[71]

Die Fehlschläge führten ab Herbst 1966 zu neuen Überlegungen und Versuchen durch die Politik der Großen Koalition. Bisher hatten Ulbricht und seine Führungsriege als das große Hindernis gegolten, jetzt wollte man notgedrungen mit ihm verhandeln. Der Bonner Politikforscher Eberhard Schulz brachte die Entwicklung auf die einfache Formel „An Ulbricht führt kein Weg mehr vorbei".[72] Erstmals antwortete Bundeskanzler Kurt Georg Kiesinger 1967 auf einen Brief des DDR-Ministerpräsidenten Willi Stoph. Der neue Minister für Gesamtdeutsche Fragen Herbert Wehner sorgte für einen Umbau seines Ministeriums zu einer Einrichtung für innerdeutsche Beziehungen.[73]

Zunächst wurde die Bezeichnung SBZ abgeschafft, die DDR hieß jetzt der andere Teil Deutschlands. Das Ostbüro de SPD erhielt die Bezeichnung Gesamtdeutsches Referat und stellte seine Aussendungen in die DDR ein, was Wolfgang Leonhard heftig kritisierte: „Man mußte die Leute doch darüber informieren, was in der Welt vorging." Die Veröffentlichung der Neuauflage des Taschenlexikons „SBZ von A – Z" wurde 1966 angehalten. Die Texte wurden im Sinne einer größeren Sachlichkeit überarbeitet und das Werk kam dann 1969 als „A – Z. Taschen- und Nachschlagebuch über den anderen Teil Deutschlands" heraus. Die verschiedenen Propagandaorganisationen unterhalb des Ministeriums wurden zum Gesamtdeutschen Institut – Bundesanstalt für gesamtdeutsche Fragen umgestaltet. Schwerpunkt der Publikationspolitik wurden Verlagsankäufe. Auch die Forschung über die DDR erhielt eine neue Ausrichtung.

---

71 Dritter offener Brief des ZK der SED an die SPD, SBZ-Archiv 1966, S. 171-176.
72 Eberhard Schulz: An Ulbricht führt kein Weg mehr vorbei. Hamburg 1967.
73 Gisela Rüß: Anatomie einer politischen Verwaltung. Das Bundesministerium für gesamtdeutsche Fragen – Innerdeutsche Beziehungen, München 1973, S. 58 f.

Der neue Kurs wurde ausführlich auf der ersten Tagung der DDR-Forscher in Tutzing im September 1967. Star der Tagung war der Berliner DDR-Forscher Peter Christian Ludz, der gerade mit der Arbeit „Parteielite im Wandel" über die Spitzenfunktionäre der SED habilitiert worden war, der ersten Habilitationsschrift über ein DDR-Thema in der Bundesrepublik.[74] Seine zentrale These lautete, dass die Parteielite der SED sich zunehmend aus Pragmatikern und Technokraten zusammensetze. DDR und Bundesrepublik seien beide Industriegesellschaften, in denen vergleichbare Probleme auf systembedingt unterschiedliche Weise bewältigt würden. Eine Abriss seiner Arbeit veröffentlichte das SBZ-Archiv im Vorfeld der Tagung.

Das Einleitungsreferat hielt der Wehner-Referent Dieter Haack. Er begann seine Ausführungen mit einer Kritik an der früheren Arbeit des Ministeriums. Bei der Erforschung der SED habe bisher Schwarz-Weiß-Malerei, mangelndes Differenzierungsvermögen und Antikommunismus vorgeherrscht. Die neue gesamtdeutsche Politik brauche nach Ausgangsort und Zielsetzung die Wissenschaft, die DDR-Forschung. Ergebnisse der Forschung sollten nicht Argumente für antikommunistische Ideologie liefern, um zu beweisen, dass im Osten alles schlecht und im Westen alles gut sei. Wichtig sei es, die Eigengesetzlichkeiten der Gesellschaftsordnung der DDR und der systemimmanenten Entwicklungsmöglichkeiten zu erforschen. Für die gesamtdeutsche Politik sei es wichtig, dass „eine repräsentative wissenschaftliche Zeitschrift über die Entwicklung im anderen Teil Deutschlands unterrichtet".[75]

Das Hauptreferat hielt Ludz.[76] Er kritisierte, dass von den über 1000 Schriften über die DDR die große Mehrzahl aus polemisch-propagandistischen Anti-Schriften bestehe und nur wenige die Walter Ulbricht geforderte Funktionstüchtigkeit des Systems untersuchten. Dann führte der aus, was in den einzelnen Universitätsfächern Wirtschaftswissenschaft, Rechtswissenschaft, Erziehungswissenschaft, Soziologie und Politikwissenschaft schon geschehe oder möglich sei. Außerdem solle neben der systemimmanenten DDR-Forschung auch eine vergleichende Deutschlandforschung (Ost-West-Vergleich) betrieben werden.

---

74 Peter Christian Ludz: Parteielite im Wandel. Funktionsaufbau, Sozialstruktur und Ideologie der SED-Führung, Köln und Opladen 1970.
75 Dieter Haack: Neue Profile der Deutschlandpolitik, SBZ-Archiv 1967, S. 291. Dieter Haack: Gesamtdeutsche Politik braucht DDR-Forscher, SBZ-Archiv 1967, S. 319-321.
76 Peter Christian Ludz 1931-1979, hrsg. v. Ursula Ludz, Berlin 1980.

Die DDR-Forschung solle dazu beitragen, Tabus abzubauen und politische Entscheidungen zu entideologisieren und zu rationalisieren.[77] Der ursprünglich aus der DDR stammende Soziologe Ludwig Auerbach vom Münchener Institut für Zeitgeschichte sekundierte mit einer Kritik an den bisherigen Arbeiten, begrüßte die Neuorientierung und verlangte, dass die Forschungsergebnisse auch angemessen publiziert werden müssten. Der ebenfalls bei der Tagung anwesende Karl Wilhelm Fricke berichtet darüber im „Rheinischen Merkur". Er betonte die Notwendigkeit, ein wirklichkeitsgetreues Bild der sozialökonomischen Zustände in der DDR, der politisch-psychologischen Verhaltensweisen und nicht zuletzt der inneren Stabilität des Regimes zu erarbeiten. Seine Kritik am in den fünfziger Jahren steckengebliebenen Illusionismus galt nicht nur zögernden konservativen CDU-Politikern, sondern kann auch auf manchen Beitrag der ersten Jahre des SBZ-Archivs bezogen werden. Die Deutschlandpolitik der Bundesrepublik müsse auf einer „vorurteilsfreien, wissenschaftlich abgesicherten, aktuellen Untersuchung der mitteldeutschen Verhältnisse basieren".[78]

Verlag, Redaktion des SBZ-Archivs und Ludz einigten über die Gestalt der neuen Zeitschrift. Der Name sollte „Deutschland Archiv" lauten, da das Kürzel DDR bisher nur mit Anführungszeichen verwendet würde. Der Form nach sollte die Zeitschrift nicht mehr wie ein Ministerialblatt aussehen, sondern das gängige Format wissenschaftlicher Zeitschriften erhalten. Der Umschlag sollte ähnlich wie die erfolgreiche Edition Suhrkamp in wechselnden Spektralfarben gehalten werden. Im letzten Heft des SBZ-Archivs wurde das inhaltliche Konzept für das ab April 1968 erscheinende Blatt vorgestellt:

In der Tradition des SBZ-Archiv sollte die neue Zeitschrift Information, Dokumentation und aktuelle Analyse über den „anderen Teil Deutschlands" enthalten. Doch solle die westlich Deutschlandpolitik stärker berücksichtigt werden und es solle auch ein Forum für Meinungen und Diskussionen zu Fragen der Deutschlandpolitik sowie zur wissenschaftlichen Analyse und Beurteilung der Verhältnisse und Entwicklungen in der DDR bilden.[79] Joseph Caspar Witsch, der eher ein Verfechter des Kalten Krieges blieb, konnte an der Neuorientierung nicht mehr teilnehmen, er war nach längerer Krankheit

---

[77] Peter Christian Ludz: Möglichkeiten und Aufgaben der DDR-Forschung, SBZ-Archiv 1967, S. 322-324.
[78] Jens Hüttmann: DDR-Geschichte und ihre Forscher. Akteure und Konjunkturen der bundesdeutschen DDR-Forschung, Berlin 2008, S. 164 f.
[79] Karl Wilhelm Fricke: 40 Jahre Deutschland Archiv. Eine Zeitschrift im Dienst von DDR-Forschung und Wiedervereinigung, Deutschland Archiv 2008, S. 217-228.

Anfang 1967 gestorben. Franz Thedieck und Herbert Wehner widmeten ihm ehrende Nachrufe.[80]

Wer etwas über die westdeutschen DDR-Kenntnisse in den Zeiten des Kalten Krieges erfahren will, sollte das SBZ-Archiv zur Hand nehmen. Tatsächlich kommt in den kiloschweren Bänden der Enquete-Kommissionen des Bundestages oder den Schriften der stark auf Stasi-Unterlagen fixierten Abwicklungsforschung weder Witsch, von Nottbeck noch das SBZ-Archiv vor.

---

80 Dr. Joseph Caspar Witsch ist tot, SBZ-Archiv 1967, S. 129.

INES WEBER

Sozialistisches Denken in der DDR

Robert Havemann und Rudolf Bahro

1. Zur Einführung

Karl Marx und Friedrich Engels prangerten seit den 1840er Jahren die im Zuge der Industrialisierung entstandene massenhafte Verelendung der ProletarierInnen an und beanspruchten für sich, eine wissenschaftlich fundierte Antwort auf die sozialen Verwerfungen der Zeit zu haben. Seither fühlen sich viele Menschen der sozialistischen Idee verpflichtet. Sie haben politisch für das sozialistische Ziel gekämpft und sich theoretisch mit seinen Bedingungen und seiner möglichen Umsetzung auseinandergesetzt. Wenngleich die Vision, eine auf menschlicher Emanzipation gründende humanistische Gesellschaft, Konsens unter den SozialistInnen war und ist, fanden und finden sie sehr unterschiedliche und bis heute umstrittene Antworten auf die Frage nach dem Weg dorthin.

Auch die SED rekurrierte auf die sozialistische Idee und beanspruchte für sich, wissenschaftlich fundierte Politik zu betreiben, die den Weg in Richtung einer humanistischen Gesellschaft ebnet und damit dem Ziel der sozialistischen Idee zur Durchsetzung verhilft. Dass dieser Selbstanspruch nichts mit der politischen Praxis gemein hatte, war mehr als augenfällig. Viele Menschen haben auf unterschiedliche Weise auf diesen Widerspruch hingewiesen, die Zustände in der DDR kritisiert und dafür nicht unerhebliche persönliche Restriktionen in Kauf nehmen müssen. Einige von ihnen haben die Verhältnisse im sogenannten real existierenden Sozialismus nicht „nur" kritisiert, sondern sie beanspruchten eine Alternative zur offiziellen Theorieauslegung aufzeigen zu können, die in Einklang mit den humanistischen Idealen der sozialistischen Idee steht. Zu den bekanntesten DDR-BürgerInnen, die das SED-Regime offen kritisierten und Gedanken zu einem freiheitlichen Sozialismus entwickelten, zählen zweifellos Robert Havemann und Rudolf Bahro. Sie waren nicht nur der breiten Öffentlichkeit bekannt, sondern wurden und werden auch in der Forschungsliteratur u.a. als „Opposition von links"[1], als „innerparteiliche[...] bzw. innerkommunistische[...] Opposition"[2] oder auch als „sozialistische Opposition", die „eine demokratisch-sozialistische Ordnung anstrebte[n]"[3], bezeichnet.

Es ist erstaunlich, dass umfassende politiktheoretische und ideengeschichtliche Analysen zum politischen Denken der beiden Sozialisten kaum vorgelegt wurden. In Bezug auf Robert Havemann lag der Fokus bisher vorrangig auf der Untersuchung seiner philosophischen Ansätze.[4] Seit einiger Zeit rückt auch das utopische, ökologische Momente enthaltende Denken Havemanns verstärkt in den Blickpunkt.[5] Nur wenige, von ihrem

---

1 Fricke, Karl Wilhelm: Opposition und Widerstand in der DDR. Ein politischer Bericht, Köln 1984, S. 175, für Havemann insbesondere S. 176–179, für Bahro insbesondere S. 181–184.
2 Poppe, Ulrike/Eckert, Rainer/Kowalczuk, Ilko-Sascha: Opposition, Widerstand und widerständiges Verhalten in der DDR. Forschungsstand – Grundlinien – Probleme, in: dies. (Hrsg.): Zwischen Selbstbehauptung und Anpassung. Formen des Widerstandes und der Opposition in der DDR, Berlin 1995, S. 9–26, hier S. 10.
3 Kowalczuk, Ilko-Sascha: Sozialistische Opposition gegen die kommunistische Diktatur, in: ders./Sello, Tom (Hrsg.): Für ein freies Land mit freien Menschen. Opposition und Widerstand in Biographien und Fotos, Berlin 2006, S. 122–129, hier S. 125.
4 Vgl. Herzberg, Guntolf: Robert Havemanns Probleme mit der marxistischen Philosophie, in: Rauh, Hans-Christoph/Ruben, Peter (Hrsg.): Denkversuche. DDR-Philosophie in den 60er Jahren, Berlin 2005, S. 337–366; Ludz, Peter Christian: Freiheitsphilosophie oder aufgeklärter Dogmatismus? Zum Denken Robert Havemanns (1), in: SBZ-Archiv 15 (1964) 12, S. 183–189; Ludz, Peter Christian: Freiheitsphilosophie oder aufgeklärter Dogmatismus? Zum Denken Robert Havemanns (2), in: SBZ-Archiv 15 (1964) 13, S. 195–201.
5 Vgl. Amberger, Alexander: Bahro – Harich – Havemann. Marxistische Systemkritik und politische Utopie in der DDR, Paderborn 2014; Heyer, Andreas: Robert Havemanns ‚Morgen' und der postmaterielle Utopiediskurs. Zum Ausgleich von Ökologie, Marxismus und genossenschaftlichen Strukturen, in: Kinner, Klaus (Hrsg.): Linke zwischen den Orthodoxien. Von Havemann bis Dutschke, Berlin 2011, S. 70–92; ders: Ökologie und Opposition. Die politischen Utopien von Wolfgang Harich und Robert Havemann, Berlin 2009 (Philosophische Gespräche Heft 14); Ferst,

Umfang her eher schmale Darstellungen versuchen eine Gesamtdarstellung von Havemanns Denken.⁶ Die politiktheoretischen Analysen zu Rudolf Bahro sind demgegenüber zahlreicher, allerdings konzentrieren sie sich entweder auf Bahros erstes Hauptwerk, *Die Alternative*, und diskutieren hier Einzelaspekte,⁷ oder fokussieren vorrangig auf sein Denken während der 1980er und 1990er Jahre.⁸ Auch hier existiert nur eine sehr überschaubare Anzahl an schmalen Schriften, die Bahros Œuvre für die Analyse heranzieht.⁹

Marko: Die Ideen für einen „Berliner Frühling" in der DDR. Die sozialen und ökologischen Reformkonzeptionen von Robert Havemann und Rudolf Bahro, Berlin 2005 (hefte zur ddr-geschichte 91); Thieme, Sandra: Perspektiven ökologisch-nachhaltiger Entwicklung. Zur Aktualität utopischen Denkens, Schkeuditz 2004, insbesondere S. 119–135; Morris-Keitel, Peter: Zu Robert Havemanns Konzept eines Ökosozialismus, in: ders.: Die ökologische Katastrophe abwenden!. 2 Beiträge, Berlin 2004 (Pankower Vorträge Heft 68); Morris-Keitel, Peter: Nicht auf bessere Zeiten warten. Zu Robert Havemanns Vision eines Ökosozialismus, in: Monatshefte 88 (1996) 4, S. 489–506.

6 Vgl. Laitko, Hubert: Denkwege aus der Konformität. Bausteine zu Robert Havemanns intellektueller Biographie in den 1950er und frühen 1960er Jahren, Berlin 2010 (Pankower Vorträge Heft 146); ders.: Die Sozialismuskonzeption Robert Havemanns im Wandel, in: Standpunkte 10 (2010) 20, S. 1–4; ders.: Strategen, Organisatoren, Kritiker, Dissidenten: Verhaltensmuster prominenter Naturwissenschaftler in der DDR in den 50er und 60er Jahren des 20. Jahrhunderts, Berlin 2009, insbesondere S. 79–130, online verfügbar unter: http://www.mpiwg-berlin.mpg.de/Preprints/P367.PDF (Zugriff am 23.10.2015); Hoffmann, Dieter/Laitko, Hubert: Robert Havemann, in: Bergmann, Theodor/Keßler, Mario (Hrsg.): Ketzer im Kommunismus. 23 biographische Essays, Hamburg 2003, S. 398–418.

7 Vgl. u.a. Amberger: Bahro – Harich – Havemann, a.a.O.; die Beiträge in Kremendahl, Hans/Meyer, Thomas (Hrsg.): Menschliche Emanzipation. Rudolf Bahro und der Demokratische Sozialismus, Frankfurt am Main 1981; Kößler, Reinhart: Zur Kritik des Mythos vom „asiatischen" Rußland, in: Prokla 9 (1979) 2, S. 105–131; Mohl, Alexa: Im Osten nichts Neues? Der Leninismus in Bahros Konzept der Kulturrevolution, in: Prokla 8 (1979) 2, S. 171–189; Bögeholz, Hartwig: Bahros Klassentheorie, in: Prokla 8 (1978) 4, S. 147–159; Damus, Renate: Die Intelligenz als Potential des gesellschaftlichen Umwälzungsprozesses im „realen Sozialismus" (nach Rudolf Bahro), in: Prokla 8 (1978) 2, S. 67–73; Mandel, Ernest: Bahros Echo, in: ders.: Kritik des Eurokommunismus. Revolutionäre Alternative oder neue Etappe in der Krise des Stalinismus?, Berlin 1978, S. 94–115; Marcuse, Herbert: Protosozialismus und Spätkapitalismus. Versuch einer revolutionstheoretischen Synthese von Bahros Ansatz, in: Kritik 6 (1978) 19, S. 5–27; Schäfer, Gert: Was heißt bürokratischer Sozialismus? Versuch einer Würdigung von Rudolf Bahros „Anatomie des real existierenden Sozialismus" (1), in: Prokla 8 (1978) 2, S. 33–55; Spohn, Willfried: Geschichte und Emanzipation. Bahros Beitrag zur Sozialismus-Diskussion, in: Prokla 8 (1978) 2, S. 5–31.

8 Vgl. u.a. Stein, Tine: Endlichkeit und offene Zukunft. Die Verarbeitung von Endlichkeit im ökologischen politischen Denken der siebziger und achtziger Jahre, in: Franke-Schwenk, Anja/dies./Bihrer, Andreas: Erfahrung und Umgang mit Endlichkeit, Bielefeld 2016, S. 199-219, insbesondere S. 213-217; Heyer, Andreas: Rudolf Bahros „Alternative". Ökologie, Demokratie

Diese Feststellung verbunden mit der Frage nach freiheitlichen Alternativen zum offiziellen Sozialismusverständnis in der DDR führte die Autorin dazu, die Schriften von Havemann und Bahro umfassend zu analysieren und vergleichend miteinander ins Gespräch zu bringen.[10] Ziel dieses Aufsatzes ist es, die wichtigsten Ergebnisse dieser Untersuchung zusammenfassend darzustellen. Um das Denken der beiden Sozialisten einordnen zu können, soll zunächst ihr Leben kurz kontextualisiert werden.

2. Havemann und Bahro – von Systemtreuen zu Oppositionellen

Robert Havemann (1910–1982) begann sich bereits während der Zeit seines naturwissenschaftlichen Studiums für die sozialistische Idee zu interessieren und war während der NS-Zeit in zwei Widerstandsgruppen politisch aktiv. Die erste Widerstandsgruppe *Neu Beginnen* wurde nach zwei Jahren Tätigkeit durch die Nationalsozialisten zerschlagen, Havemann aber wie durch ein Wunder nicht entdeckt. Auch die zweite Gruppe, die *Europäische Union*, wurde aufgespürt, Havemann und mit ihm weitere Mitglieder 1943 von der Gestapo verhaftet und zum Tode verurteilt. Dank eines Vollstreckungsaufschubs erlebt Havemann nach 17 Monaten Haft die Ankunft der Roten Armee. Die Hoffnung auf die aktive Gestaltung einer neuen, besseren Gesellschaftsordnung führte dazu, dass sich Havemann trotz einer Tuberkuloseerkrankung direkt nach Beendigung des Krieges wissenschaftlich und politisch engagierte.

---

und ein neuer Marxismus im Gewand der Utopie, in: Kinner, Klaus (Hrsg.): Linke zwischen den Orthodoxien. Von Havemann bis Dutschke, Berlin 2011, S. 93–105; die Beiträge in Herzberg, Guntolf (Hrsg.): Rudolf Bahro: Denker, Reformator, Homo politicus. Nachlaßwerk: Das Buch von der Befreiung, Vorlesungen, Aufsätze, Reden, Interviews, Berlin 2007; Schubert, Thomas: Rudolf Bahro und „Die Befreiung aus dem Untergang der DDR", in: Hertzfeldt, Hella/Schäfgen, Katrin (Hrsg.): Demokratie als Idee und Wirklichkeit. Erstes Doktorandenseminar der Rosa-Luxemburg-Stiftung, Berlin 2002, S. 119–121; Stein, Tine: Demokratie und Verfassung an den Grenzen des Wachstums. Zur ökologischen Kritik und Reform des demokratischen Verfassungsstaates, Opladen/Wiesbaden 1998, insbesondere S. 209–216 sowie 223–227; Markovits, Andrei S./Gorski, Philip S.: Grün schlägt Rot. Die deutsche Linke nach 1945, Hamburg 1997, insbesondere S. 191-216.

9 Vgl. Ferst: Ideen für einen „Berliner Frühling", a.a.O.; ders.: Rudolf Bahro – vom DDR-Kritiker zum spirituellen Ökologen, in: Altner, Günter et al. (Hrsg.): Jahrbuch Ökologie 2005, München 2004, S. 246–254; Schubert, Thomas: Rudolf Bahro – ein deutsch-deutscher Denker zwischen vorgestern und übermorgen, in: Utopie kreativ 13 (2002) 140, S. 500–506.

10 Vgl. Weber, Ines: Sozialismus in der DDR. Alternative Gesellschaftskonzepte von Robert Havemann und Rudolf Bahro, Berlin 2015.

In den 1950er Jahren bekleidete er bereits mehrere hohe Ämter in der DDR, war gesellschaftlich privilegiert und verteidigte das junge SED-Regime uneingeschränkt. Allerdings begann Havemann die von Ulbricht vorgegebene Deutung mehr und mehr in Frage zu stellen, der XX. Parteitag der KPdSU 1956 ist als Schlüsselerlebnis zu sehen, von dem an Havemann öffentlich auf kritische Distanz zur parteilichen Allmacht ging. Fortan setzte sich der Professor Havemann für einen freien Meinungsstreit in den Wissenschaften und eine ergebnisoffene Diskussion ein, aber schon bald beschränkte er seine Forderungen nicht mehr nur auf die wissenschaftliche Sphäre, sondern erhob sie für den gesellschaftlichen Bereich insgesamt. Dadurch geriet Havemann immer stärker zwischen die Fronten, wurde schließlich aller Ämter enthoben und zeitweise unter Hausarrest gestellt. Seine freie Zeit nutzte der Naturwissenschaftler dergestalt, dass er sich dank mehrerer Freunde aus der Bundesrepublik, die seine Texte über die Grenze schmuggelten, zu vielen Themen zu Wort meldete und für einen freiheitlichen Sozialismus eintrat. Seine Texte wurden nicht nur von der breiten bundesrepublikanischen Öffentlichkeit wahrgenommen, sondern auch in mehrere Sprachen übersetzt und fanden ihren Weg schnell wieder zurück in die DDR.

In seinen letzten Jahren unterstützte Havemanns die Friedensbewegung in der DDR, nahm Kontakt zur Kirche auf und beschäftigte sich außerdem – beunruhigt durch den Meadows-Bericht – mit der zunehmenden Umweltzerstörung und dem nicht nachhaltigen Ressourcenverbrauch. Eine Lösung der ökologischen Herausforderungen, die mit der sozialistischen Idee harmonisiert, versucht Havemann schließlich in seinem utopistischen Spätwerk *Reise in das Land unserer Hoffnungen* vorzulegen.

Für den Diplomphilosophen Rudolf Bahro (1935–1997), der sich ebenfalls mit der Idee des Sozialismus verbunden fühlte und nach seinem Studium u.a. für die FDJ-Zeitung *Forum* journalistisch tätig war, war die Niederschlagung des Prager Frühlings 1968 das Schlüsselerlebnis, das ihn mit der SED brechen ließ. Fortan war es Bahros Anliegen, Möglichkeiten aufzuzeigen, wie der sogenannte real existierende Sozialismus derart verändert werden kann. Daher schrieb Bahro neben seiner Tätigkeit im Berliner VEB Gummi und Asbest sowie neben einer soziologischen Doktorarbeit im Geheimen an seiner *Alternative*, in der er sich intensiv mit den gesellschaftlichen, die Entfremdung der Menschen manifestierenden Strukturen der DDR auseinandersetzte und Lösungsansätze für deren Überwindung entwickelte. Genauso wie Havemann veröffentlichte der weithin unbekannte Sozialist Bahro seine Überlegungen in der Bundesrepublik, wurde dafür 1977 verhaftet, wegen Nachrichtensammlung und Geheimnisverrats angeklagt und zu acht Jahren Freiheitsentzug verurteilt.[11]

Anlässlich des 30. Jahrestages der DDR wurde Bahro amnestiert, er reiste anschließend in die Bundesrepublik aus und engagierte sich in der gerade im Entstehen begriffenen Partei Die Grünen. Hier setzte er sich für eine blockfreie europäische Friedenspolitik ein und machte die Notwendigkeit einer inneren Bereitschaft zum Neubeginn jenseits einer konsumorientierten und umweltzerstörenden Lebens- und Produktionspraxis stark. Weil sich Bahro mit der Ausrichtung sowie den Aufgaben und Zielen der Grünen immer weniger identifizieren konnte, trat er 1985 aus der Partei aus und widmete sich fortan seinem Projekt Zukunftswerkstatt in Worms, durch das er seinen Kommune-wagen-Appell praktisch leben wollte. Als dann die Mauer fiel, kehrte Bahro nach Berlin zurück und widmete sich dem Aufbau und der Leitung des Instituts für Sozialökologie an der Humboldt-Universität, das sich mit den Grundlagen ökologischer Politik beschäftigte. Außerdem rief Bahro das sozialökologische Experiment LebensGut Pommritz bei Bautzen ins Leben, das bis heute existiert.

3. Das politische Denken Robert Havemanns

Im Wintersemester 1963/64 hält Havemann zum wiederholten Mal seine Vorlesung „Naturwissenschaftliche Aspekte philosophischer Probleme" an der HU Berlin.[12] In ihr

---

11 Gregor Gysi hat Rudolf Bahro seinerzeit verteidigt. Guntolf Herzberg, der gemeinsam mit Kurt Seifert eine umfassende Biographie über Bahro vorgelegt hat, bescheinigt Gysi „ein bestechend durchdachtes Plädoyer" gehalten zu haben, dessen Argumentation von Herzberg rekonstruiert wird. Vgl. Herzberg, Guntolf /Seifert, Kurt: Rudolf Bahro. Glaube an das Veränderbare. Eine Biographie, Berlin 2005, S. 256 f. 2014 sind Tonbandaufzeichnungen von der dreitätigen Verhandlung veröffentlicht worden, auf denen u. a. Gysis Verteidigung zu hören ist und die anschließend mit Blick auf Gysis eigene Angaben in seiner Autobiographie kritisch diskutiert wurde. Vgl. u.a. Wensierski, Peter: Die geheimen Tonbänder mit Gregor Gysi, in: Spiegel Online vom 12.5.2014, http://www.spiegel.de/einestages/gregor-gysi-auf-tonband-plaedoyer-des-verteidigers-im-bahro-prozess-a-968094.html. (Zugriff am 25.10.2015) sowie Booß, Christian: Dichtung und Wahrheit, in: Horch und Guck 1/2014 Heft 80, S. 52–55.

12 Vgl. Hoffmann, Dieter (Hrsg.): Dialektik ohne Dogma? Aufsätze, Dokumente und die vollständige Vorlesungsreihe zu naturwissenschaftlichen Aspekten philosophischer Probleme, Berlin (Ost) 1990. Die Vorlesung *Naturwissenschaftliche Aspekte philosophischer Probleme* wurde erstmals 1964 im Rowohlt Verlag unter dem Titel *Dialektik ohne Dogma?* veröffentlicht. Die hier zitierte, um die noch fehlende Sitzung ergänzte Fassung von 1990 wurde im Deutschen Verlag der

präsentiert er seine zuvor in Vorträgen und Aufsätzen entwickelten philosophischen Ansichten, die vorrangig die Gedanken von Engels und Lenin in recht orthodoxer Weise wiedergeben. Havemann integriert allerdings auch kontingenztheoretische Ansichten in seine Überlegungen, die bereits in den 1920er Jahren von u.a. Werner Heisenberg, Niels Bohr und Max Born entwickelt wurden und die das deterministische Modell der klassischen Physik in Frage stellten. Das auf Laplace zurückgehende deterministische Denken, das auch von führenden NaturwissenschaftlerInnen in der Sowjetunion und der DDR vertreten wurde, geht davon aus, dass die Natur wie eine beständig laufende, mechanische Maschine funktioniert und jeder physikalische Vorgang eine oder mehrere Ursachen hat, von denen er mit Notwendigkeit hervorgebracht worden ist. Die Vorgänge in der Natur können also nicht durch den Menschen in Gang gesetzt, angehalten oder in irgendeiner Weise verändert werden, vielmehr wird er in dieser Vorstellung auf ein passives, sich den Naturgegebenheiten unterordnendes Objekt reduziert. Dem stellten Heisenberg, Bohr und Born die als Quantenmechanik bekannt gewordene Ansicht entgegen, dass sich ein Element der Unbestimmtheit nicht aus der physikalischen Beobachtung tilgen lässt und diese Unbestimmtheit nicht aus Beobachtungs- oder Messfehlern resultiert.[13] Vielmehr kann die beobachtende Person niemals völlig losgelöst vom Untersuchungsgegenstand sein, also nicht als unbeteiligteR ZuschauerIn die determinierte Wirklichkeit betrachten.

Durch die Verknüpfung der philosophischen „Klassiker" mit den kontingenztheoretischen Ansichten der Quantenmechanik bringt Havemann Zufall und Notwendigkeit sowie Wirklichkeit und Möglichkeit als objektive Kategorien in den dialektischen Erkenntnisprozess ein. Mit dieser Ansicht stellt Havemann nicht das Prinzip von Ursache und Wirkung per se in Frage. Auch er geht davon aus, dass ein Ereignis das Ergebnis einer Ursache ist. Aber er plädiert auch für ein Kausalitätsverständnis, das nicht meint, dass eine bestimmte Wirkung das notwendige Resultat einer klar zu bestimmenden Ursache ist, sondern das vielmehr unterstellt, dass Ursachen verschiedene Wirkungsmöglichkeiten erzeugen, von denen sich nur eine der Möglichkeiten realisieren kann und wird. Hierdurch wird das Individuums im Erkenntnis- und Veränderungsprozess aufgewertet, denn es ist

---

Wissenschaften von Dieter Hoffmann herausgegeben. Sie enthält außerdem auch jene Aufsätze und Reden Havemanns, in denen der Naturwissenschaftler seine philosophischen Ansichten darlegte. Darüber hinaus sind der Edition auch eine Einschätzung des Zentralkomitees, ein Aufsatz von Hartmut Hecht, bis dato unveröffentlichte Briefe sowie eine von Lucio Lombardo Radice verfasste Rezension zu den Vorlesungen beigefügt.

13 Vgl. Heisenberg, Werner: Quantentheorie und Philosophie, Stuttgart 2014; Vogt, Peter, Kontingenz und Zufall. Eine Ideen- und Begriffsgeschichte, Berlin 2011, insbesondere S. 217–234.

nicht mehr zum passiven Zuschauen und dem Warten auf das Unvermeidliche verdammt, sondern erhält einen aktiven Part: Der Mensch ist dank Bildung und stetig neuer Erkenntnisgewinnung befähigt komplexe Zusammenhänge bewusst zu durchdringen und kann auf Grundlage der Vielzahl an (durch die Wirklichkeit bedingten) Möglichkeiten das Zustandekommen oder Abwenden eines Ereignisses (noch) beeinflussen.

Der Auseinandersetzung mit diesen Positionen liegt Havemanns Auffassung zugrunde, dass der Sozialismus und mit ihm der Dialektische Materialismus wissenschaftliche Theorien sind und diese, genauso wie andere wissenschaftliche Positionen, nicht mit einem unanfechtbaren Wahrheitsanspruch auftreten dürfen, sondern die geprüft und auf Basis neuer Erkenntnisse weiterentwickelt werden müssen.[14] Mit dieser Position hat Havemann längst nicht mehr nur die vorherrschende philosophische Position kritisiert, sondern er rüttelte an den Grundfesten der offiziellen Sozialismusdeutung. Denn nach dem in den Vorlesungen präsentierten Verständnis kann das Geworden-Sein einer sozialen Situation nicht aus feststehenden Gesetzmäßigkeiten und determinierten objektiven Entwicklungen, sondern muss aus komplexen, einzigartigen und zufällig zustande gekommenen Relationen heraus begriffen werden. Havemann gibt mit dieser gegenüber dem deterministischen Verständnis deutlich bescheideneren Auffassung von der Gesellschaftsentwicklung nicht seine (und generell dem sozialistischen Gedanken inhärente) teleologische Prämisse preis, aber seine Äußerungen machen deutlich, dass die kommunistische Gesellschaft keineswegs mehr eine zukünftige, mit Notwendigkeit eintretende Entwicklung ist, wie dogmatische VertreterInnen proklamierten, sondern „nur" noch eine von mehreren Möglichkeiten, deren Zustandekommen zu einem gewissem Grad dem Zufall überlassen bleibt. Havemann kommt in seinen späteren Schriften nur noch marginal auf diese philosophische Grundlage zurück. Genau besehen lässt sie sich nicht widerspruchsfrei in sein sozialistisches Denken integrieren, was vor dem Hintergrund der nun folgenden Ausführungen im abschließenden, Havemann und Bahro miteinander ins Gespräch bringenden Teils dieses Aufsatzes deutlich werden soll.

---

14 Vgl. u.a. Havemann, Robert: Karl Marx und die Naturwissenschaften, in: Hoffmann, Dieter / Laitko, Hubert (Hrsg.): Robert Havemann. Warum ich Stalinist war und Antistalinist wurde. Texte eines Unbequemen, Berlin (Ost) 1990, S. 123–128; ders.: De omnibus dubitandum est, in: Hoffmann / Laitko (Hrsg.): Robert Havemann, a.a.O., S. 252–257; ders.: Fragen, Antworten, Fragen. Aus der Biographie eines deutschen Marxisten, Reinbek 1972, S. 123, 162; ders.: Über Zensur und Medien, in: europäische ideen, Heft 17 (1976), S. 36–39.

Neben den kontingenztheoretischen Positionen ist Havemanns Zwei-Phasen-Theorie als zweiter wichtiger Baustein zu betrachten, durch den es ihm gelingt, die vermeintlichen Errungenschaften der DDR als progressive Entwicklungen zu verstehen und dennoch Kritik am Bestehenden zu üben. Anders als Marx/Engels und Lenin, die die Revolution selbst nicht weiter aufgegliedert haben, unterteilt Havemann den revolutionären Verlauf in einem undatierten, aber nach 1969 verfassten Text in zwei Phasen, die zusammengenommen einen einheitlichen Prozess darstellen. In dem von Havemann als erste Phase definierten Zeitraum wird die politische Macht errungen. Die Dauer selbst ist nicht festgelegt, sondern kann aufgrund der konkreten Bedingungen variieren.[15] Findet die erste revolutionäre Phase in solchen Ländern erfolgreich statt, die sich aufgrund der ökonomischen Rückständigkeit in einer ungünstigen Ausgangslage befinden, so ist es für Havemann möglich, dass sie längere Zeit andauert. In dieser Phase herrsche nicht das Volk, sondern eine „Diktatur der Minderheit".[16] Die neuen Machthaber würden durch den umfassenden Einsatz von Repression und jenseits von demokratischer Kontrolle versuchen, den wirtschaftlichen Rückstand aufzuholen. Sowohl die Sowjetunion als auch die DDR befinden sich nach Havemann in dieser ersten Phase. Vor dem Hintergrund seines nichtdeterministischen Geschichtsverständnisses sind diese Entwicklungen für Havemann „unter den gegebenen Bedingungen politischer, militärischer und ökonomischer Art eine der gesetzmäßig entstandenen Möglichkeiten",[17] aber dürfen keinesfalls gutgeheißen, sondern müssen abgeändert werden.

Trotz der Tatsache, dass Havemann die Situation in der Sowjetunion und in der DDR als Missstand begreift, vertritt er in seinen Schriften auch die Auffassung, dass die von Lenin ergriffenen Maßnahmen sinnvoll und taktisch klug gewesen seien.[18] Diese Fürsprache argumentiert mit den damaligen historischen Umständen, sprich: mit der aufgrund der politischen Situation notwendigen Illegalität der Partei, der ökonomischen Rückständigkeit des zaristischen Landes und dem mehrere Jahre andauernden Kriegszustand. Havemann ist der Ansicht, dass gerade während der revolutionären Phase in Russland die kurzzeitig

---

15 Vgl. Havemann, Robert: Die unvollendete Revolution (Dokument 19), in: Theuer, Werner / Florath, Bernd (Hrsg.): Robert Havemann. Bibliographie. Mit unveröffentlichten Texten aus dem Nachlass, Berlin 2007, S. 335–345, hier S. 342.

16 Ebd., S. 337.

17 Ebd., S. 341.

18 Vgl. Havemann, Robert: Morgen. Die Industriegesellschaft am Scheideweg. Kritik und reale Utopie, Frankfurt am Main 1980, S. 197, S. 234.

errungenen Erfolge nur mithilfe einer „weisen, geschickten und entschlossenen Führung" zu halten gewesen seien,[19] so dass der dauerhafte Sturz der Kerenski-Regierung von ihm als Lenins nachhaltige Leistung angesehen wird. Auch das 1921 eingeführte Fraktionsverbot rechtfertigt Havemann, weil es dem durch internen Streit drohenden Zerfall der Partei vorgebeugt und Lenin in gleichem Atemzug den provisorischen Charakter dieses Beschlusses betont hätte.[20] Es ließen sich weitere, in dieselbe Richtung gehende Textstellen anführen, aber bereits aus den bisher zitierten wird deutlich, dass Havemann diejenigen Staaten verteidigt, die seinem Verständnis nach zwar die Ideen von Marx haben entgleiten lassen und entsprechend (noch) nicht sozialistisch sind, die er gegenüber dem Kapitalismus aber als bessere Ordnungen bezeichnet,[21] weil sie sich bereits in der ersten Revolutionsphase befinden.

Havemann koppelt den Eintritt in die zweite Phase an ein Mindestmaß an ökonomischer Produktivität und sieht es nach 1969 sowohl in der Sowjetunion als auch in der DDR als erreicht an. In der zweiten Revolutionsphase gilt es alle Bereiche umfassend zu demokratisieren. „Die wirtschaftliche Demokratie, also die Herrschaft des Volkes über die Wirtschaft, erfordert die Verwirklichung der politischen Demokratie, also den Übergang zum demokratischen Sozialismus. Und dies erst bedeutet politisch und gesellschaftlich die Vollendung der sozialistischen Revolution."[22] Für den Eintritt in diese zweite Revolutionsphase ist es unabdingbar, dass die SED freiwillig Macht abgibt und nicht nur die von Havemann als notwendig erachteten Demokratisierungsprozesse mitträgt, sondern sich zeitgleich ebenfalls neu und auf demokratischen Wege reformiert. Die für den Eintritt in die zweite Phase erforderlichen Veränderungen sollen und können also nur mit dem System, aber nicht im Geheimen und gegen die SED verwirklicht werden – eine Ansicht, die sicher als naiv bezeichnet und deren Chance auf Umsetzung als gering angesehen werden kann, die aber Havemann maßgeblich von Bahro unterscheidet.

---

19 Havemann, Robert: Der Irrtum der Leninisten, in: Hoffmann / Laitko (Hrsg.): Robert Havemann, a.a.O., S. 211–215, hier S. 215.

20 Vgl. ebd., S. 214; in analoger Weise auch Havemann: Morgen, a.a.O., S. 197.

21 Eine ganz besonders augenfällige Verteidigung findet sich beispielsweise in Havemann: Morgen, a.a.O., S. 218; Wilke, Manfred (Hrsg.): Robert Havemann: Ein deutscher Kommunist. Rückblicke und Perspektiven aus der Isolation, Reinbek bei Hamburg 1978, S. 93.

22 Havemann: Die unvollendete Revolution (Dokument 19), a.a.O., S. 340.

Wie stellt sich Havemann die weitere Entwicklung konkret vor? In Hinblick auf die wirtschaftlichen Veränderungen – und dies ist der dritte wichtige Theoriebaustein in Havemanns politischem Denken – fungiert die jugoslawische Arbeiterselbstverwaltung als Vorbild.[23] Havemann geht davon aus, dass die Einführung marktwirtschaftlicher und damit dezentraler Strukturen sowie die tatsächliche Verfügungsgewalt der Werktätigen über die Produktionsmittel und die erzeugten Produkte zur Lösung der wirtschaftlichen Probleme der DDR sowie zur Demokratisierung der Entscheidungsprozesse beitragen kann.[24] Die jugoslawische Arbeiterselbstverwaltung entstand in deutlicher Abgrenzung zur zentralistischen, auf planwirtschaftlichen Strukturen beruhenden sowjetischen Wirtschaftsorganisation inkl. seines überbordenden bürokratischen Apparats. Nach Ansicht von Tito hat die Planwirtschaft das Privateigentum an Produktionsmitteln nicht in die Hände der Gesellschaft, sondern in die des Staates gelegt und trägt nicht dazu bei, die Entfremdung des Menschen aufzuheben sowie den Staat absterben zu lassen.[25] Dieser Negativfolie stellte der südslawische Staat seit 1950 die Einführung einer Marktwirtschaft in Verbindung mit einem häufig angestrebten Experiment, der Rätedemokratie, entgegen: Es sollte gesellschaftliches Eigentum an den Produktionsmitteln existieren; der Staat von unten nach oben aufgebaut sein, wobei die übergeordneten Gremien den unteren verantwortlich waren und die Gewählten abberufen werden konnten; das Prinzip der Gewaltenteilung sollte aufgehoben sowie das Prinzip der Ämterrotation (ohne dass daraus materielle Privilegien erwachsen) implementiert werden.[26] Wenngleich die Einführung der auf rätedemokratischen Prinzipien beruhenden Arbeiterselbstverwaltung keinesfalls reibungslos gelang und von mehreren Seiten z.T. heftig kritisiert wurde,[27] ist doch zu konstatieren, dass das Modell Interessenpluralismus anerkennt und versucht ihm Raum zu geben sowie die Möglichkeit demokratischer Entscheidungsprozesse zulässt. Auch wenn

---

23 Für Analysen der Arbeiterselbstverwaltung vgl. u.a. Horvat, Branko (1961): Die Arbeiterselbstverwaltung. Das jugoslawische Wirtschaftsmodell, München 1973; Vanek, Jaroslav: The general theory of labor-managed market economies, Ithaca 1970 (beide vorrangig wirtschaftswissenschaftlich ausgerichtet); Roggemann, Herwig: Das Modell der Arbeiterselbstverwaltung in Jugoslawien, Frankfurt a. M. 1970; Lemân, Gudrun: Das jugoslawische Modell. Wege zur Demokratisierung, Frankfurt a. M. 1976; Höpken, Wolfgang: Sozialismus und Pluralismus in Jugoslawien, München 1984.

24 Vgl. u.a. Havemann, Robert: Der Irrtum der Leninisten, a.a.O.; ders.: Die DDR nach Stalin, in: Mytze, Andreas (Hrsg.): Robert Havemann. Berliner Schriften, Berlin (West) 1976, S. 96–100; ders.: Der Sozialismus von morgen, in: Mytze (Hrsg.): Robert Havemann, a.a.O., S. 5–18.

25 Vgl. Lemân: Das jugoslawische Modell, a.a.O., S. 9–11.

26 Vgl. ebd., S. 12 f.

27 Vgl. hierzu u.a. ebd., S. 16–22; Roggemann: Modell der Arbeiterselbstverwaltung, a.a.O., S. 11 f.

Havemann in seinen Ausführungen zu den wirtschaftlichen Veränderungen in der DDR nicht besonders konkret wird, ist es die in Jugoslawien verwirklichte Arbeiterselbstverwaltung, die seiner Ansicht nach eine gangbare Alternative zur Zentralverwaltungswirtschaft und den von ihr hervorgerufenen Problemen liefern kann.

In Hinblick auf die notwendig herbeizuführenden politischen Veränderungen orientiert sich Havemann nicht an rätedemokratischen Vorstellungen, sondern macht sich als einer der wenigen in der DDR lebenden Oppositionellen für die eurokommunistischen Ideen stark. Sie werden hier als der vierte Theoriebaustein in Havemanns politischem Denken begriffen. Der Eurokommunismus ist eine vorrangig in Italien, Spanien und Frankreich aufgrund großer Wahlerfolge der KPen in den 1960er und 70er Jahren wirkmächtig gewordene Strömung.[28] Er strahlte von Südeuropa insbesondere auf Ungarn, die Tschechoslowakei und Polen aus und setzte Moskau unter Druck.[29] Zu den wesentlichen Elementen der eurokommunistischen Idee zählen die Anerkennung und Weiterentwicklung der Institutionen, Verfahrensweisen und Freiheitsrechte der westlichen Demokratien, was die Zustimmung zu freien, allgemeinen und regelmäßigen Wahlen sowie einem Mehrparteiensystem dezidiert umfasst. Außerdem ist es das erklärte Ziel der EurokommunistInnen demokratische Prozesse durch eine möglichst breite Teilhabe auszudehnen.[30] Auch Havemann vertritt diese Ziele und fordert u.a. den freien Zugang zu Informationen, Meinungs- und Pressefreiheit, Freizügigkeit, freie Wahl des Arbeitsplatzes, Streik- und Versammlungsfreiheit, eine unabhängige Justiz sowie eine tatsächliche Wahlfreiheit, was einschließt, dass innerparteiliche Entscheidungsprozesse von den Parteimitgliedern auf demokratischem Wege und ohne Einmischung von außen bestimmt werden können.[31]

---

28 Vgl. Spieker, Manfred: Demokratie oder Diktatur? Zur Ideologie des Eurokommunismus, in: PVS 19 (1978) 1, S. 23–47, hier S. 24–26.

29 Vgl. u.a. Ludz, Peter Christian: Ambivalenzen des Eurokommunismus: Auswirkungen und Toleranzen, in: Stiftung Wissenschaft und Politik (Hrsg.): Polarität und Interdependenz. Beiträge zu Fragen der Internationalen Politik, Baden-Baden 1978, S. 63–84; Timmermann, Heinz: Reformkommunisten in West und Ost. Konzeptionen, Querverbindungen und Perspektiven, in: Beiträge zur Konfliktforschung 10 (1980) 4, S. 105–135.

30 Vgl. Spieker: Demokratie oder Diktatur?, a.a.O., S. 26.

31 Vgl. hierzu u.a. Havemann, Robert: Brief an Joachim Steffen, in: Pelikán, Jiří/Wilke, Manfred (Hrsg.): Menschenrechte. Ein Jahrbuch zu Osteuropa, Reinbek 1977, S. 474–477; ders.: Fragen, Antworten, Fragen, a.a.O., S. 208f, 232 ff, 247; Wilke: Robert Havemann, a.a.O., S. 98–101; ders.: Morgen, a.a.O., S. 227; ders.: Havemann zum Wahlsystem in der DDR, in: DeutschlandArchiv 9 (1976) 11, S. 1224–1227; ders.: Die DDR. Der Sozialistische Staat Deutscher Nation. Wunsch und

Sowohl den wirtschaftlichen als auch den politischen Reformvorschläge ist die Überzeugung inhärent, dass das Bewusstsein der Menschen zwar noch nicht voll, aber bereits in einem ausreichenden Maße entwickelt ist, so dass es nun geboten ist, partizipatorische Momente sowie negative Freiheitsrechte in kraft zu setzen. Anders als seine wirtschaftlichen Reformvorschläge sind die avisierten politischen Veränderungen allerdings nicht mit rätedemokratischen Vorstellungen vereinbar, sondern legen ein gewaltenteilendes repräsentativdemokratisches Verständnis zugrunde. Aufgrund dieser Ziele wurde der Eurokommunismus von einigen als Sozialdemokratisierung bezeichnet, allerdings ist er in letzter Konsequenz nicht als ein „weichgespülter" und das kommunistische Ideal aus den Augen verlierender Sozialismus zu sehen. Vielmehr beansprucht der Eurokommunismus einen Weg aufzuzeigen, wie die westeuropäischen Industriegesellschaften zum Sozialismus zu entwickeln sind und ist damit eher als eine neue, gewaltfreie Strategie der Machtübernahme zu begreifen.[32] Dies gilt auch für Havemanns Vorstellungen einer reformierten DDR sowie seiner Überlegungen zu den Entwicklungen in den kapitalistischen Ländern. Denn nach dem erfolgreichen Abschluss der zweiten Revolutionsphase wird es endlich möglich, in die lange währende sozialistische Übergangsphase einzutreten.

Die nun beginnende Epoche ist für Havemann eine provisorische, da immer noch mit vielen Widersprüchen behaftete Zeit, in der noch „über Jahrhunderte fortleben wird, was in Jahrtausenden entstanden ist".[33] Havemann stellt sich vor, dass es erst jetzt möglich sein wird, sich in einem langen, mühseligen Prozess umfassend mit der entstandenen Entfremdung auseinanderzusetzen. Entsprechend habe die nach der vollendeten Revolution anbrechende Zeit die Aufgabe, die „alte Gesellschaft aufzulösen, umzuwandeln, zu transformieren und umzuwälzen"[34], und zwar dergestalt, dass immer weniger Widersprüche zwischen den individuellen und gesellschaftlichen Interessen existieren. Die Verringerung und schließlich die Auflösung der entfremdeten und entfremdenden Zustände sind allerdings nicht problemlos möglich. Vielmehr tritt die Entfremdung in der Übergangsphase in neuen Formen auf, die es mithilfe des sich weiter entwickelnden Bewusstseins stetig

---

Wirklichkeit, in: Mytze (Hrsg.): Robert Havemann, a.a.O., S. 43–46; ders.: Der Sozialismus und die Freiheit, in: europäische ideen, Heft 24/25 (1976), S. 33–37.

32 Vgl. Spieker: Demokratie oder Diktatur?, a.a.O., S. 26.
33 Havemann: 10. Vorlesung, 20.12.1963. Über Moral, in: Hoffmann (Hrsg.): Dialektik ohne Dogma?, a.a.O., S. 154–163, hier S. 163.
34 Ebd., S. 162.

aufzudecken gelte.[35] Die geistige Bewusstwerdung der Volksmassen wird für Havemann durch die immer geringer werdende Arbeitszeit und den dadurch möglichen Zugewinn an Freizeit ermöglicht. Die Menschen ergreifen die sich so bietende Chance und begeben sich freiwillig auf den mühsamen ent-entfremdenden Weg in Richtung Emanzipation, sie lernen die sozialen Zusammenhänge und kulturellen Errungenschaften verstehen und wollen dieses erworbene Wissen wiederum Kindern vermitteln.[36]

Havemann holt zum Ende seines Lebens die Utopie, die in der marxistisch-leninistischen Lehre diskreditiert war, zurück in den Blickpunkt. Das kommunistische Ideal Havemanns ist als ein unabgeschlossenes Projekt zu verstehen, das sich stetig fortentwickelt. In der mit Katja und Franziska unternommenen *Reise in das Land unserer Hoffnungen*[37] skizziert Robert Havemann eine *mögliche* utopische Gesellschaft, in der sich klassische sozialistische Elemente finden. Beispielsweise muss das der kapitalistischen Logik inhärente Besitzdenken abgestreift und ein neuer, ein veränderter Mensch entstanden sein. Soziale Ungleichheiten, die zuvor mit dem Verweis auf Gott oder biologische Gegebenheiten gerechtfertigt wurden, existieren nicht mehr. Alle Menschen sind gleich in dem Sinne, dass es keine hierarchisierenden Strukturen mehr gibt, aber verschieden in dem Sinne, dass sie mehrere Interessen und Fähigkeiten ganz unterschiedlicher Art haben und diese im kommunistischen Ideal auch entfalten können. Menschen mit religiösen Überzeugungen werden nicht kritisiert und können in Einklang mit ihrem Glauben leben, aber letztlich sieht Havemann keinen Grund mehr dafür an einen Gott oder Götter zu glauben. Vielmehr erkennen Menschen dank immer größeren Wissens und der gemeinsamen Reflexion darüber, dass eine der wahren Natur der Menschen gemäße kommunistische Gesellschaft *von Menschen* aktiv gestaltet werden kann.

Der Naturwissenschaftler Havemann integriert aber auch Elemente in seine Utopie, die der zur damaligen Zeit virulent werdenden ökologischen Herausforderung begegnen sollen und hier als ein fünfter Theoriebaustein begriffen werden. Haben andere AutorInnen die umweltzerstörenden Herausforderungen als besonders drängend eingeschätzt und deshalb Utopien entwickelt, die den zu hohen Ressourcenverbrauch und übermäßigen Konsum notfalls auch durch die Einschränkung von Freiheitsrechten aufzuhalten versuchen,

---

35 Vgl. Havemann: 9. Vorlesung, 13.12.1963, in: Hoffmann (Hrsg.): Dialektik ohne Dogma?, a.a.O., S. 152.
36 Vgl. Wilke: Robert Havemann, a.a.O., S. 87 f.
37 Vgl. Havemann: Morgen, a.a.O., S. 77–179.

präsentiert Havemann in seinem kommunistischem Ideal eine eher moderate Lösung, die ohne Zwang auskommt. Zwar gibt es auch hier keine auf Luxus und größtmöglichen materiellen Komfort ausgerichteten Bedürfnisse mehr, so dass deutlich weniger Güter pro Person benötigt werden. Dennoch wird die ökologische Nachhaltigkeit neben der so erzielten Verringerung an zu transportierenden Produktionsmengen vor allem schon dadurch gewährleistet, dass der motorisierte individuelle Personenverkehr abgeschafft ist, dass verlustlos recyclet wird und der Ressourcenaufwand insgesamt sinkt. Havemanns utopische Ausführungen sind letztlich von der Überzeugung durchdrungen, dass sich (nicht nur) ökologische Probleme mit technischen (Weiter-)Entwicklungen lösen lassen. Diese Überzeugung verschmilzt mit romantischen, den Einklang mit der Natur suchenden Elementen wie bspw. das bewusste Zubereiten und Genießen von Speisen und das im Vergleich zu Auto und Flugzeug deutlich entschleunigte Reisen zu Fuß und mit Eseln.

In der bisherigen Forschung waren die postmateriellen, anarchischen und klassischen Momente in Havemanns Utopie der vorrangige Untersuchungsgegenstand.[38] Die inneren Widersprüche wurden dabei nur marginal in den Blick genommen. Sie sollen abschließend kurz erwähnt werden: Havemann macht in seiner Analyse der Situation der DDR die planwirtschaftlichen Strukturen für die Versorgungsprobleme verantwortlich und plädiert für die Einführung einer am jugoslawischen Modell orientierten Marktwirtschaft. Im kommunistischen Ideal ist die Versorgung der Menschen dann wieder zentral organisiert, allerdings ist nicht ersichtlich, wie die Bedarfe ermittelt werden (können). Darüber hinaus existieren in Utopia keine chemischen Verhütungsmittel, Menschen führen auf Liebe gründende Beziehungen und entschließen sich sehr bewusst für Kinder. Gleichzeitig lebt eine etwa konstant bleibende Anzahl an Menschen in Utopia. Havemann führt nicht aus, wie dies möglich ist. Schließlich stehen in der sozialistischen Idee die Emanzipation des Menschen, seine Ent-Entfremdung von den Mitmenschen, der Natur und sich selbst im Zentrum. Wie dies allerdings bei einer gleichzeitig zentral organisierten und über Monokulturen gewährleisteten Vollautomatisierung der Lebensmittelproduktion möglich ist, ist nicht in Gänze schlüssig.

---

38 Vgl. Amberger: Bahro – Harich – Havemann, a.a.O.; Heyer: Robert Havemanns ‚Morgen' und der postmaterielle Utopiediskurs, a.a.O.; Ferst: Die Ideen für einen „Berliner Frühling" in der DDR, a.a.O., Thieme: Perspektiven ökologisch-nachhaltiger Entwicklung, a.a.O.; Morris-Keitel: Zu Robert Havemanns Konzept eines Ökosozialismus, a.a.O.; ders.: Nicht auf bessere Zeiten warten, a.a.O.

4. Das politische Denken Rudolf Bahros

Für Havemann ist der erste Schritt in Richtung Sozialismus gemacht, die DDR deshalb im Vergleich zur Bundesrepublik der bessere, weil in der Entwicklung weiter fortgeschrittene Staat. Diese Überzeugung teilt Bahro nicht. Für ihn ist die DDR weit davon entfernt eine sozialistische Gesellschaft zu sein, stattdessen befindet sie sich auf derselben historischen Entwicklungsstufe wie die kapitalistischen Länder. Für die Untermauerung dieses Standpunktes greift Bahro eine zur damaligen Zeit geführte Debatte auf, die unter dem Stichwort asiatische Produktionsweise bekannt wurde, kursorisch gemachte Ausführungen von Marx zum Gegenstand hatte und hier zum besseren Verständnis der weiteren Ausführungen grob umrissen wird.

Marx hatte seine Theorie auf Grundlage von empirischen Untersuchungen der europäischen Entwicklungen entworfen und die historischen Formationen Sklavenhaltergesellschaft – Feudalismus – Kapitalismus für Europa herausgeschält. Darüber hinaus hat sich Marx aufgrund der für England immer größeren Bedeutung von Indien und China auch mit asiatischen Gesellschaften beschäftigt. Dabei verwendete er „asiatisch" zum einen als „topographisch-historischen" Begriff, der sich nicht ausschließlich auf Asien bezieht, sondern auch vergangene Gesellschaften meint, „die sich von der Sahara quer durch Afrika und Asien bis zu den fernöstlichen Inseln hinziehen".[39] Zum anderen ist der Begriff gleichzusetzen mit einer „archaische[n] Form der Sozialstruktur, der Eigentumsorganisationen und der Arbeitsteilung".[40] Insgesamt bleiben die Ausführungen, in denen er für „asiatisch" teilweise auch den Begriff „indisch" oder „orientalisch" verwendet,[41] fragmentarisch. Wichtig für die weitere, um die Jahrhundertwende einsetzende Diskussion[42] sind Passagen, in denen Marx zwischen drei Formen des Eigentums (antik, germanisch, asiatisch) sowie der Arbeitsteilung in vorkapitalistischen Gesellschaften unterschied. Außerdem werden einige wenige Textstellen Gegenstand der Diskussion, in denen Marx deutlich macht, dass die asiatische Produktionsweise „barbarisch" (im Sinne von sozioökonomisch rückständig) sei, strukturell stagnieren würde und sich nur durch

---

39 Maimann, Helene: „Asiatische Produktionsweise" – Zur Geschichte einer Kontroverse, in: Klingenstein, Grete/Lutz, Heinrich/Stourzh, Gerald (Hrsg.): Europäisierung der Erde? Studien zur Einwirkung Europas auf die außereuropäische Welt, München 1980, S. 272–296, hier S. 275.
40 Ebd., S. 276.
41 Vgl. ebd.
42 Vgl. für die Nachzeichnung der Diskussion ebd., S. 277–292.

Kolonisation weiterentwickeln könne. Diese Ausführungen werden allerdings an anderer Stelle relativiert bzw. zurückgenommen, sprich: Marx sah es unter gewissen Bedingungen als möglich an, dass sich eine orientalische Gesellschaft auch ohne eine kapitalistische Phase zum Kommunismus entwickeln kann.[43] Der Stellenwert der asiatischen Produktionsweise innerhalb der Marx'schen Geschichtsauffassung blieb in der Debatte umstritten. Stalin schließlich eliminierte diese Kategorie, unterstellte einen unilinearen geschichtlichen Gang, presste die gesamte Historie in die ursprünglich anhand der europäischen Entwicklung ausgearbeiteten Gesellschaftsformationen und definierte dies als gesetzmäßige Stufenfolge.

Die Diskussion um die asiatische Produktionsweise wurde im Rahmen von ersten Tauwetter-Anzeichen Mitte der 1950er Jahre durch das vielbeachtete Werk von Karl August Wittfogel[44] wieder aufgenommen. Mit der asiatischen Produktionsweise wurde allerdings „ein ökonomisches System beschrieben, dessen Provokation darin bestand, Produktionsweise zu sein ohne privates Eigentum an den Produktionsmitteln, aber mit systematischer Ausbeutung und Herrschaft einer Staatsklasse".[45] Für die SED war diese Auseinandersetzung also keineswegs unproblematisch, denn sie rüttelte an dem eigenen Wissenschafts- und dem daraus formulierten Herrschaftsanspruch derjenigen Instanz, die für sich beanspruchte, Marx' auf Gleichheit und Freiheit rekurrierende Theorie deuten und praktisch umsetzen zu können und die gleichzeitig autoritäre Strukturen zur Aufrechterhaltung der Macht benötigte.

Im Kontext dieser Debatte ist Bahros *Alternative* zu sehen. Zunächst greift Bahro im ersten Teil seines Buches weit aus und diskutiert Kennzeichen der sogenannten asiatischen Produktionsweise an Beispielen wie dem alten Ägypten, Mesopotamien, Indien, China und Peru. Dann richtet er seinen Blick auf die Ende des 19., Anfang des 20. Jahrhunderts stattgefundenen Entwicklungen in u.a. Russland, China und Lateinamerika. Er erkennt

---

43 Vgl. ebd., S. 276–279.

44 Vgl. Wittfogel, Karl August: Die Orientalische Despotie. Eine vergleichende Untersuchung totaler Macht, Köln/Berlin 1962. Bahro hat die für die Debatte um die asiatische Produktionsweise wichtige Arbeit von Wittfogel im Vorfeld seiner eigenen Analyse zur Kenntnis genommen und selbst verarbeitet, dies allerdings nicht kenntlich gemacht. Vgl. hierzu u.a. Amberger: Bahro – Harich – Havemann, a.a.O., S. 143.

45 Florath, Bernd: Zur Diskussion um die asiatische Produktionsweise, in: Stark, Isolde (Hrsg.): Elisabeth Charlotte Welskopf und die Alte Geschichte in der DDR. Beiträge zur Konferenz vom 21. bis 23. November 2002 in Halle (Saale), Stuttgart 2005, S. 184–200, S. 198.

große Analogien zwischen diesen unterschiedlichen Gesellschaften: In beiden Fällen hätten sie sich erstens auf einem ungefähr vergleichbar geringen ökonomischen Niveau befunden, das sich durch eine Bewässerungslandwirtschaft und lokale Mikromärkte auszeichnete; beide seien zweitens von einem despotischen Machthaber und einer hinter ihm stehenden bürokratischen Staatspyramide regiert worden; in beiden habe drittens der Boden fast immer ausschließlich dem Herrscher gehört; und viertens hätte es eine Teilung in Kopf- und Handarbeit gegeben.[46] Nach dieser Betrachtung kommt Bahro zu dem Schluss, dass die sogenannten real existierenden sozialistischen Staaten die kapitalistische Gesellschaftsformation nicht durchlaufen, sondern einen anderen Entwicklungsweg eingeschlagen haben und nun eine auf Höhe des Kapitalismus stehende „Gesellschaftsformation eigenen Typs"[47] sind, die er „protosozialistisch" nennt.

Die protosozialistische Gesellschaftsformation wird am Beispiel der DDR Gegenstand genauerer Untersuchungen. Das zuvor herausgeschälte Kennzeichen einer asiatischen Produktionsweise, das relativ geringe ökonomische Niveau, erblickt Bahro Mitte der 1970er Jahre nicht mehr in der DDR und anderen sogenannten real existierenden sozialistischen Staaten. Vielmehr habe sich dort, genauso wie in kapitalistischen Ländern, eine auf bloße Quantität und unnötige Güter fokussierende Wirtschaftsweise entwickelt, die die natürlichen Lebensgrundlagen aufzehrt und die Umwelt zerstört.[48] Zwei andere Kennzeichen, nämlich die Arbeitsteilung und die sich hieraus ergebende hierarchische Gliederung der Gesellschaft sowie das Staatseigentum an Produktionsmitteln samt der überbordenden Administration, sind weiterhin genuine Charakteristika des Protosozialismus. Sie machen auf die Frage nach einer Weiterentwicklung Richtung Sozialismus andere Schritte als für kapitalistische Staaten notwendig. Denn der Protosozialismus vermag es aufgrund der inneren Strukturen nicht eine große Zahl an ArbeiterInnen hervorzubringen, die sich ihrer Situation bewusst werden, sich als Klasse organisieren und Veränderungen anstreben. Bahro versucht demgegenüber zu zeigen, dass die allermeisten Werktätigen in der DDR nur einen fragmentarisch und beschränkt bleibenden Zugang zu Informationen besitzen, die nur den jeweils spezifischen

---

46 Vgl. Bahro, Rudolf: Die Alternative. Zur Kritik des real existierenden Sozialismus, Köln/Frankfurt am Main 1977 S. 84–92.

47 Bahro, Rudolf: Zur Kritik des real existierenden Sozialismus – Sechs Vorträge über das Buch „Die Alternative", in: ders.: „Ich werde meinen Weg fortsetzen". Eine Dokumentation, Köln/Frankfurt am Main 1977, S. 9–55, hier S. 9.

48 Vgl. ebd., S. 376.

Tätigkeitsbereich, nicht aber den gesamten Herstellungsprozess betreffen. Ein kritisches Denken und allgemeine Emanzipationsinteressen können aus so einseitigen Tätigkeiten und einem limitierten Wissen kaum erwachsen. Und gerade weil das Gros der ArbeiterInnen weiterhin auf systematische Weise entfremdet – oder wie Bahro sagt: subalternisiert – wird, kann die Hoffnung auf Veränderung nicht auf ihnen ruhen, sondern wird auf eine Gruppe von Menschen gelegt, die sich etwa in der Mitte der gesellschaftlichen Hierarchie befinden, wissenschaftlich ausgebildet wurden, daher über ein gewisses Reflexionsniveau sowie Flexibilität im Denken verfügen und praktische oder praxisnahe Arbeiten verrichten.[49] Sie sind eine Minderheit, aber verfügen doch über jene Eigenschaften, die für die Weiterentwicklung in Richtung Sozialismus nach Ansicht von Bahro notwendig sind.

Bahro birgt insbesondere aus psychologischen Ansätzen Begrifflichkeiten und Verständnisse, die seiner Ansicht nach für die gesellschaftliche Weiterentwicklung in Richtung Sozialismus wichtig sind. So soll die im Protosozialismus vorherrschende Arbeitsteilung, das Staatseigentum an Produktionsmitteln, die hierarchisch gegliederte und damit die Subalternität reproduzierende Gesellschaft schrittweise von denjenigen Personen aufgehoben werden, die bereits über ein gewisses Maß an von Bahro sogenanntem überschüssigen Bewusstsein verfügen. Hierunter versteht Bahro „die wachsende Menge freier, nicht mehr in notwendiger Arbeit und hierarchischem Wissen gebundener psychosozialer Energie".[50] Zwar versuche das System dieses überschüssige Bewusstsein zu binden, etwa durch Druck und Repression, materielle Bevorzugung oder durch eine stärkere Einbindung in unproduktive Tätigkeiten. Dies gelinge auch zu einem gewissen Grad, allerdings – so Bahros Hoffnung – nur eine Zeit lang und nicht vollständig.[51] Dem überschüssigen Bewusstsein stellt Bahro das absorbierte Bewusstsein gegenüber, mit dem er „den psychischen Aufwand [...] [kennzeichnet], der einerseits in der Hierarchie des bürokratischen Wissens, andererseits in den Routinefunktionen der täglichen Produktion und Reproduktion gebunden"[52] und das bei den Subalternisierten besonders hoch ist. Nach Ansicht von Bahro werde das überschüssige Bewusstsein im Zuge der gesellschaftlichen Weiterentwicklung zunehmen und so immer größere innere Widersprüche erzeugen.

---

49 Vgl. u.a. ebd., S. 191, 205 f, 385; Bahro, Rudolf: Plädoyer für schöpferische Initiative. Zur Kritik von Arbeitsbedingungen im real existierenden Sozialismus, Köln 1980, S. 24.
50 Bahro: Zur Kritik des real existierenden Sozialismus, a.a.O., S. 28.
51 Vgl. ebd.
52 Bahro: Die Alternative, a.a.O., S. 373.

Von KritikerInnen wurde angemerkt, dass dies selbst innerhalb Bahros eigener Logik nicht zu erwarten steht, denn sein Protosozialismus zeichnet sich gerade dadurch aus, dass er in Hinblick auf die gesellschaftliche Weiterentwicklung stagniert sowie aufgrund der Arbeitsteilung autoritäre und entfremdende Strukturen reproduziert. Wie nun also das überschüssige Bewusstsein soweit erhöht wird, dass die Unzufriedenheit und der Veränderungswille einer Gruppe von Menschen ein Maß erreicht, durch das eine Neuordnung möglich wird, kann in letzter Konsequenz nicht schlüssig dargelegt werden. Dennoch setzt Bahro genau darauf.

Sein Optimismus speist sich aus dem von ihm sogenannten *Bund der Kommunisten*. Dies ist eine Gruppe von Menschen mit möglichst viel überschüssigem Bewusstsein, die sich dem allgemeinen Wohl verpflichtet fühlt und die DDR in Richtung Sozialismus weiterentwickeln will. Der *Bund* kann sich zunächst nur außerhalb und ohne Kenntnis der SED formieren.[53] Bahro nennt Treffen in privaten Wohnungen sowie die pragmatische und gezielte Nutzung von jeglichen (auch den westlichen) Kommunikationsmitteln als mögliche Wege einer Organisation des *Bundes*.[54] Er soll allen offenstehen, „die das Bedürfnis haben, über die Verfolgung ihrer unmittelbaren Interessen hinauszugehen",[55] allerdings wird nicht dargelegt, wer im konkreten Fall über die Aufnahme potentieller Bundmitglieder bestimmt und welche Verfahren hierfür als geeignet gelten können. Hat sich der Bund erst einmal konstituiert, soll ein basisdemokratischer und ergebnisoffener Verständigungsprozess in Gang gesetzt werden, durch den bisher noch bestehende divergierende Ansichten über den richtigen Weg ausgeräumt und ein Konsens in Fragen des Wie erzielt wird. Dieser deliberative Prozess ist die für Bahro besonders wichtige Erkenntnisarbeit, die zunächst nur von den Bundmitgliedern geleistet und innerhalb der Organisation stattfinden kann. Die Erkenntnisarbeit führt schließlich „zu übereinstimmenden Ergebnissen, zur Annäherung an die Wahrheit, d. h. zum adäquaten Ausdruck der emanzipatorischen Interessen",[56] der die Existenz anderer Parteien überflüssig werden lässt.

---

53 Vgl. ebd., S. 410.
54 Vgl. ebd., S. 410 f.
55 Ebd., S. 433.
56 Ebd., S. 436.

Haben die Bundmitglieder die zu Beginn noch bestehenden Divergenzen ausgeräumt und eine einheitliche Position gefunden, sollen sie sogleich die Bewusstseinsentwicklung aller anderen befördern und das Augenmerk insbesondere auf jene legen, die (noch) am stärksten subalternisiert sind.[57] Die Bildungs- und Erkenntnisarbeit kann nur durch politische Veränderungen möglich werden, für deren konkrete inhaltliche Bestimmung der *Bund* ebenfalls zuständig ist. Schließlich ist er auch für eine umfassende Umwandlung der Ökonomie verantwortlich.[58] Sie dürfe mittel- und langfristig nicht mehr dazu dienen, die emanzipatorischen Interessen durch überflüssigen Konsum zu kompensieren, sondern müsse ganz im Sinne des allgemeinen Interesses gestaltet werden. Diese von Bahro mit dem etwas nebulösen Begriff Kulturrevolution bezeichneten Veränderungen können nicht im Sinne eines kurzen revolutionären Paukenschlages umgesetzt werden. Vielmehr ist die Kulturrevolution im Sinne einer zwar forcierten, aber sich nur allmählich vollziehenden Umwandlung zu verstehen.

Neben der Verabschiedung von der Arbeiterklasse als dem revolutionären Subjekt sind es die Ausführungen zum *Bund der Kommunisten*, die bereits kurz nach Erscheinen der Alternative am meisten kritisiert wurden. Eine ausführliche Diskussion der Kritik kann hier nicht geleistet werden,[59] allerdings wird stichwortartig auf die wichtigsten Punkte verwiesen. Gegenstand der Debatte war insbesondere die ungeklärte Frage nach den (mit Blick auf die damalige Situation realistischen) Möglichkeiten einer Beteiligung an oder gar vollständigen Übernahme der Macht durch den *Bund*; die Frage nach einem potentiellen Machtmissbrauch durch den *Bund*; die damit eng verbundene Negierung von Partizipations- oder Widerspruchsmöglichkeiten durch andere Organisationen wie bspw. Parteien sowie durch sogenannte subalternisierte Individuen; und schließlich das avantgardistische, in Harmonie mit Lenins Parteitheorie stehende Selbstverständnis des *Bundes*.

Das Ziel der von Bahro als Kulturrevolution bezeichneten Veränderungsbemühungen ist es also, die bestehende Subalternität abzubauen und den emanzipatorischen Prozess voranzutreiben. Als erste wichtige Schritte in diese Richtung schlägt Bahro vier Sofortmaßnahmen vor, die die bisher bestehende Privilegierung verringern, das besonders

---

[57] Vgl. ebd., S. 414.
[58] Vgl. ebd., S. 423.
[59] Vgl. Weber: Sozialismus in der DDR, a.a.O., S. 272–281.

bei subalternisierten Menschen vorhandene Gefühl der Angst vor Veränderung minimieren und zur Verständigung innerhalb der verschiedenen Gesellschaftsmitglieder beitragen sollen.[60] Diese Maßnahmen werden, so Bahro, langsam in einen Zustand führen, in dem geleistete Arbeit nicht mehr über eine Norm, sondern in Zeiteinheiten verrechnet wird; die geistige Arbeit zu- sowie die von allen zu leistende manuelle Arbeit und die Arbeitszeit insgesamt abnimmt; die Menschen in kommuneähnlichen Gemeinschaften zusammenleben und bewusst und aktiv ihr gemeinsames Miteinander gestalten. Die aufgrund der geringeren Arbeitszeit zur Verfügung stehende restliche Zeit wird zur freien Entfaltung genutzt. Trotz dieser nach Basisdemokratie klingenden Vorstellungen bleibt der *Bund* eine alle assoziierten Kommunen überwölbende, um das allgemeine Interesse wissende Gruppe, die die Selbstbestimmung der Individuen anleitet.

Nachdem Bahro amnestiert und in die Bundesrepublik ausgereist ist, engagiert er sich sogleich bei den Grünen, sein bereits in der *Alternative* erkennbares ökologisches Denken bekommt nun noch größeres Gewicht. Allerdings gelangt Bahro in den 1980er Jahren auch immer mehr zur Einsicht, dass ökologisch orientierte Reformvorschläge nur Symptome behandeln, aber nicht zur eigentlichen Ursache vorstoßen. Ähnliches gilt für friedenspolitische Maßnahmen oder den Versuch, den Hunger auf der Welt zu reduzieren. Nach Ansicht von Bahro ist es mit Blick auf das militärische Wettrüsten (Konflikt Ost–West), auf die die natürlichen Lebensgrundlagen aufzehrende Produktion unnötiger Güter (Konflikt Natur-Mensch) sowie auf die Verelendungstendenzen von Millionen Menschen in der sogenannten Dritten Welt (Konflikt Nord–Süd) notwendig zu erkennen, dass ein neues, die Menschheit als Ganzes bedrohendes Stadium angebrochen ist, das er in Anlehnung an Edward Thompson „Exterminismus" nennt. Der Exterminismus ist für Bahro eine vom Göttlichen weit entfernte gesellschaftliche Entwicklung, deren Resultate sich in den drei oben erwähnten Konflikten zeigen. Um diese negative Entwicklung aufzuhalten, gilt es die eigentlichen, in Tiefenschichten verborgenen Ursachen der miteinander verbundenen Probleme aufzuspüren. Bahro stößt hier auf das Industriesystem (1. Ebene), die Geldvermehrung (2. Ebene), die europäische Kosmologie (3. Ebene), das Patriarchat (4. Ebene) und schließlich, als eigentliche Ursache, die conditio humana.[61] Die tiefste

---

60 Vgl. Bahro: Die Alternative, a.a.O., S. 455–480.
61 Vgl. u.a. den II. Teil in Bahro, Rudolf: Logik der Rettung. Wer kann die Apokalypse aufhalten? Ein Versuch über die Grundlagen ökologischer Politik, Stuttgart/Wien 1989; ders.: Bewußtseinspolitik gegen die Logik der Selbstausrottung, in: ders.: Rückkehr. Die In-Weltkrise als Ursprung der Weltzerstörung, Berlin / Frankfurt a. M. 1991, S. 45–56.

Ursachenschicht „liegt in der menschlichen Natur, d.h. in der gesamten Art und Weise, wie der Mensch funktioniert, wie er mit seiner Ausstattung in den Zusammenhang hineingestellt ist, und nicht erst in spezifisch bösen Verhaltensweisen, ein Verhängnis."[62]

Sollen die Welt und die Menschheit als Ganzes gerettet werden, bedarf es einer nach innen gerichteten, spirituellen, tiefenpsychologischen Wendung des Menschen, die vollständig mit der Logik der Selbstzerstörung, also mit der Trennung von Selbst und Natur und mit den dinglichen Annehmlichkeiten der äußeren Welt bricht. Der Mensch muss nach Ansicht von Bahro über eine sogenannte anthropologische Revolution zu einer in Harmonie mit Geist und Natur stehenden Bewusstheit finden und den homo integrales herausbilden.[63] Den Begriff der Revolution möchte Bahro allerdings nicht wie Marx als Fortschritt verstanden wissen, sondern, analog zu Walter Benjamin, als eine Art Notbremse, als eine Umkehr. Metz zustimmend zitierend, ist die Umkehr für Bahro nicht durch Rationalität und Vernunft, sondern nur mithilfe eines in die Praxis getragenen Gefühls und des Glaubens möglich. Sie geht „wie ein Ruck durch die Menschen, greift tief ein in ihre Lebensorientierungen und in ihre etablierte Wunsch- und Bedürfniswelt. Sie verletzt und durchbricht die unmittelbar auf uns selbst gerichteten Interessen und zielt auf eine Revision vertrauter Lebenspraxis."[64]

Wie Marko Ferst sehr treffend feststellt, kann die von Bahro als notwendig erachtete anthropologische Revolution nur als evolutionärer Vorgang gedacht werden.[65] Sie konzentriert sich dabei ganz und gar auf den einzelnen Menschen, auf die mithilfe von Yoga und Meditation mögliche Entdeckung des Selbst. Die Veränderung muss und soll vorrangig *im* Menschen stattfinden, eine politische oder gesellschaftliche Spiegelung dieses neuen Selbst ist für Bahro zweitrangig.

Zwar treten Institutionen in Bahros Texten in den Hintergrund, dennoch ist bei genauerer Betrachtung klar, dass er sie braucht, um die anthropologische Revolution überhaupt in Gang setzen zu können. Es kann nämlich aufgrund des zuvor konstatierten

---

62 Vgl. Bahro: Logik der Rettung, a.a.O., S. 177.

63 Vgl. ebd., S. 268 ff.

64 Bahro, Rudolf: Über das Problem der Umkehr in den Metropolen, in: ders.: Wahnsinn mit Methode. Über die Logik der Blockkonfrontation, die Friedensbewegung, die Sowjetunion und die DKP, Berlin (West) 1982, S. 5–20, hier S. 19.

65 Vgl. Ferst: Die Ideen für einen „Berliner Frühling" in der DDR, a.a.O., S. 29.

Bewusstseinszustandes gar nicht davon ausgegangen werden, dass die Mehrheit der Menschen freiwillig die geistig-spirituelle Wende vollziehen will.

Bahro ist der Ansicht, dass es einer mit diktatorischen Vollmachten ausgestatteten und institutionell verankerten Organisation bedarf, die er als *House of the Lord* oder *Oberhaus* bezeichnet und die die Umkehr des Menschen anleitet sowie durchsetzt. Im *Oberhaus* sitzen diejenigen, die die allgemeinen Interessen bereits verinnerlicht haben und deshalb in der Lage sind, die Zivilisationswidersprüche im Sinne des allgemeinen Wohls zu lösen. Bahro spricht zwar von „gewählten Delegierten"[66], aber im Sinne demokratisch Legitimierter können die Oberhausmitglieder nicht verstanden werden. Die eher als „Auslese" zu begreifende Entscheidung darüber, wer Mitglied im *Oberhaus* sein soll, ist, genauso wie beim *Bund der Kommunisten*, nicht näher bestimmt. Die Mitglieder des *Oberhauses* sollen AnwältInnen für alle „natürlichen Fakultäten" sein, die sich mit Erde, Wasser, Luft und Feuer identifizieren, so dass „Steine, Pflanzen und Tiere Sitz und Stimme" im *Oberhaus* bekommen.[67] Jedes Mitglied im *Oberhaus* hat ein Vetorecht, wodurch – so Bahros Hoffnung – die sich daraus ergebende Konsenspflicht die Durchsetzung des allgemeinen Interesses beschleunigt.[68] Bahro ersinnt Volksbefragungen, durch die dem Volk Entscheidungen des *Oberhauses* zur Abstimmung gestellt werden. Sie scheinen eine demokratische Mitbestimmung und die Wahl zwischen mehreren Alternativen möglich zu machen, allerdings kann bezweifelt werden, ob dies im Rahmen von Bahros Konzeption in letzter Konsequenz möglich ist.[69]

Zusätzlich zum *Oberhaus* gibt es ein *Unterhaus*, in dem Parteien und Interessengruppen ihren Platz haben,[70] sprich: die Partikularinteressen der (noch) Subalternisierten repräsentiert werden. Der Regierung, der alle entsprechend dem Proporz im Parlament vertretenen Parteien angehören, kommt bei Bahro die Aufgabe zu, „gegebenenfalls flankiert von der Verfassungsgerichtsbarkeit – […] den Willen der Parteien und Interessengruppen, die [sic!] sich im Unterhaus ausdrückt, mit den Richtlinien abzustimmen und in Einklang

---

66 Ebd., S. 492.
67 Ebd.
68 Vgl. ebd., vgl. auch Stein, Tine: Demokratie und Verfassung an den Grenzen des Wachstums. Zur ökologischen Kritik und Reform des demokratischen Verfassungsstaates, Opladen/Wiesbaden 1998, S. 212.
69 Vgl. ebd.
70 Vgl. Bahro: Logik der Rettung, a.a.O., S. 493.

zu bringen, die vom Oberhaus mit von anderen Instanzen unanfechtbarer Autorität gegeben werden".[71] Bahro verzichtet also auch innerhalb seiner *Logik der Rettung* auf eine parlamentarische Opposition und wahrscheinlich auch auf eine Verfassungsgerichtsbarkeit, die befugt ist, die Oberhausrichtlinien zu kontrollieren.[72]

Damit haben die Entscheidungen des *Oberhauses*, das nicht demokratisch legitimiert ist, Vorrang vor allen bestehenden Gesetzen. Getragen werden sollen diese Institutionen durch die sogenannte *Unsichtbare Kirche*, also durch Menschen mit dem „richtigen" Bewusstsein, die sich in mehreren Basisgemeinden, kleinen Bewegungen und über lokale, quervernetzte Netzwerke zusammenfinden, dem Alltag mehr Spiritualität geben, um „in gemäßem Kontakt mit Tierwelt, Pflanzenwelt und Mineralreich, mit den Urelementen Erde, Wasser, Luft und Feuer"[73] zu treten und schließlich eine „spirituelle, konterrevolutionäre Umkehrbewegung fundamentaler Motivation" einleiten.[74]

Mit den skizzierten Überlegungen löst sich Bahro von den für Marx und Engels zentralen Gedanken, dass die menschliche Emanzipation erstens einer Befreiung von spirituell-religiösen Ideen bedarf, weil sie den Herrschenden ausschließlich dazu dienen, die politische Ordnung zu legitimieren, und der Bevölkerung helfen, die bestehende Situation zu ertragen. Zweitens geht Bahro mehr und mehr das aktive, die „äußeren" Strukturen verändernde Moment verloren. Die Veränderung verlagert sich immer mehr *in* den einzelnen Menschen hinein. Drittens ist für Marx und Engels eine Befreiung von materiellen Notwendigkeiten die Bedingung für den Emanzipationsprozess, der nur durch den Industrialisierungsprozess und ein hohes wirtschaftliches Niveau geschaffen werden kann. Auch hiervon löst sich Bahros Denken. Seit den 1980er Jahren knüpft er die menschliche Emanzipation nicht mehr an säkulare Standpunkte, ein notwendiges Maß an technischen Entwicklungen und einen von der breiten Masse getragenen Willen zur Veränderung. Auch wenn Bahro dies als eine theoretische Anpassung an neue Erkenntnisse und eine geänderte Situation verstanden wissen möchte und seine Ansichten weiterhin sozialistisch nennt, lehnt er den dem Sozialismus innewohnenden Fortschrittsgedanken und

---

71 Ebd.
72 Vgl. hierzu Stein: Verfassung und Demokratie an den Grenzen des Wachstums, a.a.O., S. 213.
73 Bahro: Logik der Rettung, a.a.O., S. 443.
74 Ebd., S. 441.

den teleologischen Geschichtsverlauf ab.[75] Mehr noch, die selbstzerstörerische Logik erblickt Bahro gerade in jenen AutorInnen bzw. den von ihnen geteilten Ideen, die dem Leitgedanken der in der westlichen Welt entstandenen Aufklärung, des Humanismus und damit letztlich der Freiheit verpflichtet sind.[76] Nun bringt die kapitalistische Epoche (sowie der in seiner Logik auf gleicher Stufe anzusiedelnde nichtkapitalistische Weg) überhaupt keine positiven Aspekte mehr hervor, sie wird von Bahro grundweg abgelehnt. Die für Bahro richtige Freiheit ist fortan identisch mit dem Erkennen und der *notwendig* zu vollziehenden Identifikation der inneren Wesensgleichheit mit der Gottheit.

5. Die Sozialismuskonzepte Havemanns und Bahros im Vergleich

Havemann und Bahro lösen sich nicht vollständig von den tragenden Säulen des dogmatischen Gedankengebäudes. Für Havemann scheint diese Aussage zunächst nicht zuzutreffen, denn er bringt einen aus dem naturwissenschaftlichen Diskurs geborgenen kontingenztheoretischen Ansatz ein, durch den er den in allen Wissenschaftsbereichen vorhandenen Dogmatismus aufzubrechen suchte und eine ergebnisoffene Forschung forderte. Die sozialistische Idee gehört für ihn in dieses wissenschaftliche Feld und hat sich demgemäß mit anderen Standpunkten zu messen. Zur Entfaltung seiner Ansichten greift Havemann auf als klassisch geltende Schriften von Marxisten zurück, was seine argumentative Breite durchaus limitierte. Dennoch gelingt es ihm auch mit diesem begrenzten Arsenal den stets als Wahrheitsanspruch formulierten Standpunkt der SED als unwissenschaftlich zu kennzeichnen. Indem er die aus der Quantenmechanik gehobenen Kategorien Zufall und Notwendigkeit sowie Wirklichkeit und Möglichkeit in sein Sozialismusverständnis integriert, ergibt sich für Havemann eine auf theoretischem Wege begründete, aber im Vergleich zur offiziellen Rhetorik deutlich bescheidenere Geschichtsauffassung: Ein Hinterfragen der (vermeintlich) stets progressiv verlaufenden Historie sowie der Zweifel am zwangsläufig kommenden kommunistischen Ideal sind dadurch möglich.

Es gelingt Havemann aber nicht mit letzter Konsequenz, die aus philosophischen Betrachtungen geborgenen Kategorien überzeugend auf sein in politischen Texten zur DDR

---

75 Vgl. Bahro, Rudolf: Notizen für eine Vorlesung über „Dimensionen des Exterminismus und die Idee der allgemeinen Emanzipation", in: ders.: Pfeiler am anderen Ufer. Beiträge zur Politik der Grünen von Hagen bis Karlsruhe, Berlin (West) 1984, S. 185–199, hier S. 188.

76 Vgl. ebd., S. 186.

enthaltenes Geschichtsverständnis anzuwenden. Dann nämlich hätte er zumindest diskutieren (wenn auch nicht zwingend vertreten) müssen, ob die bisherige Entwicklung in der DDR tatsächlich als progressiv verstanden werden kann. Dies tut Havemann nicht, sondern proklamiert zeit seines Lebens die Oktoberrevolution als Meilenstein, durch den zumindest der erste Schritt Richtung Sozialismus gegangen worden sei. Er trägt damit die offizielle Ansicht mit, *dass* sich die DDR auf dem Weg Richtung Sozialismus befindet. Durch seine Zwei-Phasen-Theorie führt er zwar eine erhebliche theoretische Modifikation ein, mit der er die autoritären Verhältnisse in der Sowjetunion und in der DDR zu erklären, aber dann doch die vermeintlich vorhandenen „sozialistischen Errungenschaften" zu retten sucht. Es erscheint in diesem Zusammenhang sinnvoll, letztlich von einer geschickten Relativierung, aber nicht von einem vollständigen Bruch mit der offiziellen Ansicht zu sprechen, weil Havemann die politische Machtübernahme in den sich als sozialistisch bezeichnenden Staaten als erste Revolutionsphase und als wichtigen Schritt innerhalb der geschichtlichen Entwicklung begreift, es seiner Ansicht nach aber einer zweiten, bisher noch ausstehenden Phase bedarf, um die Revolution zu vollenden.

Demgegenüber führt Bahro die Möglichkeit eines nichtkapitalistischen Weges in Richtung Sozialismus ein und kennzeichnet die DDR als protosozialistisch. Durch diese, auf den ersten Blick als Abrücken vom dogmatischen Sozialismusverständnis erscheinende Modifikation haben die sogenannten real existierenden sozialistischen Staaten, also auch die DDR, ihre sozialistische Entwicklung noch nicht begonnen, aber die ökonomischen Bedingungen dafür geschaffen. Bahro definiert im Vergleich zur offiziellen Deutung deutlich andere zeitliche Zäsuren, die die nach SED-Verständnis vorhandene, im Vergleich zum Kapitalismus fortgeschrittene Gesellschaft der DDR in Abrede stellt. Für seine vielbeachtete Analyse der sogenannten real existierenden sozialistischen Staaten sowie auch für seine Veränderungsvorschläge schöpft Bahro aus psychologischen Arbeiten, die er in seine sozialistische Theorie integriert. Auch er nutzt also Ansätze aus anderen Disziplinen, durch die er seine Position stützt. Allerdings trägt sich durch das Setzen von zeitlichen Zäsuren und die Einteilung von Geschichte in Gesellschaftsformationen letztlich doch genau jenes Denken fort, das Bahro überwinden wollte. Auch er geht, ganz in Übereinstimmung mit der SED, von Gesetzmäßigkeiten aus, die Havemann (zumindest in seinen philosophischen Betrachtungen) viel stärker in Frage stellt als Bahro.

Dennoch emanzipieren sich Havemann und Bahro auch zu einem guten Teil vom offiziellen Sozialismusverständnis. Den argumentativen Klimmzügen der SED und dem seit den 1970er Jahren immer deutlicher zutage tretenden Einrichten im Erreichten stellen sie eine sozialistische Position entgegen, die auf Veränderungen setzt, um das der sozialistischen Idee innewohnende Gleichheits- und Freiheitsversprechen Realität werden zu lassen. Allerdings beschreiten beide sehr verschiedene Wege.

Havemann setzt auf pluralistische, kritische Ansichten, die er nicht als Zeichen eines noch nicht entwickelten Bewusstseins versteht und die deshalb auch nicht mundtot gemacht werden müssen. Vielmehr begreift er sie als konstitutiv und notwendig für die Weiterentwicklung, weshalb sie Eingang in die ergebnisoffene Auseinandersetzung finden sollen. Entsprechend entwirft er für die zweite Revolutions- und die Übergangsphase eine demokratische Gesellschaft, die ein Mehrparteiensystem, Wahlen, eine von den ArbeiterInnen selbst verwaltete Wirtschaft und eine freie Wissenschaft kennt. Er setzt damit auf eine umfängliche Partizipation, bei der das Ziel, das allgemeine Wohl, nicht schon a priori vorgegeben ist, sondern diskursiv hervorgebracht wird. Partizipation bedeutet demnach aktive Gestaltung der Gesellschaft, nicht Beschleunigung der sich ohnehin zwingend vollziehenden Geschichte. Sie ist kein an Bedingungen geknüpftes, exklusives Unterfangen, sondern in Hinblick auf Personen und Inhalte offen.

Havemann lehnt das im Glauben an das richtige Bewusstsein legitimierte Sprechen *für* Gruppen in seiner sozialistischen Gesellschaft ab und überträgt die Diskussion von unterschiedlichen Ansichten und die Entscheidung über Vorschläge *allen* BürgerInnen. Interessanterweise plädiert er für den Bereich der politischen Institutionen aber nicht für eine räterepublikanische Ordnung, sondern erachtet ein repräsentatives System mit in sich demokratisch strukturierten Parteien als sinnvolle Ausgestaltung der sozialistischen Gesellschaft. Die SED, die es seiner Ansicht nach von Grund auf zu demokratisieren gilt, erhält einen überaus wichtigen Platz in der sozialistischen Gesellschaft Havemanns, weil ohne sie keine Veränderungen angestoßen werden können. Sie muss allerdings im Fortgang der Entwicklung auf Macht verzichten und anderen Parteien Raum geben. Auch wenn die institutionelle Ausgestaltung der sozialistischen Gesellschaft vage bleibt, gilt es, dies wird bei Havemann überdeutlich, Strukturen zu schaffen, die tatsächliche Partizipation ermöglichen.

Auch wenn Havemann Sozialismus als Wissenschaft verstand, die immer ergebnisoffen zu sein hat, und in diesem Zusammenhang die Möglichkeit breiter, nicht nur im genuin wissenschaftlichen, sondern auch im politischen und ökonomischen Bereich zu führender Diskurse einfordert, ist er insgesamt besehen davon überzeugt, dass sich in der Auseinandersetzung mit anderen Standpunkten die sozialistische Idee als richtig erweisen wird. Die konkrete Ausgestaltung soll allerdings einem demokratischen Aushandlungsprozess unterworfen, die darin involvierten Standpunkte rechtlich geschützt werden.

Für die weiteren Entwicklungen setzt Havemann auf Demokratisierung und den Schutz negativer Freiheiten. Diese Ansichten kann Havemann deshalb starkmachen, weil er aufgrund der weit fortgeschrittenen Gesellschaftsentwicklung auch die geistigen Voraussetzungen als vorhanden ansieht. Mit dieser Annahme macht Havemann einerseits deutlich, dass Sozialismus mehr ist als nur die Änderung der Eigentumsverhältnisse und das Zelebrieren des bisher Erreichten (wie es die SED tat), andererseits umschifft er die für die sozialistische Idee so problematische Frage nach der Bewusstseinsentwicklung. Sie ist für Havemann bereits zu einem Gutteil vollzogen, eines erzieherischen Zwanges bedarf es nicht mehr. Daher ist die Frage von Gewaltanwendung und Erziehungsdiktatur bei Havemann nicht (mehr) virulent. Blickt man allerdings auf seine Ausführungen zu Lenin, wird ersichtlich, dass Havemann in der Vergangenheit stattgefundene Freiheitseinschränkungen sehr wohl rechtfertigt. Politische Ziele müssen durch Oktroyieren und Blutvergießen durchgesetzt werden, allerdings, so Havemann, ist aufgrund des mittlerweile weit entwickelten Bewusstseins die Zeit gekommen vollständig zu demokratisieren.

Dies ist seine „Antwort" auf die alte Crux der sozialistischen Idee: Havemann setzt schlicht voraus, dass sich das Bewusstsein bereits den für eine sozialistische Gesellschaft notwendigen Wegabschnitt durch die Geschichte gearbeitet hat und nun in der politischen Praxis wirken kann. Auch wenn er einräumt, dass die erst nach der zweiten Revolutionsphase beginnende sozialistische Gesellschaft eine lange Zeit benötige, um den noch bevorstehenden Wegabschnitt zu meistern, setzt Havemann ganz darauf, dass demokratische Verständigungsprozesse und die Sicherung negativer Freiheiten diese Schwierigkeiten ausräumen werden. So, und nur so, kann er auf eine Demokratisierung der gesamten Gesellschaft setzen. Dennoch ist er davon überzeugt, dass der Sozialismus die einzig richtige, die „wahre" Idee ist. Auch der dahinterstehende Leitgedanke des sich verändernden Menschen wird von ihm geteilt. Menschen finden auf einem freiwillig eingeschlagenen Reflexionsweg, für den Havemann den schönen Begriff der Bildung, nicht den in Hinblick auf die sozialistische Idee mit Zwang assoziierten Begriff der Erziehung benutzt, zu ihrem wahren Selbst.

Bahro präsentiert einen anderen Ansatz. Er begreift die sogenannten real existierenden sozialistischen Staaten nicht als sozialistisch, denn es sei zwar das notwendige ökonomische Niveau erreicht, aber der Emanzipationsprozess noch längst nicht eingeläutet. Die starren Strukturen in der arbeitsteilig organisierten Gesellschaft, das daraus resultierende Kompetenzgefälle und das sich in staatlicher Hand befindliche Eigentum an Produktionsmitteln macht er als Gründe für die sich forttragende Entfremdung aus, für die Bahro aufgrund des verhüllten Charakters den Begriff der Subalternität wählt. Marx ging davon aus, dass innere gesellschaftliche Widersprüche dazu führen, die entfremdenden Verhältnisse umzuwälzen. Bahro kann diese inneren Widersprüche nicht aus seinem nichtkapitalistischen Weg in Richtung Sozialismus begründen. Die überwiegende Majorität der Menschen ist nach Bahros Untersuchung so weit subalternisiert, dass sie die großen Zusammenhänge und die zur Abschaffung der unterdrückenden Strukturen notwendigen Schritte nicht sehen kann. Eine von ihnen angestoßene Veränderung der Verhältnisse erwartet Bahro damit nicht.

Um den stagnierenden Emanzipationsprozess weiter voranzutreiben, bedarf es für Bahro einer avantgardistischen Gruppe, des *Bundes der Kommunisten*, der über das notwendige Reflexions- und Abstraktionsvermögen verfügt und das allgemeine Interesse zumindest zu einem guten Teil erkennen kann. Die Mitglieder des *Bundes* haben sich zunächst auf das allgemeine Wohl zu verständigen, um daran anschließend die Subalternen zu erziehen und zu bilden und Maßnahmen einzuleiten, die die Arbeitsteilung und die damit verbundenen Kompetenzunterschiede aufheben. Bahro nennt dies Kulturrevolution, durch die die Subalternität der Massen Schritt für Schritt aufgehoben und das richtige Bewusstsein entwickelt werden soll. Die SED ist für diese Aufgabe, zumindest in ihrer aktuellen Form, nicht geeignet. Vielmehr macht Bahro bei vielen Parteimitgliedern ein besonders großes Maß an Subalternität aus, weswegen der Anstoß zu Veränderungen von Menschen zu erwarten steht, die nicht die höchsten politischen oder wirtschaftlichen Positionen bekleiden, sondern die während ihrer mit den tatsächlichen Verhältnissen in Verbindung stehenden Arbeit abstrakte Denkleistungen vollbringen. Bahro ist bestrebt, die bestehende Situation und ihr Geworden-Sein nachzuvollziehen. Die Analyse des real existierenden Sozialismus kann als sein großes Verdienst verstanden werden.

Die aus den bestehenden Strukturen abgeleiteten Schritte in Richtung sozialistische Übergangsphase sind allerdings problematisch. Denn Bahro glaubt, in diesem Punkt ganz Platoniker, an *die eine* Wahrheit, die von Menschen mit überschüssigem Bewusstsein geschaut werden kann. Das „richtige" Bewusstsein der Bundmitglieder ist die Legitimation dafür, ganz im Sinne und zum Wohle aller die notwendigen gesellschaftlichen Veränderungen anzuleiten. Nach dieser Vorstellung *müssen* die nicht dem *Bund* angehörenden Gesellschaftsmitglieder von demokratischen Mitbestimmungsprozessen ausgeschlossen bleiben, weil die zur Partizipation befähigenden Bedingungen noch nicht vorhanden sind. Für die Zeit seiner sogenannten Kulturrevolution entwirft Bahro analog zu Lenins Diktatur des Proletariats eine vom *Bund der Kommunisten* ausgeübte *Diktatur der Subalternen*, während der Mitbestimmung ein exklusives Recht bleibt, in dessen Genuss nur jene kommen können, die über das notwendige Bewusstsein verfügen. So reserviert Bahro Partizipation für eine ausgewählte und nicht durch Wahlen legitimierte Gruppe. Erst nach und nach kann die Möglichkeit der gesellschaftlichen Teilhabe auf weitere Personen ausgedehnt werden. Die Freiheit wird aber selbst dann noch von Bahro eingeschränkt, weil letztlich der *Bund der Kommunisten* diejenige Instanz ist und bleibt, die das allgemeine Wohl definiert.

Weil Bahro nicht in Betracht zieht, dass sich der *Bund* irren kann, sind tatsächliche Wahlmöglichkeiten und die hierfür notwendigen anderen Parteien, eine parlamentarische Opposition und ein durch rechtstaatliche Strukturen sicherzustellender Schutz vor (noch) ungewollten Übergriffen durch den *Bund* widersinnig. Bahro ist nicht sensibel für das sich daraus ergebende Gefahrenpotential und findet daher keinen Platz für Gewaltenkontrolle und einen quasi „unpolitischen" Bereich, der nur durch rechtsstaatliche Strukturen gesichert werden kann. Der von Marx zwar als Stückwerk angesehene, aber dennoch den gesellschaftlichen Fortschritt unterstreichende Schutz der Privatsphäre verblasst in Bahros Konzeption vollständig. Diese Aussage ist nicht nur auf die *Alternative* beschränkt, sondern bezieht sich auch auf seine in den 1980er und 1990er Jahren gehaltenen Reden und verfassten Texte. In dieser Zeit löst sich Bahro von der sozialistischen Idee, dass Emanzipation ein nach außen gerichteter, bewusster Vollzug im menschlichen Miteinander ist und ein aktives, selbstbestimmtes Moment enthält. Nun verlagert sie sich zunehmend ins Innere des Menschen und ist dann erreicht, wenn der Mensch immer mehr der Gottheit in sich, dem Einssein mit Natur und Geist, zustrebt.

Hier zeigt sich ein radikaler Wandel. Geschichte zeichnet sich für Bahro nicht mehr durch einen Rückschläge erleidenden, aber letztlich doch fortschrittlichen Verlauf aus, dessen Ziel es ist, die nach und nach formal errungenen Freiheiten durch aktives Handeln tatsächlich in Kraft zu setzen. Stattdessen strebt Bahro vor dem Hintergrund der zunehmenden Umweltzerstörung und der atomaren Bedrohung seit den 1970er Jahren danach, radikal neu zu beginnen. Nur durch eine vollständige Umkehr des geschichtlichen Verlaufs, nicht mehr durch das bewusste Weiterschreiten kann die Welt seiner Ansicht nach gerettet werden. Hierfür setzt Bahro weiterhin auf eine avantgardistische Organisation, die die Dringlichkeit der Lage erkannt hat und deshalb mit umfassenden und keiner Kontrolle unterliegenden Kompetenzen ausgestattet wird. Es gilt das bisherige, auf Materialität und die Beherrschung der Natur setzende Denken, das sowohl für den Kapitalismus als auch den Sozialismus kennzeichnend ist, abzustreifen und ein Gleichgewicht und Einsseins mit der Natur anzustreben.

Es ist bemerkenswert, dass sowohl Havemann als auch Bahro frühzeitig auf die sich abzeichnende ökologische Herausforderung reagieren. Beide lassen sie in ihre theoretischen Überlegungen einfließen und erweitern sie so. Trotz der bei beiden ansonsten zu verzeichnenden Unterschiede ist in dieser Hinsicht eine Gleichrichtung im Denken beider zu erkennen. In seiner utopischen Spätschrift entwirft Havemann vor dem Hintergrund der zunehmenden Umweltzerstörung eine kommunistische Gesellschaft, die sich durch langlebige Güter, eine niedrige Produktionsrate und eine mithilfe modernster Technologien gewährleistete Versorgung der Bevölkerung auszeichnet. Die ökologische Dimension in Havemanns Denken beinhaltet durchaus ein (zumindest partielles) instrumentelles Naturverhältnis, denn es gilt, die Natur nicht ausschließlich um ihrer selbst willen zu bewahren, sondern weil sie die materiale Grundlage menschlicher Existenz darstellt.

Der fortschreitende Ressourcenverbrauch und die damit einhergehende, den Menschen in seiner Existenz bedrohende Umweltzerstörung führen Havemann jedoch nicht zu dem Schluss, Institutionen zu ersinnen, die diese problematische Entwicklung durch Reglementierung aufhalten müssen. Vielmehr sind seine Antwort auf die ökologische

Herausforderung der in das kommunistische Ideal eingebettete technische Fortschritt, die freiwillige Bescheidung der Bedürfnisse und die Produktion langlebiger Güter. In gewissem Sinne umgeht er durch den Entwurf einer utopischen Gesellschaft die Frage nach eventuell notwendig werdenden Freiheitsbeschneidungen, durch die die Umweltzerstörung aufgehalten werden und die Welt für zukünftige Generationen bewohnbar bleiben soll. Das Hinzuziehen utopischer Gehalte kann letztlich auch als Flucht gedeutet werden, durch die sich Havemann der überaus relevanten Frage nach dem Wie der Realisierbarkeit entzieht.

Der ökologische Bezug schimmert in Bahros sozialistischen Texten, die etwa zur selben Zeit wie Havemanns ökologisch inspiriertes Spätwerk verfasst wurden – zunächst nur in Ansätzen durch. Er thematisiert in seiner *Alternative* zwar die Knappheit der Ressourcen und einen damit verbundenen notwendigen Rückgang der Produktionsrate, schlägt dann aber recht überraschend vor, die Produktion zeitweilig sogar noch zu steigern. Die gesellschaftliche Entwicklung in Richtung Sozialismus hat hier eindeutig Vorrang vor dem Schutz der Natur.

Nach seiner Abkehr vom sozialistischen Denken entfaltet Bahro das Problem der ökologischen Herausforderung als zentralen Angelpunkt, der sein Denken in eine neue Richtung führt. Nun glaubt er, die Natur und die Menschheit dadurch retten zu können, dass sich der Mensch als Teil eines größeren, kosmischen Systems begreifen lernt und die bisherige Produktionsweise umgehend stoppt. Seit den 1980er Jahren ist für Bahro die Natur nicht vorrangig Zweck, sondern erhält einen Wert an sich. Sie ist Teil des Weltganzen, das durch die exterministische Lebensweise des Menschen in Gefahr gerät. Um diese Gefahr abzuwenden, setzt Bahro auf das notwendig zu entwickelnde Bewusstsein und ein in materialer Hinsicht einfaches Leben. Außerdem ersinnt er das von der *Unsichtbaren Kirche* getragene *Oberhaus*, in dem Steine, Pflanzen und Tiere eine Stimme erhalten sollen und das befugt ist, autoritäre Maßnahmen zu ergreifen.

Mit der ökologischen Herausforderung gelangt bei beiden Denkern schließlich auch die gegenseitige Bedingtheit der politischen Blöcke in den Blick, die sich sowohl bei Havemann als auch bei Bahro dadurch auszeichnet, dass der Osten und der Westen in ein atomares und ökonomisches Wettrüsten eingetreten sind. Beide kritisieren das Prinzip des Immer-Mehr, an dem sich sowohl der Kapitalismus als auch der real existierende Sozialismus in analoger Weise orientiert und das zur Vernichtung der gesamten Menschheit führen kann. Die von Havemann und Bahro vorgebrachte, aber zur damaligen Zeit nicht selbstverständliche Ansicht, dass die kapitalistischen Staaten und der sogenannte real existierende Sozialismus nicht als abgeschottete, sondern als miteinander vergleichbare und in Beziehung stehende Systeme gedacht werden müssen, hat teilweise auch gleiche Konsequenzen für ihr politisches Handeln: Havemann und (der bereits weit von der sozialistischen Idee entfernte) Bahro setzten sich in der und für die Friedensbewegung ein und erachteten ein möglichst schnelles Abrüsten (bzw. die Verhinderung der dann letztlich doch aufgestellten atomwaffenfähigen Mittelstreckenraketen) als drängende Aufgabe.

Nach Ansicht beider fußen der ökonomische Entwicklungsstand und die hohe Produktionsrate auf Voraussetzungen, die nicht nachhaltig sind und die, sollten sie konstant gehalten oder gar noch erhöht werden, die Menschheit als Ganzes bedrohen. Für dieses Problem nehmen sie nicht nur ein Land oder ein System in die Pflicht, sondern sehen eine Lösung nur dann als möglich an, wenn von beiden Seiten aus Veränderungen eingeläutet werden. Für den zeit seines Lebens Sozialist bleibenden Havemann kann die Lösung dieser Herausforderung nur in der Vollendung der sozialistischen Revolution innerhalb des Ostens *und* des Westens liegen. Innerhalb des Ostens soll die Gesellschaft vollständig demokratisiert, innerhalb des Westens das Privateigentum an Produktionsmitteln abgeschafft werden, so dass die kapitalistische Logik des Immer-Mehr und die Gefahr der menschlichen Vernichtung durchbrochen werden. Für den nicht mehr dem sozialistischen Denken zuzuordnenden Bahro lag die Lösung des Problems nicht in der sozialistischen Revolution, sondern in einer vollständigen Umkehr, die sich ganz von den industriellen und geistigen Errungenschaften der Moderne lossagt.

ANDREAS HEYER

Die Demokratie-Kritik der DDR-Opposition

a) Ankunft im Westen

Als Rudolf Bahro 1979 nach mehr als zwei Jahren Haft in Bautzen die DDR in Richtung BRD verließ, gab er dem *Spiegel* kurze Zeit nach seiner Ankunft ein Interview. Seine dringendste Aufgabe sei es, die „mystische Furcht vor der Staatssicherheit in der DDR abzubauen"[1]. Er habe, so Bahro weiter, „ein rationales Verständnis für die Gründe, warum die DDR-Führung so handeln musste" und sehe sich nicht in der Lage, „deswegen Hass zu empfinden"[2]. Es folgte keine Generalabrechnung mit dem SED-Regime. Bahro erhielt zwar seine Kritik aufrecht, allerdings betonte er mehrfach, dass diese von innen heraus geleistet wurde, also Teil systemimmanenter Diskussionen sei. Ähnliches findet sich bei Wolf Biermann. Nach seiner Ausbürgerung sagte dieser ebenfalls im *Spiegel*, dass er sich nun im „Exil" befinde und keinen westdeutschen Pass beantragen werde, solange sein Reisepass der DDR Gültigkeit besitze.[3] Er habe die „Verhältnisse in der DDR von einem linken Standpunkt"[4] aus kritisiert. Und weiter heißt es: „Weil diese Gesellschaft mit ihren Geschwüren meine Gesellschaft ist, in der ich lebe, die ich kenne, in deren Prozess ich mich einmische, die zudem einen Versuch macht, den man mit dem Schlagwort

---

1 *Spiegel Gespräch. Ich weiß, ich kann völlig abrutschen. Der SED-Dissident Rudolf Bahro über seinen Prozess, seine Haft und seine Zukunft in der Bundesrepublik*, in: Der Spiegel, Nr. 43, 1979, S. 20.
2 *Spiegel Gespräch. Ich weiß, ich kann völlig abrutschen*, a. a. O., S. 21.
3 *Spiegel Gespräch: Die wissen genau, wie sehr sie bedroht sind. Wolf Biermann über seine Ausbürgerung und die DDR*, in: Der Spiegel, Nr. 48, 1976, S. 36 und 46.
4 *Spiegel Gespräch: Die wissen genau, wie sehr sie bedroht sind*, a. a. O., S. 36.

'Sozialismus' bezeichnet, einen Versuch, der meiner Meinung nach der ganzen Menschheit bevorsteht, wenn sie nicht in Barbarei untergehen will."[5] Um ein drittes Beispiel zu geben, sei ein Interview erwähnt, das Wolfgang Harich nach seiner Übersiedlung von Österreich in die Bundesrepublik dem *Stern* gab, das aber nicht veröffentlicht wurde. „Der *Stern* mochte offenbar nicht tolerieren, dass sich Harich mit der DDR verbunden fühlte. Auf die Frage, was ihn noch mit 'drüben' verbindet, antwortete Harich: 'Vor allem ein moralisches Motiv. Die DDR ist derjenige Staat auf deutschem Boden, der nach 1945 eine grundstürzende gesellschaftliche Umwälzung durchgeführt und zugleich unter ungeheuren materiellen Opfern Wiedergutmachung für die von ganz Deutschland in der Sowjetunion angerichteten Schäden geleistet hat.'"[6] Ein „unheilbarer Bruch"[7] sei daher für ihn nicht vorstellbar.

Die soeben wiedergegebenen Einschätzungen von drei völlig unterschiedlichen Intellektuellen des SED-Regimes sind charakteristisch für die führenden Köpfe der DDR-Opposition. Viele von ihnen sahen in der DDR trotz aller Probleme ein prinzipiell richtiges und wichtiges Experiment, das zwar kritisiert werden dürfe, aber dennoch einen geschichtlichen Fortschritt markiere. Die DDR sei zu reformieren, nicht aber zu revolutionieren.[8] Bahro brachte es auf den Punkt: „Und zusammenbrechen, das muss man allmählich begreifen, zusammenbrechen wird der real existierende Sozialismus nicht. Auch nicht in der DDR."[9] Bei Robert Havemann heißt es: „In der sozialistischen Demokratie sind alle Rechte und Freiheiten in Kraft, die in der bürgerlichen Demokratie gewonnen wurden. Aber das für den Kapitalismus charakteristische Vorrecht, das diejenigen genießen, die über Kapital verfügen, ist endgültig beseitigt. Damit wird erst die wirkliche Gleichheit aller Bürger ermöglicht. Die sozialistische Demokratie ist deshalb von Grund auf stärker, reicher

---

5 *Spiegel Gespräch: Die wissen genau, wie sehr sie bedroht sind*, a. a. O., S. 41.
6 Prokop, Siegfried: *Ich bin zu früh geboren. Auf den Spuren Wolfgang Harichs*, Berlin, 1997, S. 149.
7 Prokop: *Ich bin zu früh geboren*, a. a. O., S. 149. An die Botschaft der BRD in Österreich schrieb er bezüglich seiner Invalidenrente: „Als loyaler Bürger der DDR kann ich mir unmöglich die Rechtsauffassung der Bundesrepublik zu den Fragen der Nationalität und der Staatsbürgerschaft zu eigen machen." Zitiert bei Harich, Anne: *Wenn ich das gewusst hätte. Erinnerungen an Wolfgang Harich*, Berlin, 2007, S. 185.
8 Auch diese Idee lässt sich vielfach nachweisen. Bahro schrieb: „Was ich bekämpft habe, war nicht das System schlechthin, sondern eine bestimmte Verfassung des Systems." *Spiegel Gespräch. Ich weiß, ich kann völlig abrutschen*, a. a. O., S. 28. Biermann insistierte darauf, „wie kostbar und wichtig der Versuch ist, den die DDR darstellt". *Spiegel Gespräch: Die wissen genau, wie sehr sie bedroht sind*, a. a. O., S. 38. Weitere ähnlich lautende und intendierte Aussagen werden im laufenden Text erwähnt.
9 *Spiegel Gespräch. Ich weiß, ich kann völlig abrutschen*, a. a. O., S. 24.

und freier, als es die bürgerliche Demokratie überhaupt sein kann."[10] Diese Einschätzung war zwar auch bis zur Wende in der Bundesrepublik (mit Blick auf die DDR) teilweise verbreitet, doch die DDR-Oppositionellen verbanden damit die grundlegende Hoffnung einer, wie Bahro es nannte, „Evolution"[11] des Sozialismus. Es ist aus heutiger Sicht überaus erstaunlich und immer noch schwer erklärbar, woher dieses fast schon unbedingte Festhalten am DDR-Sozialismus kam – obwohl die Oppositionellen am eigenen Beispiel Repression, Verfolgung, Unterdrückung oder gar Haft erlebt hatten. Noch einmal Havemann, geschrieben 1976: „Ich bin bei aller Schonungslosigkeit meiner Kritik an den politischen Zuständen der DDR noch immer der festen Überzeugung, dass von den beiden deutschen Staaten die DDR der bessere ist."[12]

Im Titel dieses Aufsatzes ist leicht provokativ von der Demokratie-Kritik der DDR-Oppositionellen die Rede. Das ist insofern überraschend, als eine der grundlegenden Forderungen der Opposition in der DDR immer die Demokratisierung war, die sich in den unterschiedlichsten Schlagwörtern artikulierte: Entstalinisierung, Bürokratieabbau, Durchbrechung der Politbürokratie etc. Doch diese geforderte Demokratisierung bezog sich immer auf die DDR und genauer gesagt auf die sozialistische DDR. Daran wurde nicht gerüttelt. Verbunden mit diesem Setzen auf den Sozialismus als Staats- und Gesellschaftsform war eine grundlegende Skepsis gegenüber der parlamentarischen und / oder bürgerlichen Demokratie westeuropäischer Prägung. Ja, bei vielen Oppositionellen kann sogar von einer offenen Ablehnung gesprochen werden. Natürlich gab es auch kleinere Oppositionsgruppen, die sich in fundamentalen Gegensätzen zur DDR befanden.[13] Doch die intellektuellen Eliten erachteten das Experiment DDR als grundlegend positiv und, wie gesehen, reformierbar.[14] Wenn also von Demokratie-Kritik zu reden ist, dann bezeichnet diese die Kritik an der parlamentarischen Demokratie. Sie wurde als

---

10 Havemann, Robert: *Sozialismus und Demokratie. Der Prager Frühling. Ein Versuch, den Teufelskreis des Stalinismus zu durchbrechen*, in: Ders.: *Texte. Warum ich Stalinist war und Antistalinist wurde*, hrsg. von Dieter Hoffmann und Hubert Laitko, Berlin, 1990, S. 209.
11 *Spiegel Gespräch. Ich weiß, ich kann völlig abrutschen*, a. a. O., S. 24.
12 Havemann, Robert: *Volksfront im Westen, Sozialismus im Osten. Ein Widerspruch?*, in: Ders.: *Berliner Schriften*, hrsg. von Andreas W. Mytze, München, 1977, S. 161.
13 Hierzu ausführlich und leider auch überaus tendenziös: Neubert, Erhart: *Geschichte der Opposition in der DDR, 1949-1989*, 2. überarb. Aufl., Bonn, 2000. Für die ersten Jahre der DDR ist ausgezeichnet die umfangreiche Arbeit von: Herzberg, Guntolf: *Anpassung und Aufbegehren. Die Intelligenz der DDR in den Krisenjahren 1956/58*, Berlin, 2006.
14 Siehe: Mittenzwei, Werner: *Die Intellektuellen. Literatur und Politik in Ostdeutschland, 1945 bis 2000*, Berlin, 2003. Außerdem: Mayer Hans: *Der Turm von Babel. Erinnerung an eine Deutsche Demokratische Republik*, Frankfurt am Main, 1991.

Herrschaftsinstrument des Kapitalismus interpretiert, teilweise sogar als Vorstufe des Nationalsozialismus. Diese Einstellung lässt sich in allen Entwicklungsphasen der DDR[15] nachweisen und prägt noch die Politikansätze der Vertreter der Runden Tische bzw. der DDR-Bürgerbewegung von 1989/1990. (Siehe auch den Beitrag von Dieter Schiller in diesem Band.) Wir werden auf diese Punkte später zurück kommen. Die Forderung nach der Demokratisierung der DDR blieb dabei oft nebulös, eventuelle Maßnahmenkataloge hätten kaum eine Reformierung der DDR nach sich gezogen. Die Kritik an der bürgerlichen und parlamentarischen Demokratie hingegen wurde konkretisiert und unterschied sich nur selten von der offiziellen Richtlinienpolitik der SED.

Die demokratietheoretischen Überlegungen und das demokratiekritische Denken der DDR-Oppositionellen fanden bisher in der Forschung kaum Berücksichtigung. Spezialarbeiten fehlen ebenso wie die Aufarbeitung einzelner Ansätze, Entwicklungslinien und realhistorischer Umbrüche noch zu leisten ist (aus demokratietheoretischer Perspektive, die historischen Disziplinen sind hier weiter). Die größeren Überblickswerke zur allgemeinen Demokratiegeschichte blenden die DDR im Allgemeinen und die Opposition im Speziellen weitestgehend aus. Naturgemäß kann in einer Arbeit wie dieser ein solches Defizit nicht behoben werden. Ganz im Gegenteil zwingt der schlechte Forschungsstand dazu, an verschiedenen Punkten wissenschaftliches Neuland zu betreten.

In den Fokus der Betrachtung geraten daher fast zwangsläufig die theoretischen Arbeiten und Konzeptionen der führenden DDR-Oppositionellen. Zuvorderst zu nennen sind Wolfgang Harich, Robert Havemann und Rudolf Bahro. Weitere Autoren werden ergänzend hinzugezogen. Die Auswahl begründet sich dadurch, dass die differenten Positionen der Oppositionellen in exemplarischen Beispielen abgedeckt werden. So wird ein breites Spektrum abgebildet, das dennoch gemeinsame und verbindende Klammern hat. Genannt sei an dieser Stelle nur, dass alle drei Autoren der ökologischen Idee bzw. der Thematisierung sowie versuchten Lösung der ökologischen Frage verpflichtet waren.[16]

---

15 Zu den Oppositionellen der 70er Jahre und der Wendezeit gibt es zahlreiche Forschungsansätze, die allerdings teilweise deutlich von der persönlichen Meinung der jeweiligen Autoren sowie deren eigener Verankerung im ideologischen Raster geprägt sind. Einige der positiv herausragenden Arbeiten werden in diesem Aufsatz zitiert. Für die Frühphase der DDR sei an dieser Stelle auf das exzellente Buch von Wolfgang Schivelbusch verwiesen. Schivelbusch: *Vor dem Vorhang. Das geistige Berlin, 1945-1948*, Frankfurt am Main, 2001. Außerdem die herausragende Studie von: Herzberg: *Anpassung und Aufbegehren*.

16 Siehe hierzu: Ferst, Marko: *Nachwort*, in: Havemann, Robert: *Morgen. Die Industriegesellschaft am Scheideweg. Kritik und reale Utopie*, Neuaufl., Berlin, 2010, S. 184-186. Den Kontext beleuchtet:

Weitere Gemeinsamkeiten (und auch Differenzen) werden in der Folge angesprochen. Ines Weber schrieb zutreffend in ihrer Dissertation: „Es ist bemerkenswert, dass sowohl Havemann als auch Bahro frühzeitig auf die sich abzeichnende ökologische Herausforderung reagieren. Beide lassen sie in ihre theoretischen Überlegungen einfließen und erweitern sie so. Trotz der bei beiden ansonsten zu verzeichnenden Unterschiede ist in dieser Hinsicht eine Gleichrichtung im Denken beider zu erkennen."[17] Harichs ökologische Schriften liegen mittlerweile gesammelt in einem Band vor.[18] Und in der *Zeitschrift für Geschichtswissenschaft* erschien ein Aufsatz, in dem sich Harich Ende der 60er Jahre überaus kritisch mit Havemanns Demokratie-Konzept auseinandersetzte.[19]

b) 1953 und die großen Brüche

Die Kritik der Oppositionellen an der bürgerlichen Demokratie ist einem Harmonieideal verpflichtet, das von einer Identität der Interessen der Regierenden und der Regierten ausgeht. In der Forschungsliteratur wird oftmals (und in kritischer Perspektive) Jean-Jacques Rousseau mit seiner Konzeption der „volonté générale" als Ahnherr dieses Politikverständnisses benannt.[20] Eine so nicht zutreffende Einschätzung, die dennoch einen wesentlichen Aspekt zu Tage fördert: Krisen und Konflikte, Interessendivergenzen oder Diskussionen, die die Grundlage der parlamentarischen Demokratie (aber auch der kapitalistisch-egoistischen Marktgesellschaft) bilden, sind in der sozialistischen Gesellschaft stigmatisiert. In diesem Sinn markiert der Arbeiteraufstand von 1953 eine wichtige Zäsur. „Auslöser für den Aufstand vom 17. Juni 1953 war die wenige Wochen zuvor von der DDR-Regierung verfügte Normenerhöhung. Aber die Ursachen dafür, dass aus Protestdemonstrationen gegen höhere Normen binnen Stunden eine Aufstandsbewegung wurde, die weite Gebiete der DDR erfasste, lagen tiefer.

Heyer, Andreas: *Ökologie und Opposition. Die politischen Utopien von Wolfgang Harich und Robert Havemann*, in: Ders.: *Studien zu Wolfgang Harich*, Norderstedt, 2010, S. 77-110. Zuletzt erschienen zwei wichtige Dissertationen: Amberger, Alexander: *Bahro, Harich, Havemann. Marxistische Systemkritik und politische Utopie in der DDR*, Paderborn, 2014. Weber, Ines: *Sozialismus in der DDR. Alternative Gesellschaftskonzepte von Robert Havemann und Rudolf Bahro*, Berlin, 2015.
17 Weber: *Sozialismus in der DDR*, a. a. O., S. 310.
18 Harich: *Ökologie, Frieden, Wachstumskritik*, hrsg. von A. Heyer, Marburg, 2015. Dort auch eine ausführliche Einleitung des Herausgebers (S. 9-99).
19 Harich: *Über Robert Havemanns politische Konzeption*, in: *Zeitschrift für Geschichtswissenschaft*, Nr. 4, 2015, S. 363-379.
20 Einflussreich war und ist: Talmon, Yaakov Leib: *Die Ursprünge der totalitären Demokratie*, Köln, 1961.

Ausgangspunkt war jene II. SED-Parteikonferenz im Juli 1952, auf der Walter Ulbricht den 'beschleunigten Aufbau des Sozialismus' in der DDR verkündete. Oder bereits 1948, als die SED zur 'Partei neuen Typus' nach stalinistischem Vorbild umgebaut wurde? Vielleicht hat es schon im April 1946 begonnen, als in der sowjetischen Besatzungszone KPD und SPD zur 'Sozialistischen Einheitspartei Deutschlands' zwangsvereinigt wurden."[21]

Für Lutz Niethammer stellt der Aufstand „eines der ganz wenigen herausragenden Ereignisse der deutschen Zeitgeschichte nach 1945"[22] dar. Eine Einschätzung, die aus unserer Perspektive zu teilen ist. Innerhalb kürzester Zeit verwandelte sich der materiell-arbeitsweltlich ausgerichtete Protest in politischen Widerstand. Es entlud sich ein Druck- und Wutpotential, das sich keinen Überbau schaffen konnte.[23] Dieses Fehlen politischer Führung kam allerdings nicht von ungefähr. Es hat seinen tieferen Grund in der Tatsache, dass es auch in der DDR eine politische Justiz gab, die sich eindeutig in der Tradition der stalinistischen Schauprozesse verankern lässt und auf Elemente wie Selbstbezichtigung, angebliche Verschwörung zur Konterrevolution, Parteiausschluss, Überwachung und Überprüfung zurückgriff. Das haben Wolfgang Harich und Walter Janka trotz ihrer Auseinandersetzung identisch beschrieben.[24] „Richteten sich die Säuberungen bis 1948 in erster Linie gegen Sozialdemokraten, betrafen sie bald auch frühere Kommunisten. Besonders nach dem Schauprozess mit Todesurteilen gegen Rajk und andere führende Kommunisten in Budapest (September 1949) wurden die Säuberungen in der DDR forciert. Nunmehr genügte dafür schon 'Westemigration'. Die Mehrzahl der Kommunisten, die nicht in die Sowjetunion (...), sondern in den Westen emigriert waren, verloren damals ihre Funktion. Am 17. Oktober 1949 beschloss das 'kleine Sekretariat' des Politbüros eine Überprüfung aller Parteifunktionäre, die in westlicher Emigration oder aber länger als drei Monate in westlicher oder jugoslawischer Kriegsgefangenschaft waren."[25]

---

21 Flemming, Thomas: *Kein Tag der deutschen Einheit. 17. Juni 1953*, Berlin, 2003, S. 17.
22 Niethammer, Lutz: *Der 17. Juni, vierzig Jahre danach. Podiumsdiskussion*, in: Kocka, Jürgen; Sabrow, Martin (Hrsg.): *Die DDR als Geschichte. Fragen, Hypothesen, Perspektiven*, Berlin ,1994, S. 40-66, hier 41.
23 Flemming: *Kein Tag der deutschen Einheit*, a. a. O., S. 154.
24 Janka, Walter: *Schwierigkeiten mit der Wahrheit*, Berlin, 1990. Harich, Wolfgang: *Keine Schwierigkeiten mit der Wahrheit. Zur nationalkommunistischen Opposition 1956 in der DDR*, Berlin, 1993. Außerdem: Just, Gustav: *Zeuge in eigener Sache. Die fünfziger Jahre*. Mit einem Geleitwort von Christoph Hein, Berlin, 1990.
25 Weber, Herrmann: *Die Geschichte der frühen SED. Überlegungen gestern und heute*, in: Helwig, Gisela (Hrsg.): *Rückblicke auf die DDR. Festschrift für Ilse Spittmann-Rühle*, Köln, 1995, S. 17-25, hier 22f.

Es ist überraschend, dass der Kurs der SED nicht zu einer Spaltung der Herrschaftsschicht führte oder bestimmte Gruppen in eine oppositionelle Rolle drängte (z. B. die Westemigranten). Vielmehr fühlte man sich durchaus darin einig, den Arbeiteraufstand zu kritisieren oder gar zu diskreditieren. Bis auf einige wenige Ausnahmen schwiegen die späteren Oppositionellen der DDR zu den Ereignissen des Jahres 1953. Robert Havemann[26] sprach gar von einer „konterrevolutionären" und vom Westen aus gesteuerten Verschwörung (dieses Urteil hat er auch später nie zurückgenommen).[27] Bei Rudolf Bahro findet sich immerhin der Hinweis, dass das Jahr 1953 gezeigt habe, dass die Bereitschaft des persönlichen Zurücksteckens zu Gunsten des Staates brüchig geworden sei.[28]

Es waren vor allem zwei Intellektuelle, die einen anderen Weg gingen: Wolfgang Harich und Bertolt Brecht.[29] Zusammen unternahmen sie den Versuch, getragen von der Kraft des Aufstands, Änderungen auf kulturellem Gebiet durchzusetzen. Verwiesen sei an dieser Stelle auf Brechts Gedicht *Nicht feststellbare Fehler der Kunstkommission* und auf Harichs Artikel *Es geht um den Realismus* in der *Berliner Zeitung*.[30] In Harichs Nachlass, der im

---

26 In seiner Autobiographie *Fragen, Antworten, Fragen* hat er einige Anmerkungen gemacht, die jedoch den Kern der Ereignisse als Arbeiteraufstand und von „unten" kommender Protest verfehlen. Havemann: *Fragen, Antworten, Fragen. Aus der Biographie eines deutschen Marxisten*, Stuttgart u. a., 1972, S. 125ff.
27 Havemann: *Fragen, Antworten, Fragen*, a. a. O., zum Beispiel S. 142. Zur Verstrickung Havemanns in die Staatssicherheit der DDR liegen noch immer kontroverse Aussagen vor. Neuerdings: Polzin, Arno: *Der Wandel Robert Havemanns vom Inoffiziellen Mitarbeiter zum Dissidenten im Spiegel der MfS-Akten*, 2. Aufl., Berlin, 2006. Auch: Rauh, Hans-Christoph: *Fremd- und selbstbestimmt, parteikritisch und parteibefohlen*, in: *Neues Deutschland*, 5. und 6. August 2006, S. 24.
28 Rudolf Bahro: *Die Alternative. Zur Kritik des real existierenden Sozialismus*, Köln, Frankfurt am Main, 1978, S. 242.
29 Gut aufgearbeitet ist Harichs Verhalten 1953 in: Eckholdt, Matthias: *Begegnung mit Wolfgang Harich*, Schwedt, 1996, S. 5-17. Siehe zudem die guten und wichtigen Hinweise bei Anne Harich: *Wenn ich das gewusst hätte*, a. a. O. Zu Brecht die Standardwerke von: Mittenzwei, Werner: *Der Realismus-Streit um Brecht. Grundriss der Brecht-Rezeption in der DDR, 1945-1975*, Berlin und Weimar, 1978. *Das Leben des Bertolt Brecht oder Der Umgang mit Welträtseln*, 2 Bde., 3. durchges. Aufl., Berlin und Weimar, 1986.
30 In dem Artikel griff Harich mehrere Funktionäre der Staatlichen Kommission für Kunstangelegenheiten ungewöhnlich scharf und persönlich an. Die Kommission wurde kurze Zeit später aufgelöst. Harich, Wolfgang: *Es geht um den Realismus*, in: *Berliner Zeitung* vom 14. Juli 1953, Neuabdruck in: Spittmann, Ilse; Fricke, Karl Wilhelm (Hrsg.): *17. Juni 1953. Arbeiteraufstand in der DDR*, 2. erw. Aufl., Köln, 1988, S. 229-231. Der Band enthält zahlreiche weitere Dokumente und Materialien. In der *Plattform* hat sich Harich 1956 als einziger etwas ausführlicher geäußert. Er forderte die „Klarstellung der Tatsachen, dass es sich bei der Politik der jugoslawischen Bruderpartei seit 1948, beim Volksaufstand in der DDR vom 17. Juni 1953, beim XX. Parteitag der KPdSU, beim Posener Volksaufstand vom Juni 1956, beim VIII. Parteitag der KP Chinas, beim VIII. Plenum des

Internationalen Institut für Soziale Geschichte (IISG) aufbewahrt wird, finden sich zudem verschiedene weitere Entwürfe und Manuskripte, in denen er 1953 die Politik der DDR kritisch durchleuchtete.

Doch Harich und Brecht waren Ausnahmen. Wo liegen also die Gründe für das eher typische Verhalten, das etwa bei Havemann sogar zur direkten dogmatischen Beschimpfung und Verunglimpfung der Aufständischen führte? Einen wichtigen Faktor hat Manfred Jäger benannt: „Die Intellektuellen wurden von den Ereignissen ebenso überrascht wie die SED-Führung. Die spontane Solidarisierung mit den Streikenden blieb aus. Misstrauisch gegenüber dem Druck von unten, skeptisch gegenüber den Vorstellungen der Massen, die sich vom Faschismus einmal hatten verführen lassen, besorgt wegen der möglichen westlichen Reaktionen, hielten sich auch die dem eigenen Apparat kritisch gegenüberstehenden kommunistischen Intellektuellen zurück. Trotz aller ideologischen und politischen Bedrückungen waren sie ja von Anfang an vor allem ökonomisch, privilegiert worden – ihr Verhalten jetzt wurde auch dadurch bestimmt, dass sie mehr zu verlieren hatten als Ketten."[31] Die Frage bleibt jedoch, warum das Ereignis nicht nachträglich aufgearbeitet wurde? Offensichtlich passte der von „unten" kommende Arbeiteraufstand nicht in das Weltbild der intellektuellen Theoretiker und Künstler. Denn er war ja auch durchaus anti-marxistisch, anti-sozialistisch und damit pro-westlich. Ein gedanklicher Schritt, den weder Bahro noch Havemann vollzogen oder gar akzeptierten. Nicht zuletzt ist daran zu erinnern, dass die späteren Oppositionellen 1953 eng mit dem SED-Regime kooperierten. Havemann beispielsweise war Mitglied der Volkskammer und auch in zahlreichen anderen Ämtern an das System mehr als nur angeschlossen.

Der Arbeiteraufstand führte also nicht zu größeren Differenzen innerhalb der herrschenden Schicht. Nicht zuletzt blieben viele der späteren Oppositionellen der 70er Jahre dem System verbunden und verhaftet. Der tiefe Bruch, der erzeugt wurde, verlief an anderer Stelle. Das Volk fühlte sich allein gelassen. Keiner der Herrschenden ergriff die Chance und transportierte die Forderungen der Massen in die politische Arena, um sie dort zu präsentieren, zu diskutieren oder gar in tagtägliche Politik umzusetzen. Einzig der Versuch

---

ZK der Polnischen Vereinigten Arbeiterpartei und bei dem ungarischen Volksaufstand vom Oktober 1956 um Glieder eines revolutionären Kampfes der Arbeiterklasse gegen den Bürokratismus der Stalinschen Periode und seiner falschen und volksfeindlichen Methoden handelt." Harich: *Plattform für einen besonderen deutschen Weg zum Sozialismus*, in: Ders.: *Keine Schwierigkeiten mit der Wahrheit*, a. a. O., S. 124.

31 Jäger, Manfred: *Kultur und Politik in der DDR. 1945-1990*, Köln, 1994, S. 71.

von Rudolf Herrnstadt und Wilhelm Zaisser, Ulbricht zu stürzen, ist hier zu erwähnen.[32] Ein Vorgang, der sich maßgeblich innerhalb des Politbüros abspielte und der zu einem Austausch des Personals, nicht aber der grundlegenden Ideen führen sollte. Mit Rückendeckung durch Lawrenti Beria kritisierten Herrnstadt und Zaisser den Führungsstil Ulbrichts und Hermann Materns, die gleichzeitig für den Aufstand verantwortlich gemacht wurden. Doch der Sturz von Beria bedeutete das Überleben Ulbrichts, wie Victor Barras formulierte.[33] Karl Schirdewan organisierte im Auftrag von Ulbricht die Demontage und öffentliche Denunziation von Herrnstadt und Zaisser, beide wurden ihrer Ämter und Funktionen enthoben. Das Volk verlor in diesen Tagen das Vertrauen in die politische Führung. Und es verzieh der späteren Opposition nie, dass sie im Juni 1953 geschwiegen hatte. Die offensichtliche Diskrepanz zwischen Volk und Opposition prägte noch die Wendezeit, als die Vertreter der Bürgerbewegung von einer eigenständigen und reformierten DDR zu berichten vermeinten, die Bevölkerung aber gleichzeitig schon längst Helmut Kohl als den zukünftigen Kanzler der Einheit appellativ ernannt hatte. Signifikant ist, dass im Gegenzug die Oppositionellen dem Volk ebenfalls misstrauten. Denn dieses setzte ihnen zu Folge nicht auf den Sozialismus. Eine hochgradig komplizierte Situation, die die Geschichte der DDR an zentralen Punkten mit bestimmte.

Es ist außerdem mehr als nur überraschend, wenn die Oppositionellen immer wieder die Ereignisse von 1968 in der Tschechoslowakei positivierten, aber unterschlugen, dass sie ihr 1968, das 15 Jahre vorher stattfand, so kläglich vergaben. Havemann hat unfreiwillig benannt, was 1953 und 1968 unterschied: „Die Kommunisten der ČSSR taten im Januar 1968 diesen entscheidenden Schritt zur Vollendung der sozialistischen Revolution. Nach langen Jahren der Unterdrückung und der Verbrechen (...) siegte im Zentralkomitee eine Gruppe von Reformern unter der Führung von Alexander Dubček. Es war eine Revolution von oben, der Sieg der besseren Kommunisten über die Stalinisten."[34] Anders als der Arbeiteraufstand in der DDR kamen die Ereignisse von 1968 also von „oben", aus der Mitte des Apparats. Eine Rolle, die die Oppositionellen der DDR gern übernommen hätten, für die ihnen aber die in der Tschechoslowakei vorhandene Unterstützung der Bevölkerung

---

32 Siehe: Stulz-Herrnstadt, Nadja (Hrsg.): *Das Herrnstadt-Dokument. Das Politbüro der SED und die Geschichte des 17. Juni 1953*, Reinbek bei Hamburg, 1990.
33 Baras, Victor: *Beria's Fall and Ulbricht's Survival*, in: Soviet Studies, Nr. 3, 1975, S. 381-395. Siehe auch die entsprechenden Passagen in Loth, Wilfried: *Stalins ungeliebtes Kind. Warum Moskau die DDR nicht wollte*, München, 1996, vor allem S. 193-216.
34 Havemann: *Der Sozialismus von morgen*, in: Ders.: *Berliner Schriften*, hrsg. von Andreas W. Mytze, München, 1977, S. 13.

fehlte – eben wegen ihres Versagens 1953. In diesem Zusammenhang ist eine bemerkenswerte Ausnahme zu erwähnen: Ende des Jahres 1956 versuchte eine kleine Gruppe Oppositioneller unter der Führung von Wolfgang Harich und Walter Janka (die sich später zerstritten), ein Konzept vorzulegen, das den demokratischen Umbau der DDR andachte.[35] Orientiert an den pluralistischen und parlamentarischen Systemen des Westens sollte die DDR von Grund auf reformiert werden. Vorausgegangen war der Initiative das so genannte Tauwetter in Russland, der XX. Parteitag der KPdSU leitete mit der Geheimrede Nikita Chruschtschows[36] die Entstalinisierung ein. In Polen kam es zu einem politischen Führungswechsel, in Ungarn fand der von den Sowjets blutig niedergeschlagene Volksaufstand statt. In der DDR wandte sich im Zuge dieser Ereignisse Harich mit Vorschlägen zur Demokratisierung der DDR (das *Memorandum*) an die russischen Militärs und den Botschafter. Gleichzeitig intensivierte sich im Aufbau Verlag[37] die maßgeblich von Janka und Harich angeleitete Kritik, die zur Bildung eines Gesprächskreises führte, dem auch Heinz Zöger und Gustav Just von der Zeitung *Sonntag* sowie Bernhard Steinberger und Manfred Hertwig angehörten.

---

35 Die Vorgänge um die „konterrevolutionäre Gruppe Harich" sind in ersten Ansätzen erforscht, so dass an dieser Stelle einige Hinweise genügen können. Es existiert eine breite Zeitzeugenliteratur. Walter Jankas (*Schwierigkeiten mit der Wahrheit*, Reinbek bei Hamburg, 1989) Angriff auf Harich ist sicherlich das bekannteste Dokument. Harich hat seinen Prozess gegen Janka wegen Unterstellungen und Verleumdung gewonnen. Daneben reagierte er mit dem bereits erwähnten Buch *Keine Schwierigkeiten mit der Wahrheit*. Die Edition *Der Prozess gegen Walter Janka und andere* (Reinbek bei Hamburg, 1990) druckt die Verhörprotokolle und weitere Dokumente, darunter *Aus der schriftlichen Zeugenausage Wolfgang Harichs vom 27. März 1957* (S. 54-81). Bis heute prägt die offen ausgetragene Debatte zwischen Harich und Janka die Diskussion und vermag es noch immer, politische Lager zu formieren, die der wissenschaftlich-neutralen Aufarbeitung entgegenstehen. Stefania Maffeis' Dissertation (*Zwischen Wissenschaft und Politik. Transformationen in der DDR-Philosophie, 1945-1993*, Frankfurt am Main, 2007) erfüllt die wissenschaftlichen Standards nicht. Sven Siebers Arbeit (*Walter Janka und Wolfgang Harich. Zwei DDR-Intellektuelle im Konflikt mit der Macht*, Berlin u. a., 2008) ist rein deskriptiv und enthält verschiedene Fehler, die einer Nutzung entgegenstehen. Die Memoiren von Anne Harich (*Wenn ich das gewusst hätte*, a. a. O.) liefern wichtige Einsichten und Hinweise, die über persönliche Erinnerungen weit hinaus gehen. Daneben gibt es einige relevante Aufsätze. Zuletzt: Heyer, Andreas: *Wolfgang Harichs Demokratiekonzeption aus dem Jahr 1956. Demokratische Grundrechte, bürgerliche Werte und sozialistische Orientierung*, in: *Zeitschrift für Geschichtswissenschaft*, Juni 2007, 529-550. In Herzbergs Monographie sind die damaligen Vorgänge sehr gut in die entsprechenden Kontexte eingebettet: *Anpassung und Aufbegehren*, a. a. O., vor allem S. 489-510.
36 Chruschtschow, Nikita: *Über den Personenkult und seine Folgen*, Berlin, 1990.
37 Hierzu: Mittenzwei, Werner: *Im Aufbau-Verlag oder Harich dürstet nach großen Taten*, in: Dornuf, Stefan; Pitsch, Reinhard (Hrsg.): *Wolfgang Harich zum Gedächtnis. Eine Gedenkschrift in zwei Bänden*, München, 2000, Bd. 1, 208-243

Anfang November kam es zu einem Gespräch zwischen Harich und Ulbricht, in dem letzterer eindeutige Warnungen aussprach, die Harich aber ebenso wie Janka ignorierte. Ulbricht war offensichtlich von sowjetischer Seite unterrichtet. Ende November (vom 22. bis 25.) schrieb Harich dann die *Plattform für einen besonderen deutschen Weg zum Sozialismus*, eine Schrift, die zahlreiche Reformmaßnahmen in der DDR einforderte und unter anderem auch die Annäherung an die Bundesrepublik vorschlug sowie die deutsche Einheit über die Verwirklichung des Sozialismus stellte. Die *Plattform* kann als Versuch gelten, eine Demokratisierung der DDR einzuleiten[38] und gleichzeitig die Rechte des Individuums zu stärken. Der bürokratische Überbau sollte radikal zurückgedrängt werden. Dem entsprach die von Harich geplante Durchsetzung zahlreicher Grund- und Menschenrechte sowie die Verwirklichung liberaler Freiheitsrechte bei Abschaffung des Politikmonopols der SED durch die Installierung freier Wahlen. Als Harich am 29. November von einem Kurzbesuch in Hamburg nach Berlin zurückkehrte, erfolgte seine Verhaftung. In zwei Schauprozessen wurden die Beteiligten Anfang 1957 wegen Bildung einer konterrevolutionären staatsfeindlichen Gruppe verurteilt, Harich erhielt mit zehn Jahren Zuchthaus die höchste Strafe.[39]

Harichs Wirken in den 50er Jahren markiert bis heute die große Ausnahme jener Zeit, da er eben nicht nur 1956, sondern auch 1953 aktiv war und eine Kritik der Strukturen, Institutionen sowie handelnden Personen der DDR vorlegte. Die Konsequenzen bestanden nicht nur in der sehr langen Haftstrafe, seiner Isolation in der DDR und zahlreichen persönlichen Repressionen bis hin zu einem de facto Berufsverbot. Er wurde nach seiner Entlassung aus dem Gefängnis seiner Rolle als Theoretiker und Schriftsteller beraubt: In der DDR erschienen zwar einige wenige Texte von ihm, die den Oberen genehm waren, aber weite Teile seiner Manuskripte konnte er nur für die Schublade verfassen. (Publikationen in der Bundesrepublik kamen für ihn nur in Ausnahmefällen in Frage.) Seit 2013 wird dieser umfangreiche Nachlass sukzessive vom Autor dieser Zeilen im Rahmen einer ausführlichen *Nachlass-Ausgabe* der Öffentlichkeit zugänglich gemacht.[40] Erst

---

38 Siehe: Cerny, Jochen: *Einführung zu Wolfgang Harichs Programm für einen besonderen Weg zum Sozialismus. 1956*, in: *Utopie kreativ*, April 1997, S. 50-52.
39 Den historischen Ablauf rekonstruiert: Prokop, Siegfried: *1956. DDR am Scheideweg. Opposition und neue Konzepte der Intelligenz*, Berlin, 2006.
40 Erschienen sind im Marburger Tectum-Verlag bisher die Bände: *An der ideologischen Front. Hegel zwischen Feuerbach und Marx*, 2013; *Logik, Dialektik und Erkenntnistheorie*, 2014; *Widerspruch und Widerstreit. Studien zu Kant*, 2014; *Herder und das Ende der Aufklärung*, 2014; *Schriften zur Anarchie. Zur Kritik der revolutionären Ungeduld und Die Baader-Meinhof-Gruppe*, 2014; *Ökologie, Frieden, Wachstumskritik*, 2015; *Philosophiegeschichte und Geschichtsphilosophie.*

dadurch wird deutlich, in welch starkem Maß Harich einerseits die DDR in vielen Facetten kritisierte und andererseits mit eben diesen Einwürfen doch nur das Land bessern wollte.

c) Das Bekenntnis zu Marxismus und Sozialismus

Die Oppositionellen der Sowjetunion und auch anderer sozialistischer Staaten orientierten sich in der Mehrzahl an den politischen Systemen des Westens und an den altliberalen Freiheitsrechten der zweiten Hälfte des 19. Jahrhunderts. Für sie bedeutete die Kritik am Staat nicht, diesen zu reformieren und damit in einen als „richtigen" oder „besseren" bezeichneten Sozialismus zu verwandeln. Ihr Wirken zielte auf die Abschaffung bzw. Überwindung des Sozialismus. Waren doch ihre politischen und gesellschaftlichen Wunschvorstellungen – von der Freiheit des Individuums bis hin zu freier Wirtschaft – nicht mit einer wie auch immer gearteten Variante des Sozialismus kombinierbar. Hinzu trat gerade bei den sowjetischen Oppositionellen immer die extreme Nähe der eigenen Geschichte, die einen positiven Zugang zu sozialistischen Experimenten versperrte: Gemeint sind die stalinschen Verbrechen, die Schauprozesse, das Gulag-System, die Hungerkatastrophen, später dann der staatliche und militärische Zugriff auf andere Länder.

In diesem Sinn ist ein entscheidendes Charakteristikum der DDR-Opposition benannt: Sie verließ nie den Boden des Marxismus. Dort, wo die Oppositionellen in ein kritisches Verhältnis zum Staat gerieten, wendeten sie ihr Marx-Verständnis gegen diesen. Damit ist auch gesagt, dass der Marxismus modifiziert und aktualisiert wurde, sich von der offiziellen Lesart unterschied. Diese Setzung, die sich besonders bei Bahro, Havemann und Harich nachweisen lässt, zog zahlreiche Konsequenzen nach sich.[41] Das „Ja" zum Marxismus bedingte nicht nur die einzigartige Stellung der DDR-Oppositionellen, sondern ist auch für die hier thematisierte Ablehnung der bürgerlichen Demokratie verantwortlich. Im Rahmen einer Neuaneignung des Marxismus sollte die DDR reformiert und damit „fit für die Zukunft" gemacht werden. Die Oppositionellen konnten sich wegen ihrer marxistischen Ausrichtung nicht von der DDR lösen, was beispielsweise auch zu einer Bejahung der Utopie bzw. des utopischen Diskurses führte.[42] Ja, noch die Science-Fiction-Literatur

---

Vorlesungen, in zwei Teilbänden, 2015.
41 Noch einmal sei auf die Arbeiten von Alexander Amberger verwiesen. Siehe zudem die Publikationen: Amberger, Alexander; Prokop, Siegfried: *Ein rot-grünes Deutschland. Über eine Vision Harichs 1989/90*, Berlin, 2011. Heyer, Andreas (Hrsg.): *Wolfgang Harichs politische Philosophie*, Hamburg, 2012.
42 Hierzu: Both, Wolfgang: *Rote Blaupausen. Eine kurze Geschichte der sozialistischen Utopien*,

spiegelt als „wissenschaftliche Phantastik" dieses Zerrbild wider: Von der DDR als Gattung und Artikulationsmedium durchaus unterstützt und gefördert, entwickelte sie ein oppositionelles und kritisches Potential, das dennoch vor allem eins wollte: Zum Nachdenken anzuregen, um auf diese Weise die DDR zu verbessern.[43] Wichtige Namen sind dabei sicherlich Angela und Karlheinz Steinmüller, Johanna und Günter Braun oder etwa Franz Fühmann.[44] Erwähnt sei, dem Text vorgreifend, dass noch die Bürgerbewegung der Wendezeit nach eben diesen Kriterien handelte. Joachim Gauck führte in seinen *Erinnerungen* aus, dass man sich nicht an der polnischen Opposition orientieren konnte und wollte, da diese antikommunistisch war.[45]

Einige der bisherigen Zitate konnten bereits verdeutlichen, dass Bahro, Harich, Havemann oder auch Biermann sich als Marxisten sahen. Das Bekenntnis der DDR-Oppositionellen zum Marxismus lässt sich auch bei Ernst Bloch nachweisen. Obwohl dieser 1957 in Leipzig zwangsemeritiert wurde und nach dem Mauerbau in Westdeutschland blieb, stand doch über allem sein Engagement für eine neue sozialistische Gesellschaft – dieses hatte ihn 1948 in die DDR geführt und prägte später sein Denken und Handeln in der Bundesrepublik. Und dennoch überrascht es durchaus, wenn Bloch hier als Gewährsmann der marxistischen Orientierung der Opposition der DDR genannt wird: „Das Urteil, Bloch habe nichts mit Marx gemein, eint viele der sonst so zerstrittenen Marxisten. Sowohl vom Marxismus sowjetischer Prägung wie von Vertretern des sogenannten westlichen Marxismus (...) wird bestritten, dass es sich bei seiner Philosophie um marxistische Philosophie handelt."[46] Doch gegen diese Einschätzung ist zu argumentieren. „Die beiden

---

Berlin, 2008. Außerdem neuerdings die entsprechenden Aufsätze in dem Band: *Histoire transnationale de l'utopie littéraire et de l'utopisme*, coordonnée par Vita Fortunati et Raymond Trousson, avec la collaboration de Paola Spinozzi, Paris, 2008.
43 Ähnlich wie die sowjetische Phantastik entwickelte die DDR Science-Fiction ein kritisches Potential gegenüber dem Staatssozialismus. Doch da sie dieses mit utopischen Gedankengängen verband, konnte sie sich grundlegend zum Marxismus und Sozialismus bekennen. Siehe hierzu den einschlägigen Artikel von: Rottensteiner, Franz: *Die Wissenschaftliche Phantastik der DDR*, in: Ders.: *Erkundungen im Nirgendwo. Kritische Streifzüge durch das phantastische Genre*, hrsg. von Jacek Rzeszotnik, Passau, 2003, S. 79-93.
44 Zuletzt erschien die Dissertation von: Draut, David: *Zwiespältige Zukunftsvisionen. Das Autorenpaar Steinmüller und die ostdeutsche utopische Science Fiction*, Marburg, 2014.
45 Gauck, Joachim: *Winter im Sommer, Frühling im Herbst. Erinnerungen*. In Zusammenarbeit mit Helga Hirsch, 9. Aufl., München, 2009, S. 198. Das entsprechende Zitat wird an anderer Stelle vollständig wiedergegeben.
46 Horster, Detlef: *Ernst Bloch zur Einführung*, 6. völlig überarb. Aufl., Hamburg, 1987, S. 30. Siehe auch Burghart Schmidt: „Wenn von Blochs Philosophie die Rede ist, dann ist Marxismus gegenwärtig. Und doch hat marxistische Wirkungsgeschichte ihn entweder auszuspucken versucht

nach vorn hin offenen Systeme bei Marx und Bloch stimmen überein."[47] Wenn Bloch ein Marxist ist, dann, weil der selbstbestimmte Mensch die Grundlage seines Denkens bildet. Und so enthalten die bekannten Schlusssätze des *Prinzips Hoffnung* Blochs Kritik an der DDR ebenso wie an der Bundesrepublik. Es zeigt sich aber auch, dass nach Blochschen Maßstäben der Sozialismus der DDR, selbst wenn er „nicht echt ist", doch geschichtlichen Fortschritt verkörpert. „Die Wurzel der Geschichte aber ist der arbeitende, schaffende, die Gegebenheiten umbildende und überholende Mensch. Hat er sich erfasst und das Seine ohne Entäußerung und Entfremdung in realer Demokratie begründet, so entsteht in der Welt etwas, das allen in die Kindheit scheint und worin noch niemand war: Heimat."[48] Eine Einschätzung die uns so auch bei Havemann begegnet, vor allem in *Morgen: Industriegesellschaft am Scheideweg*. Nicht zuletzt ist auf die hohe normative Bindekraft des *Prinzips Hoffnung* für die DDR-Opposition zu verweisen. Neben Havemann ist dabei exemplarisch Bahro zu nennen. Vor seiner Verhaftung legte er die Utopie-Bücher sichtbar auf seinen Wohnzimmertisch – ein letzter Protest.[49]

Der Einfluss Blochs auf die DDR ist bisher kaum aufgearbeitet. Dem korrespondiert, dass auch die notwendige und nötige Kritik an Blochs Rolle in der DDR bisher nicht geleistet wurde. Gemeint ist sein abwartend-zauderndes Verhalten, das DDR-typische Ausweichen vor allen potentiellen Konflikten mit der Partei. Gerhard Zwerenz hat unter dem Wulst seiner Ich-fixierten Bücher einige wichtige Hinweise zu diesem Thema gegeben – er nannte es schlicht Blochs Feigheit und Angst. Er beschrieb aus seiner persönlichen Erfahrung Blochs überaus ambivalentes Verhältnis zur Macht – dem freilich eine gehörige Portion Opportunismus beigemischt war. Bei seiner Verteidigung wegen der Angriffe von Ende 1956 und 1957[50] hatte Bloch den geflüchteten Zwerenz belastet und dadurch von seiner Person abgelenkt. Zwerenz schrieb: „Ich kann Bloch das nicht ankreiden. Die Verhältnisse

---

oder mindestens als quälendes Problem, bis heute nach Italien hin etwa, empfunden." Schmidt: *Ernst Bloch*, Stuttgart, 1985, S. 35.
47 Horster: *Ernst Bloch*, a. a. O., S. 38.
48 Bloch, Ernst: *Das Prinzip Hoffnung. In fünf Teilen,* 3 Bde., Frankfurt am Main, 1985, Bd. 3, S. 1628.
49 Herzberg, Guntolf; Seifert, Kurt: *Rudolf Bahro. Glaube an das Veränderbare. Eine Biographie*, Berlin, 2002, S. 155.
50 Die entsprechenden Dokumente druckt: Caysa, Volker u. a. (Hrsg.): *Hoffnung kann enttäuscht werden. Ernst Bloch in Leipzig*, Frankfurt am Main, 1992. Die begleitenden Texte und Interpretationen sind durchweg unbrauchbar und ziemlich apologetisch. Auch (leider rein deskriptiv): Feige, Hans-Uwe: *Willkommen und Abschied. Ernst Bloch in Leipzig*, in: *Bloch-Almanach*, hrsg. vom Ernst-Bloch-Archiv, Nr. 11, Baden-Baden, 1991, S. 159-190.

erzwangen den Spagat. Da die Situation im Sozialismus keine kritische Analyse erlaubte, konnte sie nur von außen geleistet werden. Blochs Verteidigungstaktik war die normale Funktion seiner unfreien Lage. Nicht entschuldigen mag ich allerdings seine offensichtliche Feigheit. Bei unseren vielen Treffen im Westen blieb er stets dabei, er habe sich 1957, von der Partei gezwungen, zwar gegen mich gewandt und Erklärungen abnötigen lassen, jedoch die Nennung von Namen vermieden. Mag sein, ihm war da einiges mit der Zeit entfallen. Mag sein, er meinte, die Belege seien verschollen im Parteiapparat. Sie kommen indessen jetzt Stück für Stück ans Licht. Gewiss doch: Diese Partei schickte ihre Oberknechte aus, den Denker zu knechten. Er hatte vordem tüchtig mitgeknechtet und berief sich noch als Gerüffelter stolz auf seine früheren Disziplinierungsmithilfen bei den Moskauer Prozessen. Jetzt aber, 1957, machte er sich selbst zum Knecht, indem er sich verteidigte. Statt vier Jahre später bei den Koffern im Westen zu bleiben, hätte er vor ZK-Funktionärs-Thronen jenen 'Aufrechten Gang' vorführen können, den er predigte. Es wurde nur Kriechgang. (…) Bloch, vor eine Handvoll lasterhafte Greise und Büttel geladen, enthüllte sich als schwadronierendes Mittelmaß und offenbarte, wie sehr er zu denen gehörte, die ihn verhöhnten. Hoffentlich erschienen ihm in der Nacht darauf die Geister der Hingerichteten von Moskau, die er zur Zeit der Prozesse verdammt hatte."[51]

Der Leipziger Philosophiehistoriker Helmut Seidel bezog sich im März 1991 bei der Gründungsveranstaltung der RLS Sachsen ebenfalls auf das *Prinzip Hoffnung*, in dem er das Potential sah, mit einem erneuerten Marxismus die Geschichte der DDR und des Staatssozialismus aufzuarbeiten.[52] Als in der Mitte der 60er Jahre die intensive Marx-Diskussion in der DDR geführt wurde, hatte Seidel mit dem Aufsatz *Vom praktischen und theoretischen Verhältnis der Menschen zur Wirklichkeit* eine „originelle Rekonstruktion der Marxschen Theorie"[53] vorgelegt. Doch diese Bezeichnung darf nicht darüber hinwegtäuschen, dass Seidels Text an den Grundfesten des dogmatischen Marxismus rüttelte – das erklärt die Restriktionen, denen er im Anschluss unterlag. „Der Aufsatz war eine stille Revolution auch in den internationalen Marxismus-Debatten, denn er legte ganz

---

51 Zwerenz, Ingrid; Zwerenz, Gerhard: *Sklavensprache und Revolte. Der Bloch-Kreis und seine Feinde in Ost und West*, Hamburg, 2004, S. 272.
52 Seidel, Helmut: *Prinzip Hoffnung am Ende?*, Neuabdruck in: *In Memoriam Helmut Seidel*, hrsg. von der RLS Sachsen, Leipzig, 2008, S. 62-69. Siehe außerdem die fünfzehn Jahre später verfassten Thesen von Seidel: *Utopischer und / oder wissenschaftlicher Sozialismus? Eine Vorbemerkung und fünf philosophiehistorische Anmerkungen*, in: Kinner, Klaus; Wurl, Ernst: *Linke Utopien. Die Zukunft denken*, Leipzig, 2006, S. 15-22.
53 Lehrke, Wilfried; Dietzsch, Steffen: *Allein die Praxis der Philosophie ist selbst theoretisch. Helmut Seidels Subjektivitätstheorie*, in: *In Memoriam Helmut Seidel*, a. a. O., S. 50.

im Sinne von Marx das Hauptgewicht auf die philosophische Durchdringung des praktischen gesellschaftlichen Lebens. Hier waren natürlich auch all die problematischen Seiten des Realsozialismus einbezogen, die in der rigiden Parteiherrschaft verwurzelt waren: Verstoß gegen Demokratie und Selbstbestimmungsrechte, Bevormundung der Bürger, Verfolgung der Freiheit des Denkens. Der Revisionismus-Vorwurf von Seiten der Parteiorgane war ihm damit natürlich sicher."[54] In der Tat war Seidels Neuinterpretation des Marxismus in der DDR eine kleine philosophische Revolution. Vor allem, was ihre Wirkung betrifft: „Man muss die befreiende Wirkung dieses Textes in der Deutschen Bücherei erlebt haben. Trotz oder vielleicht wegen der parteioffiziellen Zurechtweisung wurde der Seidelsche Zeitschriftenartikel zu einem Schlüsseltext für Generationen von Leipziger Philosophiestudenten."[55]

Rückblickend betrachtet ist Seidels Aufsatz ein seiner Struktur nach typischer Text der Kritik an der DDR. Er beginnt mit der Benennung von Gemeinsamkeiten zur offiziellen Linie, bringt dann einige kritische Einwände, um diese in einem weiteren Schritt anhand klassischer Texte des Marxismus-Leninismus zu begründen, teilweise aber auch zu relativieren oder auf sowjetische Entwicklungen zu beziehen, vor allem natürlich auf den XX. Parteitag der KPdSU. Positiviert wurde von Seidel die These, dass von deutschem Boden nie wieder Krieg ausgehen dürfe, wofür die DDR bürge, da die „aggressiven Bestrebungen des westdeutschen Imperialismus"[56] ungebrochen seien. Das zeigten der Alleinvertretungsanspruch der Bundesrepublik und die Nichtanerkunnung der bestehenden Grenzen. Hinzu trete schließlich die erneute Ideologisierung des deutschen Imperialismus. Deutlich werde, „dass die gesamte bürgerliche Ideologie den erprobten und siegreichen Ideen des Marxismus-Leninismus nichts Gleichwertiges entgegenzusetzen hat"[57]. Doch diese Überlegenheit dürfe nicht dazu führen, Probleme zu übersehen.

---

54 Mocek, Reinhard: *Pfadfinder des Geistes. Zum Tode des Leipziger Philosophen Helmut Seidel*, in: *In Memoriam Helmut Seidel*, a. a. O., S. 14f.
55 Eichler, Andreas: *Philosophie und Wirklichkeit. Zum Tode des Philosophen Helmut Seidel*, in: *In Memoriam Helmut Seidel*, a. a. O., S. 43. Reinhard Mocek berichtet, dass Seidels Habilitationsschrift, die mit dem Aufsatz in engem Zusammenhang stand, über Jahre die meistgelesenste wissenschaftliche Qualifikationsarbeit der Deutschen Bücherei in Leipzig war. Mocek: *Pfadfinder des Geistes*, a. a. O., S. 14.
56 Seidel, Helmut: *Vom praktischen und theoretischen Verhältnis der Menschen zur Wirklichkeit. Zur Neuherausgabe des Kapitels 1 des I. Bandes der Deutschen Ideologie von Karl Marx und Friedrich Engels*, Neuabdruck in: *Utopie kreativ*, Heft 204, Oktober 2007, S. 908. Zuerst erschienen in: *Deutsche Zeitschrift für Philosophie*, Heft 10, 1966, S. 1177-1191.
57 Seidel: *Vom praktischen und theoretischen Verhältnis*, a. a. O., S. 908.

Seidel ging davon aus, dass die Entwicklung der DDR zahlreiche neue Ideen zu Tage gebracht habe, die nur unzureichend in den philosophischen Überbau integriert wurden. „Fehlt die lebendige Wechselwirkung zwischen System und neuer Erkenntnis, dann entsteht die Gefahr, dass die neuen Erfahrungen theoretisch in der Luft hängen bleiben, das System aber zu einem leblosen Schema herabsinkt, das nicht mehr die Funktion der Theorie, Anleitung zum Handeln zu sein, erfüllen kann."[58] Vorgeworfen wird der offiziellen Politik also Dogmatik. Erst Mitte der 70er Jahre tauchte diese Art der Kritik bei Harich, Bahro und Havemann wieder auf. Von hier begründet sich die Sogwirkung, die Seidels Text erzeugte. Es gehe dem Sozialismus der DDR nicht um den handelnden Menschen, der selbstbewusst seine Zukunft gestaltet. Wichtig ist, dass Seidels Kritik an der DDR auf dem Boden des Marxismus stand und das eben dieses Fundament sie radikal werden ließ. „Das praktisch-tätige Verhalten der Menschen zu ihrer natürlichen und gesellschaftlichen Umwelt wird ungenügend reflektiert, das theoretische Verhältnis zur Wirklichkeit dagegen überbetont. Der Hauptakzent in den bisherigen Darstellungen liegt auf der Erklärung dessen, was ist, nicht aber auf einer theoretischen Begründung der praktischen Veränderung, nicht auf der Anleitung zum Handeln."[59] Marx wurde von Seidel also neu interpretiert. Diese aktualisierte Sicht sollte dann die Grundlage der neuen sozialistischen Gesellschaft und Forschung bilden. Damit steht er in einer Tradition, dies sei ergänzt, die mit Harichs Engagement in der *Deutschen Zeitschrift für Philosophie* sowie dem *Vademekum* begründet wurde.[60]

d) Das Ja zur DDR, das Nein zur parlamentarischen Demokratie

Das hier exemplarisch besprochene Beispiel des Denkens Seidels zeigt, wie Teile der DDR-Opposition entstanden. Obwohl er die DDR nicht in Frage stellte und gleichzeitig Faktoren benannte, die als positiv gelten könnten, so wurde er doch wegen seiner Kritik ins Abseits geschoben. Damit ist natürlich auch gesagt, dass er weiter marxistisch dachte und argumentierte, eben da seine Kritik nie fundamentalen, sondern immer nur partiellen Charakter besaß. Sie erfolgte ihrem Selbstverständnis nach, um eine noch bessere und noch überlegenere DDR zu ermöglichen. Wirklich überraschend ist, dass so gut wie keiner der

---

58 Seidel: *Vom praktischen und theoretischen Verhältnis*, a. a. O., S. 909.
59 Seidel: *Vom praktischen und theoretischen Verhältnis*, a. a. O., S. 909.
60 Harich: *Ein kleines Vademekum für Schematiker. Zur Frage der Weiterentwicklung des Marxismus*, in: *DZfPhil*, Heft 5, 2006, S. 759-765. Dort die Einleitung von: Rauh, Hans-Christoph: W*olfgang Harichs Versuch einer geistigen Öffnung des Marxismus*, in: *DZfPhil*, Heft 5, 2006, S. 751-757.

Kritisierten und Ausgegrenzten dann in einem weiteren Schritt sich vollständig vom System abwandte. Selbst Theoretiker, die die DDR verließen, hielten doch prinzipiell an ihr fest – auch so herausragende Denker wie Bloch, Harich oder Bahro. Das Bekenntnis zum Marxismus war der grundlegende und charakteristische Zug der DDR-Opposition. Es zog weitere Aspekte nach sich, die, eng mit der soeben analysierten Grundbedingung verbunden, das intellektuelle Potential der Oppositionellen prägten.

Gerade das Theoriegebäude Havemanns zeigt die oft vorgenommene Verbindung bzw. sogar Synonymisierung der Begriffe (und der dahinterstehenden realhistorischen Entwicklungen) Faschismus, Kapitalismus, bürgerliche Demokratie. Havemann schrieb in seinem wichtigsten Werk *Morgen*: „Auch an Grausamkeiten und Gewalttätigkeit, an Ungerechtigkeit und Herrschsucht ist das Jahrhundert des hochentwickelten Kapitalismus ohnegleichen. Und schließlich lässt sich heute eins mit völliger Gewissheit sagen: Der Kapitalismus ist seiner inneren Struktur und seinem ganzen Wesen nach vollständig unfähig, die uns jetzt bevorstehende große Krise zu meistern, weil er dazu sich selbst aufgeben müsste, was er nicht kann. Er ist am Ende. Seine Zeit ist abgelaufen."[61] Die bürgerliche Demokratie, so Havemann unter direktem Rekurs auf Marx und Engels, sei ein Fortschritt gegenüber dem Feudalismus. Die eigentliche Demokratie aber, die nicht mehr die Klassengegensätze und Ausbeutungsmechanismen verschleiere, sei die sozialistische Demokratie mit ihrer Abschaffung der Entfremdung. Die realexistierenden staatssozialistischen Länder des Ostblocks seien daher geschichtsphilosophisch weiter als die westeuropäischen Staaten. Zwar hat Havemann in seinem utopischen Entwurf[62] *Morgen* die direktdemokratischen Strukturen des geschilderten alternativen Gemeinwesens betont. Die parlamentarischen Systeme des Westens waren für ihn jedoch kaum mehr als Herrschaftsinstitutionen der Bourgeoisie und des Kapitals. Wenn die Demokratie nicht mehr zur Wahrung der Klassenherrschaft ausreiche, so Havemann programmatisch, dann werde immer der Faschismus als Alternative im Hintergrund bereitstehen. Diese

---

61 Havemann, Robert: *Morgen. Die Industriegesellschaft am Scheideweg. Kritik und reale Utopie*, Frankfurt am Main, 1982, S. 35. Auf die Neuauflage durch Marko Ferst (Berlin, 2010) wurde bereits verwiesen.
62 *Morgen* wurde zuletzt von der Forschung als politische Utopie interpretiert, siehe hierzu: Heyer, Andreas: *Sozialutopien der Neuzeit. Bibliographisches Handbuch. Band 2: Bibliographie der Quellen des utopischen Diskurses von der Antike bis zur Gegenwart*, Berlin, 2009, S. 464-468. Ferst: *Nachwort*, a. a. O. Amberger: *Bahro, Harich, Havemann*, a. a. O. Weber: *Sozialismus in der DDR*, a. a. O., S. 215-228. In dem gerade veröffentlichten Band mit Harichs ökologischen Schriften bis 1990 (Harich: *Ökologie, Frieden, Wachstumskritik*, a. a. O.) auch die Einleitung von: Heyer: *Die Entwicklung von Harichs ökologischem Konzept*, S. 9-99.

Anmerkungen verkennen freilich die Chancen und Möglichkeiten der parlamentarischen Demokratie, die gerade darin bestehen, dass zwar strukturell-formale Wandlungsprozesse ausgeschlossen sind, inhaltliche Setzungen aber legitim. Havemann schrieb: „Der demokratische bürgerliche Rechtsstaat ist in Wirklichkeit also eine Diktatur, weil in ihm eine Minderheit über die Mehrheit herrscht. Die Diktatur des Proletariats ist in Wirklichkeit eine reine Demokratie, weil in ihr die Mehrheit eine kleine Minderheit unterdrückt, und zwar eine Minderheit, die alle Rechte hat, die alle haben, aber nur nicht mehr das Recht, die Mehrheit zu unterdrücken."[63]

An dieser Stelle unterschlug Havemann, dass der von ihm kritisierte deutsche Staat gerade das Ergebnis von Emanzipationsprozessen und Kämpfen, von Konflikten und Auseinandersetzungen ist – ausgetragen nicht zuletzt durch die deutsche Arbeiterbewegung. Dass freilich die real existierenden sozialistischen Staaten, wenn man nur ihre elitäre Kaste auswechsle oder abschaffe, geschichtsphilosophisch weiter seien (bzw. 1980 weiter gewesen wären) als die bürgerlichen Rechtsstaaten, ist äußerst fraglich. Und zwar nicht wegen der historischen Ereignisse, die knapp zehn Jahre nach dem Erscheinen von Havemanns Buch stattfanden, sondern rein innertheoretisch. In *Morgen* heißt es: „Der wesentliche Unterschied im Entwicklungszustand der beiden liegt darin, dass die bürgerliche Gesellschaft am Ende ihrer Entwicklung angelangt ist und sich vor einer großen Umwälzung befindet, während der reale Sozialismus eine Gesellschaft im Verlauf einer noch im Gange befindlichen, allerdings gegenwärtig gefährlich stagnierenden Umwälzung ist. Die bürgerliche Gesellschaft ist noch kapitalistisch und kaum noch demokratisch. Der reale Sozialismus ist nicht mehr kapitalistisch, aber auch noch nicht sozialistisch und noch nicht demokratisch. Aber er ist auf dem Weg zu Sozialismus und Demokratie weiter – noch – als die bürgerliche Demokratie."[64]

1983 erschien die autobiographische Schrift *Dialog mit meinem Urenkel* von Jürgen Kuczynski[65] – einer der bekanntesten Historiker der DDR, der vor allem mit seinen Studien zur Arbeiterbewegung wissenschaftliche Popularität erlangte. Kuczynskis Schrift, verfasst zwischen 1977 und 1983, wird noch heute in der Forschung als Teil der oppositionellen

---

63 Havemann: *Morgen*, a. a. O., S. 201.
64 Havemann: *Morgen*, a. a. O., S. 218.
65 Kuczynski, Jürgen: *Dialog mit meinem Urenkel. Neunzehn Briefe und ein Tagebuch*, Berlin, Weimar, 1989.

Literatur interpretiert.⁶⁶ Berufen kann sich diese Einschätzung auf die von Kuszynski geleistete Kritik an den starren Strukturen der DDR sowie den Versuchen, Wissenschaft per Parteitagsbeschluss zu regeln, seinen Aufruf zur Entbürokratisierung oder die Kritik an der historischen Forschung, die insgesamt das Leben der Völker zu wenig berücksichtige. „Offener als jeder andere in der DDR lebende und dort gedruckte Wissenschaftler sprach Kuczynski darin (in *Dialog mit meinem Urenkel*, A. H.) eine Reihe offenkundiger Missstände der Politik, Wirtschaft und politischen Kultur der DDR an."⁶⁷

Doch über all den partiellen Kritikpunkten stehen Kuczynskis Ja zur DDR, das Ja zur Sowjetunion und die Ablehnung der bürgerlichen Demokratie. Gerade den zentralen Kritikansatz, die bürokratische Ausrichtung der DDR, hat Kuczynski relativiert. Die sozialistische Gesellschaft befinde sich „im Kampf mit dem Weltkapital und darum muss sie straff zentralisiert sein"⁶⁸. Es tobe ein „Weltklassenkampf", der einem Krieg gleiche – „im Schützengraben hört die Demokratie auf"⁶⁹.

Es führe kein Weg am Sozialismus vorbei. Selbst wenn dieser Mängel habe, stehe er doch deutlich vor seinem Gegner: Dem Kapitalismus. „Wir älteren Genossen hassten ihn damals, weil er die Werktätigen unterdrückte, ihnen Elend und Not brachte, weil er uns, die wir eine neue Gesellschaft durch seinen Sturz schaffen wollten, verfolgte und zahlreiche von uns mordete. (...) Aber wir, in unserem sozialistischen Land, hassen den Kapitalismus zusätzlich, weil er uns zum Teil erheblich hindert beim Aufbau der sozialistischen Gesellschaft."⁷⁰ Viele Probleme der sozialistischen Staaten sind Kuczynski zu Folge der Konfrontation mit dem Westen geschuldet. Hinzu trete, dass eine „junge" Gesellschaft einige der Probleme im Laufe der Zeit abstellen könne. Und der Sozialismus habe wichtige Elemente seiner theoretischen Unterfütterung umgesetzt: Abschaffung der Arbeitslosigkeit, Bruch mit dem Nationalsozialismus, das sozialistische Gemeineigentums an Produktionsmitteln. Nicht zuletzt sei auch zu bedenken, dass der sozialistische Mensch erst noch geschaffen werden müsse – durch eben jene Gesellschaft die er eigentlich hervorbringen soll: „Oft hat Lenin betont, dass wir den Sozialismus nicht mit Menschen aus

---

66 Herzberg; Seifert: *Rudolf Bahro*, a. a. O., z. B. S. 224.
67 Dieses Urteil Kesslers ist nur mit all den genannten Einschränkungen aufrecht zu erhalten. Kessler, Mario: *Jürgen Kuczynski. Ein linientreuer Dissident?*, in: *Utopie kreativ*, Nr. 171, Januar 2005, S. 45.
68 Kuczynski: *Dialog mit meinem Urenkel*, a. a. O., S. 15.
69 Kuczynski: *Dialog mit meinem Urenkel*, a. a. O., S. 16.
70 Kuczynski: *Dialog mit meinem Urenkel*, a. a. O., S. 17.

dem Glashaus, sondern mit vom Kapitalismus deformierten Menschen aufbauen müssten."[71]

Das Bekenntnis zum Sozialismus sowie zu den staatssozialistischen Staaten führte bei Kuczynski so weit, dass er auch die Verbrechen der Stalinzeit ein ganzes Stück weit rechtfertigte.[72] Dabei ging er über weite Teile der Opposition und noch über Ernst Bloch hinaus. In letzter Konsequenz zeigt Kuczynskis Buch, in welch starkem Maße sich die DDR-Oppositionellen als Teil eines sich entwickelnden sozialistischen Prozesses und des angeblichen geschichtlichen Fortschritts verstanden.[73] Waren sie doch bereit, für den weiteren Aufbau des Sozialismus persönliche Opfer zu bringen – selbst wenn diese Berufsverbot, Haft oder Ausweisung bedeuteten. Rückblickend hat sich Kuczynski für seine Kritik an der DDR entschuldigt: „Aber der Mensch hat, meine ich, auch seinen historischen Charakter. Und da habe ich, haben so viele meiner Freunde versagt. Nicht Harich und Havemann, auch wohl ich nicht 1957/58, aber auch ich, wenn man die ganze Geschichte der DDR und meine Aktivität verfolgt. In der Geschichte zählt nicht der gute Wille, nicht das ehrliche Bemühen, sondern nur der Erfolg. Und da habe ich eben völlig versagt. Es kommt doch eben darauf an, die Welt zu verändern, nicht sie durch ein gutes Beispiel ein wenig erträglicher zu machen."[74] Er hätte, so Kuczynski 1996, die DDR nicht so oft kritisieren dürfen und stärker verteidigen müssen. Das sei sein Fehler gewesen.[75]

Bei Havemann und Kuczynski führte die Ablehnung der bürgerlichen Demokratie zu einem Festhalten an der DDR. Ein Prozess, den beide auch in die andere Richtung dachten. Harich ging sogar noch einen Schritt weiter, jedoch ohne Havemanns Gleichsetzung von bürgerlicher Demokratie und Faschismus zu übernehmen. 1956 hatte Harich noch die Orientierung an den westlichen Standards der Demokratie gefordert und zahlreiche Maßnahmen zur Reform der DDR vorgeschlagen, die eine radikale Umgestaltung nach sich gezogen hätten. Der einzigartige Charakter dieses Programms wurde betont. Nach seiner

---

71 Kuczynski: *Dialog mit meinem Urenkel*, a. a. O., S. 27.
72 Kuczynski: *Dialog mit meinem Urenkel*, a. a. O., S. 78-97.
73 Seine Memoiren überschrieb Kuczynski mit dem Titel *Ein linientreuer Dissident*, Berlin, 1994. Bei Mario Kessler heißt es: „Kuczynski war ein herausragendes Beispiel des kommunistischen Intellektuellen in einer Zeit, in der sich rationale Analyse der Gesellschaft und der Wille zur Beseitigung sozialer Ungerechtigkeiten einer Glaubenslehre unterordneten." Kessler: *Jürgen Kuczynski*, a. a. O., S. 48.
74 Kuczynski, Jürgen: *Fortgesetzter Dialog mit meinem Urenkel*, Berlin, 1996, S. 81.
75 Gegenteilig argumentiert: Girnus, Wolfgang: *Jürgen Kuczynski. Kolloquium zum 100. Geburtstag*, in: *Utopie kreativ*, Nr. 172, Februar 2005, S. 166-171.

langen Haftzeit setzte Harich dann seit Ende der 60er Jahre seine früheren philosophischen und wissenschaftlichen Arbeiten (teilweise im Geheimen) wieder fort. Es entstanden zahlreiche Manuskripte, darunter auch seine Auseinandersetzung mit dem Demokratie-Konzept von Havemann, die kritisch und treffsicher zugleich die wichtigsten Punkt des Havemannschen Denkens fokussiert.[76]

Knapp zwanzig Jahre nach seiner Verhaftung veröffentlichte Harich 1975 dann sein Buch *Kommunismus ohne Wachstum*, das einen Wandel in seinem Denken markiert.[77] Als erster marxistischer Theoretiker eines Ostblockstaates formulierte er wortgewaltig die ökologische Frage, basierend auf den Schriften des amerikanischen Diskurses und der Studien des Club of Rome. Ihm folgten Havemann mit *Morgen* und Bahro mit der *Alternative* nach, wodurch von der Begründung eines eigenständigen ökologischen Diskurses in der DDR gesprochen werden kann. Dieser war fest in der Opposition verankert, da die Führung auf permanentes Wachstum und den technisch-industriellen Fortschritt setzte. (Siehe auch den Beitrag von Alexander Amberger in diesem Band.)

An Harichs Werk ist für uns von Interesse, dass er die Lösung der ökologischen Frage nur einem weltweit agierenden kommunistischen Superstaat zutraute. Er entwarf die utopische Vision eines starken Staats, der mit allen Machtmitteln ausgestattet werden und nur ein einziges Ziel erreichen soll: Die Sicherung des Überlebens der Menschheit angesichts der zu erwartenden ökologischen Katastrophe.[78] Entscheidend ist nun, dass Harich den bürgerlichen Demokratien des Westens die Fähigkeit absprach, alternative ökologische Modelle zu entwickeln und umzusetzen. Sie seien nicht die geeigneten Institutionen zur Problemlösung. Diese könne einzig der kommunistische Weltstaat mit seinen effizienten Strukturen und einem vordefinierten Allgemeinwohlbegriff erbringen. Außerdem habe er

---

76 Harich: *Über Robert Havemanns politische Konzeption*, a. a. O., S. 363-379.
77 Harich: *Kommunismus ohne Wachstum? Babeuf und der Club of Rome. Sechs Interviews mit Freimut Duve und Briefe an ihn*, Hamburg, 1975. In der Forschungsliteratur wird Harichs Ökovision wegen ihrer gezeichneten harten Strukturen oftmals ausgeblendet oder nur kurz behandelt. So etwa bei Siegfried Prokop (*Ich bin zu früh geboren*, a. a. O.) und Anne Harich (*Wenn ich das gewusst hätte*, a. a. O.). Siehe einführend: Heyer, Andreas: *Ökologie und Opposition*, a. a. O., S. 77-110. Daneben: Hofbauer, Hannes: *Der ökologische Harich*, in: Prokop, Siegfried (Hrsg.): *Ein Streiter für Deutschland. Das Wolfgang-Harich-Gedenk-Kolloquium am 21. März 1996 im Ribbeck-Haus zu Berlin*, Berlin, 1996, S. 42-52.
78 Freimut Duve spricht von „Endzeitutopie", vgl.: Duve: *Zur Einführung*, in: Harich: *Kommunismus ohne Wachstum*, a. a. O., S. 9. Zur Einordnung von Harichs Buch in den utopischen Diskurs äußern sich Heyer und Amberger ausführlich in ihren bereits erwähnten Monographien.

einen weiteren entscheidenden Vorteil: Er sei die wirksamste Methode, einen Ökofaschismus zu verhindern.

1979 sagte Harich dann in einem Vortrag: „Die Frage ist, ob das ein demokratischer oder ein despotischer Staat sein wird (der die Ökokrise zu lösen im Stande ist). Das hängt davon ab, wie schnell und gründlich man den neuen Weg geht. Je schneller, desto mehr Freiheiten werden übrigbleiben. Je länger Verschwendung und Umweltzerstörung weitergehen, umso härtere Maßnahmen wird es brauchen. Zu welchen Gunsten werden diese Maßnahmen sein? Werden sie menschenwürdiges Leben der breiten Masse garantieren – dann zu ungunsten der Reichen. Damit aber wird die Gefahr eines Öko-Faschismus deutlich. Das ist die Wahl, vor der wir stehen: Öko-Faschismus oder ein homöostatischer, wachstumsloser Kommunismus mit staatlicher Autorität. Angesichts dieser Wahl muss ein Liberaler zum Pessimismus neigen. Ich bin kein Liberaler."[79] In den folgenden Jahren hat Harich sein Ökomodell überarbeitet und es überaus deutlich liberalisiert bzw. individualisiert. Er integrierte den Topos des Staatsbürgers in das Konzept, ließ also direktdemokratische Korrekturmaßnahmen zu. Und er nahm die Individuen stärker in die Pflicht.[80] Seine Skepsis gegenüber der bürgerlichen Demokratie blieb an diesem Punkt jedoch erhalten. Reaktualisiert wurde Harichs ursprüngliches Konzept von Rudolf Bahro, der 1989 die *Logik der Rettung* publizierte.[81] Ein Werk, das ebenfalls auf neue kommunistische Strukturen baute, um die bürgerliche Demokratie dem Anspruch nach historisch zu überwinden und die ökologischen Probleme zu lösen. Nicht zuletzt, so Bahro, da die bürgerliche Demokratie für die ökologische Frage, die soziale Frage und die Frauenfrage grundlegend verantwortlich sei, diese aber nicht zu lösen vermöge.

e) Für eine neue Ideengeschichte des Marxismus

Die Oppositionellen der DDR standen fest auf dem Boden des Marxismus. Das zeigt die Ablehnung der bürgerlichen Demokratie ebenso wie die Positivierung des häufig erwähnten

---

79 Harich: *Kommunismus heute*, neu abgedr. in: Harich: *Ökologie, Frieden, Wachstumskritik*, a. a. O. S. 181.
80 Zuletzt in: Harich: *Nietzsche und seine Brüder. Eine Streitschrift in sieben Dialogen. Zu dem Symposium Bruder Nietzsche? der Marx-Engels-Stiftung in Wuppertal*, Berlin u. a., 1994.
81 Bahro: *Logik der Rettung. Wer kann die Apokalypse aufhalten? Ein Versuch über die Grundlagen ökologischer Politik*, Berlin, 1990. Bahro konterkarierte mit diesem Werk seine *Alternative*. Jutta Ditfurth sprach von Bahros Suche nach dem „grünen Adolf". Ditfurth: *Feuer in die Herzen. Plädoyer für eine linke ökologische Opposition*, erw. und aktual. Neuaufl., Düsseldorf, 1994. Ausgewogenere Einordnung und Interpretation bei: Herzberg; Seifert: *Rudolf Bahro*, a. a. O.

Prager Frühlings durch einzelne Theoretiker (vor allem Havemann, Biermann, verschiedene Künstler). In der Tschechoslowakei ging es ja nicht um die Abschaffung des Sozialismus, sondern um seine Reformierung, d. h. seine Zukunftsfähigkeit. Um trotz der marxistischen Orientierung die DDR kritisieren zu können, mussten die DDR-Oppositionellen neue und andere Quellen des Marxismus erschließen. Der Blick in die Geschichte brachte dann entweder den Rückgriff auf den „puren" Marx, der gegen die Realität der DDR gesetzt wurde, ja, den Rückgriff auf den originären Hegel[82], oder den Versuch der Konstruktion einer neuen Ideengeschichte des Sozialismus.

Harich hatte schon 1956 nicht nur die „schöpferische Weiterentwicklung des Marxismus-Leninismus"[83] gefordert, sondern außerdem Theoretiker benannt, die in der DDR gelesen werden müssten: „Sorgfältiges Studium und kritische Aneignung des teilweise wertvollen Gedankenerbes, das sich in den Werken bedeutender deutscher und ausländischer Marxisten findet, die entweder keine Leninisten gewesen sind oder zu Stalin in Gegensatz gestanden haben und daher bisher in unserer Partei nicht genügend gewürdigt bzw. in überspitzter, einseitiger Weise verfemt worden sind (z. B. Kautsky, Mehring, R. Luxemburg, H. Großmann, Korsch, F. Sternberg, der frühe Lukács, Lafargue, Labriola, Gramsci, Trotzki, Bucharin, Deborin)."[84] Natürlich war diese Forderung gegen die DDR-Realität gerichtet (in den 50er ebenso wie in den 70er Jahren), die mit Hilfe von Zensur, Druckgenehmigungen, Papierkontingenten und einer Kontrolle der Verlage die Produktion der Bücher von „oben" steuerte. Für den wissenschaftlichen Diskurs muss aber festgestellt werden, dass teilweise gegen erhebliche Widerstände Publikationen durchgesetzt werden konnten. Allerdings, und das ist sicherlich ein absurder Punkt, war es leichter, Thomas Hobbes oder Edmund Burke zu drucken als die Schriften des Eurokommunismus oder die Werke von Georg Lukács.

---

82 Gerade für Georg Lukács und Harich lässt sich dies ausmachen. Siehe: Lukács, Georg: *Der junge Hegel und die Probleme der kapitalistischen Gesellschaft*, Berlin, 1954. Außerdem mit allen Beiträgen Harichs zu und über Lukács: Heyer: *Wolfgang Harich sprach über Georg Lukács*, Berlin, 2014.
83 Harich: *Plattform für einen besonderen deutschen Weg zum Sozialismus*, a. a. O., S. 125.
84 Harich: *Plattform für einen besonderen deutschen Weg zum Sozialismus*, a. a. O., S. 125f. Weiter heißt es: „Sorgfältiges Studium und sachliche kritische Auseinandersetzung mit den Werken bedeutender sozialdemokratischer Historiker und Theoretiker der letzten 30 Jahre, die im einzelnen wertvolle Hinweise für ein tieferes marxistisches Verständnis der Stalinschen Periode enthalten. Sachliche kritische Prüfung der alten utopistischen Projekte und anarcho-syndikalistischen Theorien im Hinblick auf das neue Problem der unmittelbaren Leitung sozialistischer Betriebe durch Arbeiterräte (…)." S. 126.

Immer wieder wird in den oppositionellen Schriften Rosa Luxemburg genannt. Ihr Werk genoss einen hohen Stellenwert. Glaubte man doch, Hinweise zur Demokratisierung des Sozialismus zu finden und die Aufwertung des genossenschaftlichen Prinzips ebenso wie die Visionen einer Rätedemokratie mit ihren Ausführungen theoretisch absichern zu können. Und man bezog sich natürlich auf Luxemburgs Freiheitsbegriff, der auch für sozialistische Gesellschaften Diskussionen und Kontroversen forderte. Die soeben benannten Modelle sozialistischer Demokratie wurden der bürgerlichen und parlamentarischen Demokratie antagonistisch gegenübergesetzt, da sie in der Lage seien, das Entfremdungsproblem zu lösen. Die Aufwertung der Räteidee lässt sich in Ansätzen bei Wolfgang Harich nachweisen. Zwar unterzog er 1971 in *Zur Kritik der revolutionären Ungeduld* den Anarchismus einer polemischen und bissigen Kritik. Doch die Räte nahm er ein Stück weit davon aus. Zwar könnten sie in politischer Hinsicht nicht auf Dauer gestellt werden, seien in bestimmten historischen Situationen jedoch ein geeignetes Instrument: „Räte haben den großen Vorteil, potentiell das den Massen naheliegendste, für sie praktikabelste Instrument zur Zerschlagung des bürgerlichen Staates von unten bis oben zu sein (...). Räte haben aber auch den Nachteil, als Produkte eines spontan aufbrechenden revolutionären Massenenthusiasmus ihrer Natur nach labil zu sein und daher leicht zum Spielball revolutionsfeindlicher Taktiker des reformistischen Apparats werden zu können, mit der Endkonsequenz ihrer 'freiwilligen' Selbstauflösung – beispielsweise zu Gunsten einer Weimarer Nationalversammlung, wie gehabt."[85]

Weitaus deutlicher hat Bahro die Räteidee positiviert. Aber auch bei ihm findet sich der Hinweis, dass für die politische Dauer zusätzliche und flankierende Maßnahmen zu ergreifen sind. Demokratie sei nur abseits der bürgerlichen Gesellschaft, also im Sozialismus möglich. Dessen eigentliche Funktion sah er dann darin, dass Diskussion, Meinungsfreiheit und ähnliches gewährleistet werden und den Entscheidungsprozess unterstützen. Und dennoch: „Die Interessengruppen, die es objektiv in einer differenzierten Gesellschaft gibt, werden ihre formell gewählten und nicht zuletzt auch ihre informell berufenen Sprecher haben. Der Mechanismus der Abstimmung zwischen den verschiedenen Interessen, der nur in Ausnahmefällen plebiszitär sein wird, ist dem Erbe der politischen Demokratie, das aus den großen bürgerlichen Revolutionen stammt, vorgebildet. (...) Entscheidend ist, dass die Demokratie jenseits des Kapitalismus ihres formellen und abstrakten Charakters, ihres bürgerlichen Klasseninhalts entkleidet ist und dass die

---

85 Harich, Wolfgang: *Zur Kritik der revolutionären Ungeduld. Eine Abrechnung mit dem alten und dem neuen Anarchismus*, zuerst 1971, neu, Marburg, 2014, S. 202

individuelle Teilnahme an der allgemeinen Willensbildung durch eine geeignete Organisation der Massenkommunikation etwas von der Direktheit wiedergewinnen kann, die sie in einfachen, überschaubaren Gemeinschaften hatte."[86]

Die zukünftige sozialistische Gesellschaft, die sich in Differenz zu den bürgerlichen Staaten ebenso befindet wie zum bürokratischen Staatssozialismus, ist keine homogene, sondern eine heterogene Gesellschaft. Prozesse der Meinungsbildung und der Interessendivergenzen sind also innerhalb des Ansatzes von Bahro präsent und prägen das gesellschaftlich-kulturelle Leben. „All das mündet in die Überlegung, dass nach den Erfahrungen des 20. Jahrhunderts selbst der wohlverstandene Begriff der Aufhebung des kapitalistischen Privateigentums noch zu eng ist, nicht mehr ausreicht, in bestimmter Hinsicht sogar fehlgeht, wenn es gilt, den Kommunismus als Zukunft der Menschheit vorzustellen. Am nächsten kommt den heutigen Erfordernissen in dieser Hinsicht die Zielprojektion des jungen Marx mit ihrer auf die Verarbeitung der rousseauistischen Tradition zurückgehenden Orientierung auf die Aufhebung des Privateigentums als Versöhnung von Kultur und Natur, die später sicherlich an die Peripherie des Marxschen Denkens rückte."[87]

Havemann hat ausgeführt, dass die dogmatischen Verhärtungen des Marxismus nicht nur eine Entfernung von Marx und Engels anzeigen. Außerdem spielten sie den politischen ideologischen Gegnern Argumente zu. Polemisch schrieb er: „Der Marxismus, der behördlich verordnet und von Jahr zu Jahr auf den neuesten Stand gebracht wird, wobei nicht nur die 'größten Marxisten, die die Ideen von Marx, Engels und Lenin weiterentwickelt' haben, wie der unvergessliche Josef Wissarionowitsch Stalin oder wie auch unser weniger großer Walter Ulbricht, sich fast über Nacht aus Sternen von der Leuchtkraft einer Supernova in erkaltete Zwergsterne verwandelt sehen, dieser Marxismus wird nur von denen, die ihn anbeten und – noch mehr – von den Gegnern des Marxismus als veritabler Marxismus im Sinne der Ideen und Erkenntnisse von Karl Marx und Friedrich Engels verstanden."[88] Die philosophische Unterfütterung der sozialistischen Idee und des gesellschaftlichen Lebens könne nicht diktiert oder von oben verordnet werden. Es handle

---

86 Bahro: *Die Alternative*, a. a. O., S. 359f.
87 Bahro: *Die Alternative*, a. a. O., S. 317. Zur Rousseau-Rezeption in der DDR siehe: Heyer: *Ein Schmuddelkind der DDR-Philosophie. Die Rezeption Jean-Jacques Rousseaus in der DDR*, Berlin, 2012. Bach, Reinhard: *Rousseau – réception et actualité*, in: *Rousseau et l'Allemagne. Actes du Colloque international de l'Université de Greifswald, 23-25. avril 2009*. Édites par Reinhard Bach et Tanguy L'Aminot avec la collaboration de Catherine Labro, Montmorency, 2010, S. 11-23.
88 Havemann, Robert: *De omnibus dubitandum est*, in: Ders.: *Texte*, a. a. O., S. 255f.

sich vielmehr um einen schöpferischen Prozess, der in intellektueller Freiheit stattfinden müsse. Havemann befindet sich mit seinen Anmerkungen in der Nähe zu den Ausführungen Helmut Seidels. Der Marxismus ist für beide kein universell gültiges System. Erst durch Diskussionen, Überprüfungen, in der kritischen Durchleuchtung sowie mittels Aktualisierungen und Modifizierung werde er ein offenes und damit zukunftsfähiges System. „Selbstverständlich gehören auch alle Theorien und Ideen, die von Marx stammen, zu dem, woran nicht nur gezweifelt werden darf, sondern woran immer gezweifelt werden soll, wenn der Marxismus lebendig bleiben und zur allgemein anerkannten Grundlage der Wissenschaft von der menschlichen Gesellschaft werden soll. Und dass er das werden wird, und zwar gerade dank dem Wirken seiner Revisionisten, davon bin ich fest überzeugt. In diesem Sinne als Marxist zu gelten, bin ich bereit."[89]

Am radikalsten sprengte sicherlich Harich die Dogmen der bisherigen marxistischen Ideengeschichte auf. So kann er als einer der besten marxistischen Kenner der modernen westlichen Schriften zur Ökologie und zum Feminismus gelten. Daneben stand gleichberechtigt seine Analyse der bürgerlichen Philosophie und Literaturtheorie, die sich auch in verschiedenen Editionen niederschlug. Das setzt ihn von Bahro, Havemann, Fritz Behrens und anderen ab, die ihre Gedanken vor allem aus der Kritik am real existierenden Sozialismus gewannen und der Realität des Staatssozialismus andere innersozialistische Konzeptionen konfrontierten. Harich suchte nicht nur die Auseinandersetzung mit Herbert Marcuse und, in *Zur Kritik der revolutionären Ungeduld*, mit der intellektuellen Potenz (bzw. laut Harich: Impotenz) der 68er-Bewegung. Darüber hinaus ging es ihm um die analytische Aneignung der Theoretiker und Praktiker der Französischen Revolution sowie ihrer Vorgänger – für die Marx und Engels von einigen Ausnahmen abgesehen ja kaum ein positives Wort fanden. Harich hat, das ist einer der wesentlichen Punkte von *Kommunismus ohne Wachstum? Babeuf und der Club of Rome*, den fundamentalen Unterschied zwischen Gracchus Babeuf und den anderen Theoretikern der Französischen Revolution benannt: „Es scheint, dass damals die reinen Republikaner, die Erben Robespierres, Saint-Justs und Marats, überwiegend in den kommunistischen Parolen bloß ein Mittel sahen, die Not leidenden Massen für sich zu gewinnen, während umgekehrt Babeuf und seine Getreuen die Rückkehr zur demokratischen Verfassung von 1793 lediglich als machtpolitischen Ausgangspunkt für die schrittweise Umgestaltung der Eigentumsverhältnisse, mit dem Kommunismus als Endziel, anstrebten."[90]

---

[89] Havemann: *De omnibus dubitandum est*, a. a. O., S. 257.
[90] Harich: *Kommunismus ohne Wachstum*, a. a. O., S. 183.

Was Harich an dieser Stelle betonte, ist die von ihm geortete Verbindung von Machtübernahme und revolutionärer Strategie. Doch während sich ein solches Konzept zum Beispiel für die Austromarxisten (vor allem Max Adler) tatsächlich feststellen lässt, ist Harichs Babeuf-Interpretation an dieser Stelle verfehlt. Denn Babeuf ging gerade nicht von einem Prozess der sukzessiven Umgestaltung der bestehenden Gesellschaft aus, sondern trachtete vielmehr danach, diese in einer Stunde Null zu revolutionieren und gleichsam auf einer tabula rasa die neue Gesellschaft zu errichten. Das ist ja der Kern seiner Strategie: Eine kleine Minderheit exekutiert vorauseilend den Willen der Natur, der eben keine Zeit mehr hat, sondern entweder sofort oder gar nicht kommt.[91] Harichs Interpretation zielt also auf etwas anderes: Den Versuch der Begründung einer sozialistisch-kommunistischen Tradition. Babeuf sei um 1800 der eigentliche Gegner des Kapitalismus gewesen, während die Utopischen Frühsozialisten nur dessen Krisensymptome verarbeiteten. Oder anders: Bei Babeuf zeige sich (ähnlich wie etwa bei Thomas Müntzer[92]) das von „unten" kommende revolutionäre Potential der Entrechteten.

Der Rekurs auf Babeuf verfolgt einen zentralen Zweck: Gegen die gängige ideengeschichtliche Absicherung versuchte Harich, den revolutionär-kommunistischen Zusammenhang zu stärken. Auch wenn Babeuf theoretisch „primitiv" gewesen sei, so habe er doch die positiven Aspekte der Theorie Rousseaus radikalisiert.[93] Harich ging es um einen Aspekt, der so kaum Beachtung fand: Die bisherige Traditionslinie des Marxismus sei eher intellektuell, während mit Babeuf ein „Mann der Tat" benannt werden könnte. Hier, in dem tatsächlichen Vorstoß zum Kommunismus, den Babeuf mit seinem Leben bezahlte, sei sein Verdienst zu suchen. „Dennoch bleibt festzuhalten, dass gleichwohl Babeuf und seine Partei in dem wichtigsten, entscheidenden Punkt ihrem Abgott Rousseau überlegen waren: Sie kannten, als Wortführer der Arbeiterklasse, seine kleinbürgerlichen Rücksichten auf das Privateigentum nicht mehr; sie verlangten, ohne Wenn und Aber, mit aller nur

---

91 Siehe: Heyer: *Die Last der Verschwörung. Gracchus Babeufs Theorie der Freiheit und Gleichheit*, in: *Utopie kreativ*, Januar, 2007, S. 5-19.
92 Gewisse Parallelen zu Harich finden sich in Karl Kautskys *Thomas More und seine Utopie*, 3. Aufl., Berlin, 1947. Kautsky interpretierte er gleich Harich Müntzer als aktiven und „von unten" handelnden Revolutionär, dessen Wirken er gegen die angeblich rein intellektuellen und „von oben" kommenden theoretischen Überlegungen Thomas Morus' abgrenzte. Kautsky löste seinerzeit eine gewisse Debatte aus. Die Gegenthesen zu seiner Interpretation publizierten dann Hans Freyer (*Die politische Insel. Eine Geschichte der Utopien von Platon bis zur Gegenwart*, Leipzig, 1936.) und Gerhard Ritter (*Machtstaat und Utopie. Vom Streit um die Dämonie der Macht seit Machiavelli und Morus*, 2. Aufl., München, Berlin, 1941.).
93 Harich: *Kommunismus ohne Wachstum*, a. a. O., z. B. S. 198.

wünschenswerten Deutlichkeit, es abzuschaffen, worin sie auch Rousseaus bis dahin bedeutendsten politischen Testamentsvollstrecker übertrafen: Robespierre. Sie waren Kommunisten."[94]

Nachzutragen ist, dass auch die DDR-Führung versuchte, eine neue ideengeschichtliche Tradition zu generieren. In den 80er Jahren dynamisierte sich die offizielle Debatte um das so genannte Kulturerbe der DDR. Dabei kam es vor allem zu einer Öffnung gegenüber der preußischen Geschichte,[95] die allerdings nach wie vor kritisch durchleuchtet wurde. Denkmäler wurden restauriert, Ingrid Mittenzweis wegweisende Studie *Friedrich II. von Preußen* erschien 1980.[96] Weitere Eckpunkte, die den Wandel markieren, sind zum Beispiel der erste Band der *Bismarck-Biographie* von Ernst Engelberg[97], der 1985 gleichzeitig in Ost und West erschien, oder die Publikation der Werke des lange Zeit verfemten Karl May im Verlag Neues Leben. Rückblickend lässt sich sagen, dass die DDR äußerst geschickt vorging. Indem sie politische, kulturelle und gesellschaftliche Felder wie etwa Preußen zur Diskussion und Erforschung freigab, konnte sie sich gegen Zensurvorwürfe wehren. Gleichzeitig war es möglich, die kritischen marxistisch argumentierenden Autoren noch stärker zu unterdrücken.

Die Umorientierungen zogen am Ende der DDR eine noch heute bekannte Debatte nach sich: Den Streit um Friedrich Nietzsche. Dieser wurde in der DDR seit Mitte der 70er Jahre nicht mehr ausschließlich kritisch gesehen, wie noch in den 50er Jahren bei Johannes R. Becher, Georg Lukács u. a.,[98] sondern teilweise sogar gedruckt. Als Harich in der Berliner Brecht-Buchhandlung ein Exemplar des *Ecce homo* (gedruckt 1985 in der DDR)[99] sah, erstattete er Anzeige bei der Polizei wegen Verbreitung staatsfeindlicher Schriften.[100] 1986

---

94 Harich: *Kommunismus ohne Wachstum*, a. a. O., S. 191.
95 Auch in den Medien der DDR änderte sich die Darstellung der preußischen Geschichte. Erinnert sei hier nur an die mehrteilige Fernsehproduktion *Sachsens Glanz und Preußens Gloria*. Die Thematik durchleuchtet in ersten Ansätzen: Bundeszentrale für politische Bildung (Hrsg.): *Der Wandel des Preußenbildes in den DDR-Medien*, 2. erw. Aufl., Bonn, 1997.
96 Mittenzwei, Ingrid: *Friedrich II. von Preußen*, Berlin, 1980. An der Akademie der Wissenschaften hatte sie 1976 ihre Promotion B zum Thema *Bürgertum und Staat in Preußen nach dem Siebenjährigen Kriege. Auseinandersetzungen um die Wirtschaftspolitik* vorgelegt.
97 Engelberg, Ernst: *Bismarck. Urpreuße und Reichsgründer*, Berlin, 1985.
98 Gute Hinweise hierzu liefert: Mittenzwei: *Die Intellektuellen*, a. a. O.
99 Nietzsche, Friedrich: *Ecce homo. I: Faksimile der Handschrift. II: Die Transkription. III: Kommentar,* hrsg. von Karl-Heinz Hahn, Leipzig: Edition Leipzig, 1985.
100 Prokop: *Ich bin zu früh geboren*, a. a. O., S. 157f. Caroline de Luis: *Erinnerungen an Wolfgang Harich*, in: Prokop: *Ein Streiter für Deutschland*, a. a. O., S. 160.

erschien im fünften Heft der Zeitschrift *Sinn und Form* dann der Artikel *Revision des Marxistischen Nietzsche-Bildes?* von Heinz Pepperle[101], den Harich ein Jahr später in derselben Zeitschrift (*Revision des Marxistischen Nietzsche-Bildes?*[102]) hart und polemisch kritisierte. Er warf Pepperle vor, Nietzsche aufzuwerten, d. h. wieder salonfähig zu machen. Harichs Aufsatz endete mit dem Satz „Ins Nichts mit ihm."[103] Nicht nur „offizielle" Vertreter der DDR kritisierten seine Polemik, auch zahlreiche Oppositionelle der DDR gingen öffentlich auf Distanz zu Harich, den sie als dogmatischen Verteidiger der marxistischen Zensur interpretierten, während für sie die Beschäftigung mit Nietzsche ein kleiner Baustein der kulturellen Öffnung der DDR war. Das erste Heft der *Sinn und Form* von 1988 druckte verschiedene Stellungnahmen ab, unter anderem von Stephan Hermlin, Rudolf Schottlaender und Manfred Buhr.[104]

Es war etwas entstanden, was als absurde Konstellation bezeichnet werden kann. Stephan Hermlin und andere Schriftsteller und Philosophen argumentierten zusammen mit dem Hofphilosophen der DDR, Manfred Buhr, und zum Beispiel Hermann Kant[105] gegen Harich, der für sein demokratisches Engagement lange Jahre im Zuchthaus gesessen hatte, und meinten, auf diese Weise die intellektuelle Freiheit der DDR zu verteidigen. Nun also Nietzsche statt Lukács – diese Konstellation hatte Harich auf die Barrikade getrieben. Doch die handelnden Personen hatten sich verändert, die Gründungskonsense der DDR, die Lukács maßgeblich mit formuliert hatte, waren außer Kraft. Wichtige Bezugspunkte wie ein strikter Antifaschismus waren auch in den Intellektuellen-Kreisen durch Konsumwünsche

---

101 Pepperle, Heinz: *Revision des marxistischen Nietzsche-Bildes?*, in: *Sinn und Form*, Heft 5, September und Oktober 1986, S. 934-969. Außerdem: Pepperle: *Wer zuviel beweist, beweist nichts*, in: *Sinn und Form*, Heft 1, Januar und Februar 1988, S. 210-219.
102 Harich, Wolfgang: *Revision des marxistischen Nietzsche-Bildes?*, in: *Sinn und Form*, Heft 5, September und Oktober 1987, S. 1018-1053.
103 Harich: *Revision des marxistischen Nietzsche-Bildes?*, a. a. O., S. 1053. Zuvor hieß es: „Unkundige und Halbkundige gewinnen leicht den Eindruck: Nun ja, was dem Alten Fritz die Frau Mittenzwei war, das ist halt jetzt dem Nietzsche der Pepperle, und damit dürfte die Zeit herangereift sein, auch diesenfalls, selbstredend mit der gebührenden Reserve – der ja aber Genüge getan worden ist – die Wiedererrichtung eines Denkmals in Angriff zu nehmen." S. 1053.
104 Die einzelnen Artikel: *Sinn und Form*, Heft 1, Januar und Februar 1988. Stephan Hermlin: *Von älteren Tönen*, S. 179-183. Rudolf Schottlaender: *Richtiges und Wichtiges*, S. 183-186. Thomas Böhme: *Das Erbe verfügbar besitzen*, S. 186-189. Klaus Kändler: *Nun ist dieses Erbe zu Ende!?*, S. 189-192. Gerd Irrlitz: *Ich brauche nicht viel Phantasie*, S. 192-194. Hans-Georg Eckardt: *Im Schnellgang überwinden?*, S. 195-198. Stefan Richter: *Spektakulär und belastet*, S. 198-200. Manfred Buhr: *Es geht um das Phänomen Nietzsche!*, S. 200-210.
105 Kant hatte Harich ja mit Pol Pot verglichen. Kant, Hermann: *Rede, in: X. Schriftstellerkongress der DDR. 24.-26. November 1987. Plenum*, Berlin, Weimar, 1988, S. 21-52.

u. a. ersetzt worden. Harich hat die Vorgänge auf die ihm eigene Weise kommentiert: „Die für Nietzsche werbende Intellektuellen-Mafia in der DDR ist bislang stärker, als ich es bin, und Opportunisten in der politischen Bürokratie gewähren ihr Rückendeckung, während sie gleichzeitig – siehe das Verbot des *Sputnik* – alles in ihrer Macht Stehende tun, jede kritische Auseinandersetzung mit dem verhängnisvollen Einfluss, den einst Stalin auf die deutsche Arbeiterbewegung ausgeübt hat, zu blockieren."[106]

f) Die Runden Tische der Wendezeit

Seit Anfang bis Mitte der 80er Jahre machte, dies verdeutlichte sich bereits, eine neue Schicht der Oppositionellen auf sich aufmerksam.[107] Mit dem SED-Regime verknüpft wirkten sie als Ärzte, Tierärzte, Theologen oder Ingenieure für den Staat, freilich darauf bedacht, eine gewisse Distanz zu wahren. Große Kritik leistete sie nicht, es waren eher private Zirkel, etwas, das man vielleicht als „Unbehagen an der Macht" bezeichnen kann. Tiefgreifende schriftliche Analysen legte sie nicht vor, auch sonst lassen sich nur schwer gedruckte Dokumente eruieren. Dafür gab es z. B. eine breite Flugblattliteratur. Die politische Kritik hatte sich, dafür steht diese neue Schicht, in den Bereich der Literatur und Kunst verlagert. Von einer echten politisch wirksamen Opposition kann nicht gesprochen werden, zumindest hält sie den Vergleich mit der Gruppe Harich oder den theoretischen Modellen von Bahro, Havemann sowie dem *Spiegel-Manifest* nicht stand. Rolf Henrich versuchte 1989 mit *Der vormundschaftliche Staat* diese Lücke zu füllen, erreichte jedoch auch nicht die theoretische Schärfe der oppositionellen Schriften der 50er bis 70er Jahre.[108] Die deutlichste Kontinuität zeigt noch das Neue Forum – Gründungsort war das Wohnhaus von Robert Havemann, seine Witwe gehörte zu den Gründungsmitgliedern.

---

106 Harich, Wolfgang: *Nietzsche und seine Brüder. Eine Streitschrift in sieben Dialogen. Zu dem Symposium Bruder Nietzsche der Marx-Engels-Stiftung Wuppertal*, Schwedt, 1994, S. 91.
107 Ehrhart Neubert hat dieser Zeitspanne den breitesten Platz in seiner Monographie eingeräumt. Ab 1984 setzt er sogar eine Formierung der Opposition als Demokratiebewegung an (S. 499-644), was allerdings nicht zutreffend ist. Neubert: *Geschichte der Opposition in der DDR*, a. a. O. Organisiert war die neue Opposition oftmals in der Nähe der Kirche, teilweise sogar in personeller und programmatischer Überlappung mit dieser. Hierzu: Besier, Gerhard: *Der SED-Staat und die Kirche, 1969-1990. Die Vision vom Dritten Weg*, Berlin und Frankfurt am Main, 1995. Besier: *Der SED-Staat und die Kirche. Höhenflug und Absturz*, Berlin und Frankfurt am Main, 1995.
108 Henrich, Rolf: *Der vormundschaftliche Staat. Mit einem Gespräch zwischen Kurt Masur und Rolf Henrich*, Leipzig und Weimar, 1990.

In diesem Kontext ist auch die ab September 1989 sich formierende Opposition zu betrachten. Vereinigungen wie das „Neue Forum" oder „Demokratie Jetzt" strebten weder die Wiedervereinigung an noch setzten sie auf westliche Werte. Mit Blick auf die Bundesrepublik wurde eine Einheit von Kapitalismus, Armut, fehlender Sozialpolitik und gesellschaftlichen Verirrungen sowie parlamentarischer Demokratie ausgemacht, die aus Sicht der neuen Oppositionellen nicht als Vorbild fungieren konnte. Daher wurde immer von „unserem Land", „unserem Sozialismus" gesprochen, die „Errungenschaften der DDR" dürften nicht aufgegeben werden. Es ging ganz zentral um eine Reformierung der DDR, einen neuen Sozialismus. Das „Neue Forum" gab in seinem *Gründungsappell* die Generierung eines Dialoges als Hauptziel an. Eine „politische Plattform für die ganze DDR" sollte geschaffen werden, „in aller Öffentlichkeit" und „gemeinsam". Da die „Kommunikation zwischen Staat und Gesellschaft offensichtlich gestört" sei, „bedarf es eines demokratischen Dialogs über die Aufgaben des Rechtsstaates, der Wirtschaft und der Kultur".[109] Weitaus stärker der DDR verhaftet ist z. B. der Gründungsaufruf des Bündnisses „Demokratie Jetzt". Der bürokratische Sozialismus sei gescheitert: „Trotz seiner unbestreitbaren Leistungen für soziale Sicherheit und Gerechtigkeit ist es heute offenkundig, dass die Ära des Staatssozialismus zu Ende geht."[110]

Wenn die Initiatoren angesichts dieser Feststellung die „demokratische Umgestaltung" der DDR fordern, dann nicht, um den Sozialismus abzuschaffen, sondern um ihn zu retten: „Was die sozialistische Arbeiterbewegung an sozialer Gerechtigkeit und solidarischer Gesellschaftlichkeit angestrebt hat, steht auf dem Spiel. Der Sozialismus muss nun seine eigentliche, demokratische Gestalt finden, wenn er nicht geschichtlich verloren gehen soll. Er darf nicht verloren gehen, weil die bedrohte Menschheit auf der Suche nach überlebensfähigen Formen menschlichen Zusammenlebens Alternativen zur westlichen Konsumgesellschaft braucht, deren Wohlstand die übrige Welt bezahlen muss."[111] Wenn die Bürgerbewegung Demokratisierung forderte, dann meinte sie damit die sozialistische Demokratie. Das zeigt auch Christa Wolfs bekannte *Rede auf dem Alexanderplatz* vom 4. November 1989.[112] Die neu gegründete SPD war einer der wenigen oppositionellen

---

109 Alle Zitate nach: *Gründungsappell des Neuen Forums vom 9. September 1989*, in: *Die Deutsche Vereinigung. Dokumente zu Bürgerbewegung, Annäherung und Beitritt*, hrsg. von Volker Gransow und Konrad H. Jarausch, Köln, 1991, S. 60f.
110 *Aufruf zur Einmischung in eigener Sache vom 12. September 1989. Bürgerbewegung Demokratie Jetzt*, in: *Die Deutsche Vereinigung*, a. a. O., S. 67.
111 *Aufruf zur Einmischung in eigener Sache vom 12. September 1989*, a. a. O., S. 67.
112 Christa Wolf: *Sprache der Wende. Rede auf dem Alexanderplatz*, in: Dies.: *Auf dem Weg nach*

Akteure, der von Anfang an eine „klare Trennung von Staat und Gesellschaft" und die Einführung der „parlamentarischen Demokratie und des Parteienpluralismus"' forderte. Dabei hoffte sie auf „ein Bündnis von Christen und kritischen Marxisten", um so an der Idee der „solidarischen Gesellschaft" festzuhalten, die etwa das „strikte Monopolverbot zur Verhinderung undemokratischer Konzentration von ökonomischer Macht" inkludierte.[113] Auch hier wirkte das – eben doch vorhandene – sozialistische Erbe der DDR nach.

Es ließe sich ein Panoptikum erstellen, das jene Elemente abbildet, die von weiten Teilen der Bürgerbewegung als nicht hintergehbares Erbe der DDR bzw. des Sozialismus verstanden wurden. Gerade mit Blick auf die Erhaltung einer eigenständigen DDR und in Abgrenzung zur Bundesrepublik. Die Bandbreite reicht von „Werten" wie Solidarität und sozialer Gerechtigkeit über die Anerkennung der deutschen Grenzen sowie die These der Sicherung des Friedens bis hin zur Ablehnung des Kapitalismus und die nachwirkende geschichtsphilosophische Behauptung der Überlegenheit des Sozialismus, der den Kapitalismus überwunden habe und solcherart geschichtlichen Fortschritt darstelle. An einzelnen Stellen berührten sich die Denkansätze der Bürgerbewegung mit der offiziellen Politik der DDR im Herbst und Winter 1989. Der Staatsratsvorsitzende Egon Krenz erklärte als Nachfolger Honeckers in seiner Regierungserklärung vom 24. Oktober: „Die Erneuerung unserer Gesellschaft, die wir erstreben, braucht das feste sozialistische Fundament, das wir gemeinsam gelegt haben. Darin sind wir uns alle einig – wir alle im demokratischen Bündnis. Erneuerung braucht die Solidarität und die Identität, die im Geschichtlichen wurzeln, ohne dass wir über Fehler und deformierte Einseitigkeiten hinweggehen, die den Bau unserer neuen Ordnung in vergangenen Jahrzehnten auch begleitet haben."[114] Und Krenz' Nachfolger Hans Modrow schrieb in seinen (sehr kritisch zu durchleuchtenden) Memoiren über die ersten offiziellen Gespräche mit der Opposition in Dresden im Oktober: „Die meisten, die damals in der 'Gruppe der 20' dabei waren, wollten Mittler zwischen Staat, SED-Institutionen und der Bevölkerung Dresdens sein – um mit dafür Sorge zu tragen, dass es zu deutlich erkennbaren Veränderungen an der Basis der sozialistischen Gesellschaft kommen konnte."[115] Erst zum Ende des Jahres 1989 vertieften

---

Tabou. Texte, 1990-1994, Köln, 1994, S. 11-13.
113 Alle Zitate nach: *Aufruf zur Gründung einer Sozialdemokratischen Partei in der DDR vom 12. September 1989*, in: *Die Deutsche Vereinigung*, a. a. O., S. 66.
114 *Regierungsprogramm von Egon Krenz am 24. Oktober 1989*, in: *Die Deutsche Vereinigung*, a. a. O., S. 83.
115 Modrow, Hans: *Ich wollte ein neues Deutschland*, mit Hans-Dieter Schütt, 2. Aufl., Berlin, 1998, S. 281.

sich die trennenden Gräben zwischen SED und Opposition, geschuldet zahlreichen Entdeckungen über das MfS und den sich radikalisierenden Forderungen der Bevölkerung. Allerdings wurden die Zusammenarbeit und der Dialog mit den Runden Tischen fortgesetzt – trotz eines rauher werdenden Tons. Der Zentrale Runde Tisch der DDR trat am 7. Dezember 1989 zum ersten Mal zusammen und tagte bis zum 12. März 1990. Auf lokaler Ebene kam es teilweise bis zum 6. Mai zur Beibehaltung des Instrumentes, mit dem die Oppositionellen die Regierung der DDR kontrollierten, berieten, beeinflussten und den Bürgerprotest in ihre politische Forderungen transformierten, was diesen wiederum konterkarierte.

Es handelt sich in der Frühphase der Wende also nicht nur um eine Übereinstimmung der offiziellen Schlagwörter, die gleich klingen, aber etwas anderes meinen. Ganz im Gegenteil lässt sich eine gewisse thematische Identität zwischen reformwilligen SED-Mitgliedern und Teilen der Opposition ausmachen, deren Grundbedingung in dem Slogan „Es geht um unser Land." zusammengefasst werden kann. „Die parteistaatlich geschaffene und individuell reproduzierte Realität, ihre ideologische Begründung und die politisch-kulturelle Tradition vermochten so in erstaunlichem Maße Sinn zu stiften, wenn es auch nicht durchwegs der von der Partei gewollte war."[116] Sigrid Meuschel hat die Motive und Thesen benannt, die dazu führten, dass bestimmte Teile der offiziellen DDR-Ideologie im Gewand der Opposition die Wendezeit mitbestimmten: „Sicherte doch der Sozialismus vermeintlich die Freiheit von Ausbeutung, den Weltfrieden, die Muße für kulturvolles Leben, den Schutz vor der Wiederkehr des Faschismus oder bewahrte er den verführbaren Menschen immerhin vor den Gefahren eines blinden Konsumeifers und der profanen Mehrheitsregel. Hehre Werte und ein hoher moralischer Ton zeichneten die meisten Sprecher der DDR-Gesellschaft aus, ob es nun die Partei war, die Intelligenz oder die Opposition."[117] Nach wie vor galt die DDR vielen als zumindest der Idee nach tragfähige und notwendige Alternative zu den westlichen Gesellschaften. „Die Denkfigur des besseren Deutschland, des sozialistischen und jedenfalls antifaschistischen, einte die meisten von ihnen, ob sie sich affirmativ oder kritisch zu ihrer DDR verhielten, die sie so oder so erhalten wollten."[118]

---

116 Meuschel, Sigrid: *Legitimation und Parteiherrschaft in der DDR. Zum Paradoxon von Stabilität und Revolution in der DDR, 1945-1989*, Frankfurt am Main, 1992, S. 307.
117 Meuschel: *Legitimation und Parteiherrschaft in der DDR*, a. a. O., S. 307f.
118 Meuschel: *Legitimation und Parteiherrschaft in der DDR*, a. a. O., S. 308.

Es war Harich, der der Bürgerbewegung vorhielt, in der historischen Situation des Umbruchs in der DDR versagt zu haben. Durch ihre Fixierung auf die einseitige Erhaltung und Reformierung der DDR: „Die Bürgerbewegung, Bärbel Bohley, sprachen von der 'idiotischen Grenzöffnung'. Sie nahmen ihm (Egon Krenz) das übel, nehmen ihm das heute noch übel. Sie träumten von einem Perestroika-Idyll, das sie errichten wollten im Schutz der Mauer."[119] Damit sei jedoch der falsche Weg beschritten worden. Nur wenn die Politiker und auch die SED-PDS auf die Wiedervereinigung gesetzt hätten, wäre deren Durchführung ohne die Aufgabe der emanzipatorischen Elemente der DDR denkbar gewesen: „Ich halte es für ein Unglück, dass die friedfertigen Rebellen vom Herbst 1989, die Helden der Wendeforen und mit ihnen auch die SED-PDS, unter der neuen Führung Gregor Gysis, nicht schon von Dezember desselben Jahres an erklärt haben, dass nunmehr auf die Wiedervereinigung Deutschlands Kurs zu nehmen sei. An die alte kommunistische und sozialdemokratische Tradition des ersten Nachkriegsjahrzehnts hätte erneut angeknüpft werden müssen. Damit hätte sich eine Politik offensiver Verteidigung des ökonomischen Besitzstandes und der sozialen Vorzüge der DDR-Gesellschaft verbinden lassen."[120] Auch Harich ging es also um den Erhalt des Sozialismus. Die Differenz zur Bürgerbewegung besteht darin, dass er ihn offensiv verteidigen und in den Einigungsprozess einbringen wollte, während die Protagonisten des Umbruchs ihn in der Defensive zu retten versuchten.[121]

Joachim Gauck, der ehemalige Leiter der Stasi-Unterlagen-Behörde, hat in seinen Erinnerungen beschrieben, wie die sowjetische Entwicklung, die von Michail Gorbatschow betriebene Glasnost- und Perestroika-Politik, die Opposition in der DDR ermunterte, aktiv zu werden. Gleichzeitig schildert er aber auch, in welchem Vakuum sie agierte, auf der Suche nach Vorbildern, Autoritäten und Zielperspektiven. „Gefährlich wäre es hingegen gewesen, sich auf die Entwicklung in Polen zu berufen. Ein heroisches Aufbegehren, mit dem man ein bewaffnetes Eingreifen des Staates riskierte, war uns Deutschen fremd, zudem erschien es uns nach den Erfahrungen von 1953 sinnlos. Außerdem war die polnische Opposition antikommunistisch. Die Mehrheit der Bürgerbewegung aber strebte – ob aus

---

119 Harich, Wolfgang: *Lebenselixier Solidarität. Kritische Anmerkungen zur Rolle der PDS. Ein Redetext aus dem Jahr 1993*, in: Junge Welt, Nr. 59 vom 11. März 2010, S. 3.
120 Harich: *Versuch einer Rechtfertigung*, in: Ders.: *Keine Schwierigkeiten mit der Wahrheit*, a. a. O., S. 240.
121 Siehe hierzu Harichs Programmentwurf für die Grüne Partei der DDR, den er Weihnachten 1989 verfasste, der jedoch abgelehnt wurde. Harich: *Nochmals: Die Grünen der DDR zur deutschen Frage. Entwurf vom 26. Dezember 1989*, in: Ders.: *Keine Schwierigkeiten mit der Wahrheit*, a. a. O., S. 163.

taktischen oder aus ideellen Gründen – einen Umbau der bestehenden Macht und einen Dialog mit der SED an. Das war eher Ausdruck der Sehnsucht nach einem verbesserten Sozialismus als nach seiner Abschaffung. Diese Vorstellung gab es eher in den unpolitischen Teilen der Bevölkerung."[122]

Noch am Ende der DDR waren die Schatten des Arbeiter-Aufstandes von 1953 zu spüren. Wir haben bereits gesehen, dass damals das Volk das Vertrauen nicht nur in die offizielle Führung verlor, sondern auch in die spätere Opposition, da sich diese bis auf wenige Ausnahmen an der Denunziation des Protestes beteiligte (es reicht das Stichwort Havemann). Die Oppositionellen verspielten ihre Chance, die Bevölkerung zu organisieren oder hinter sich zu bringen. Als die Runden Tische tagten, diskutierten sie Forderungen und Probleme, eben den erneuerten Sozialismus, der mit der Realität der Straße, dem Wunsch nach deutscher Einheit und materiellem Wohlstand nichts mehr zu tun hatten. Ein weiteres Moment tritt nun hinzu. Gauck verweist auf die damals akute Angst der Oppositionellen, dass ein neuer Aufstand wieder zu militärischen Aktionen führen könnte.[123] Allerdings ist dies ein zu relativierendes Argument, erklärt es doch kaum die Entpolitisierung der Opposition in den 80er Jahren – trotz der zunehmenden Mobilisierung und quantitativen Ausweitung.[124] Und auch nicht deren theoretische Ratlosigkeit – um den Begriff der philosophischen Dummheit zu vermeiden.

g) Abschließende Bemerkungen

Wolfgang Harich sei ein letztes Mal zitiert. Er schrieb nach der Wende den Regierenden ebenso wie den Oppositionellen seine Analyse ins Stammbuch: „Je weiter der Realsozialismus sich von seinem revolutionären Ursprung entfernte, je unglaubwürdiger seine Zukunftsverheißungen wurden, desto bedenkenloser griffen seine Machthaber zwecks Verbreiterung ihrer ideologischen Basis auf reaktionäre und dekadente Pseudokultur zurück. Dass diese im pluralistisch marktgängigen Angebot ihren Platz findet, versteht sich am Rande. Ihr hat aber in der DDR der Schutz monolithischer Meinungsdiktatur gewährt werden sollen, damit genuiner Marxismus den Schlendrian, die Routine und den

---

122 Gauck: *Winter im Sommer, Frühling im Herbst*, a. a. O., S. 198.
123 Siehe: Judt, Matthias: *Deutschlands doppelte Vergangenheit. Die DDR in der deutschen Geschichte*, in: Ders. (Hrsg.): *DDR-Geschichte in Dokumenten. Beschlüsse, Berichte, interne Materialien und Alltagszeugnisse*, Bonn, 1998, S. 9-24. Außerdem: Kuczynski: *Dialog mit meinem Urenkel*, a. a. O., S. 13f., der eben dies als positive Leistung des Staates hinstellt.
124 Vgl.: Neubert: *Geschichte der Opposition*, a. a. O., 617ff.

Machtmissbrauch des etablierten Apparats nicht störe. Der Lukács von 1968 hätte wie der von 1956 da sehr gestört. Heute stolzieren seine Verächter aus der ostdeutschen Provinzelite, Leute, die Kandinsky, Schwitters und Beuys, die Schönberg, Nono und Stockhausen zu genießen vorgeben, nicht zu vergessen die 'differenzierenden' Neubewerter des *Zarathustra*, Matadore künstlichen Formzertrümmerns, gedanklichen Nomadisierens, mit einer Selbstgefälligkeit einher, als wären sie Märtyrer, die sich ebenso tapfer wie mühselig ihrer Fesseln entledigt haben. Bestenfalls irren sie. Manche tischen, ihre tatsächlichen Erfahrungen verdrängend, über ihre Nationalpreise sich ausschweigend, uns Lügen auf. Ich erlaube mir, in ihnen Hätschelkinder der spätstalinistischen Oligarchie zu sehen, die es unzureichend fand, die parasitäre Intelligenzija ja bloß materiell zu korrumpieren, sondern sich erst sicher fühlte, wenn sie auch deren tiefere Sehnsüchte, faschistoide nicht ausgenommen, zufriedengestellt sah. Lukács hätte dem im Weg gestanden. Es gereicht ihm zum Ruhm."[125]

Wenn das soeben entfaltete Szenario akzeptiert wird, dann verdeutlicht sich das Hauptargument der DDR-Oppositionellen. Sie warfen der pluralistischen Demokratie ihren eigentlichen Wesenszug vor: Die politische Entscheidung ergibt sich in ihr durch die Verhandlung von Individual- und Gruppeninteressen in der parlamentarischen Arena und, vorgeschaltet, in weiteren politischen, wirtschaftlichen und sozialen Bereichen. Genau an diesem Punkt intervenierten die Oppositionellen der DDR. Ihre Ausführungen wurzeln in der These, dass die parlamentarische Demokratie dadurch unfähig sei, ein übergeordnetes Gemeinwohl zu erkennen, zu vertreten und als normativen Maßstab des Handelns zu akzeptieren sowie zu nutzen. Die Diskussion von Partikularinteressen könne keine überindividuellen Vorgaben generieren, der Staat werde zum Spielball spezifischer Gruppeninteressen.

In vielen der hier analysierten und angesprochenen Denkansätzen ist diese Überlegung präsent. Rudolf Bahro schrieb 1989 in der *Logik der Rettung*: „Ich glaube nicht an eine an sich beste Verfassung, etwa an die repräsentative Demokratie."[126] Der Grund für die Einführung der parlamentarischen Demokratie (und die Ausrichtung der in ihr agierenden Parteien), die Machtergreifung der Nationalsozialisten am Ende der Weimarer Republik, spielt Bahro zu Folge angesichts der neuen Herausforderungen keine Rolle mehr: „Das

---

125 Harich: *Zur Furcht der SED vor Georg Lukács. Zum 20. Todestag des Philosophen*, in: *Freitag*, 7. Juni 1991, neu abgedr. in: Heyer: *Harich sprach über Lukács*, Berlin, 2014, hier S. 70.
126 Bahro: *Logik der Rettung*, a. a. O., S. 355.

bestehende Parteiensystem mag im Rückblick auf die Naziherrschaft so liebenswürdig wie nur möglich sein – interessant ist das jetzt nicht mehr."[127] Da sich die geschichtliche Situation durch die Herausforderungen der Ökologie und der Postmoderne radikal verändert habe, könne die parlamentarische Demokratie keine Lösungsansätze mehr bieten. Der Pluralismus müsse scheitern in einer Zeit, die Identität und vorgeordnete Ziele benötige, ein a priori feststehendes Allgemeinwohl: „Je stärker aber eine Neuordnung objektiv notwendig wird, desto mehr erweist sich der Pluralismus bloß als eine Ideologie mehr, sich um das Notwendige zu drücken. Aus der Auszählabstimmung der Sonderinteressen wird mit Sicherheit niemals ein neuer verbindlicher Rahmen des sozialen Zusammenlebens hervorgehen."[128] Trotz aller Kritik am real existierenden Sozialismus sahen die meisten DDR-Oppositionellen diesen durch die Option des Setzens auf ein allem vorgeordnetes Allgemeinwohl im Vorteil. Ob nun freilich, wie ja vor allem Havemann immer wieder behauptete, die DDR das bessere System in dem Moment darstellt, wo es entbürokratisiert wird und die herrschenden Eliten ausgetauscht werden, ist eine Frage, die sich vor dem Hintergrund der Geschichte des 20. Jahrhunderts der Diskussion entzieht.

Mit dem Setzen auf das Gemeinwohl und der sich daraus ergebenden Kritik an der parlamentarischen Demokratie sind weitreichende Konsequenzen verbunden. Das Kollektiv wird dem Individuum vorangestellt. Die Interessen des Einzelnen, die in den westlichen Systemen im Vordergrund stehen, treten hinter die Kollektivinteressen zurück. Die Interessendivergenzen werden auf unterschiedlichen Ebenen abgelehnt – als Teil der wirtschaftlichen Sphäre, d. h. als Kapitalismus, als Teil der politischen Sphäre, d. h. als bürgerliche Demokratie, oder auch als Teil der internationalen Politik. Und über allem steht die Idee, dass der Sozialismus geschichtsphilosophisch und realhistorisch den Fortschritt verkörpere, trotz aller Kritik der einzig richtige Schritt ins Morgen sei. Überlegungen, die noch die Politik der Runden Tische kennzeichneten.

Wenn heute, das sei abschließend angemerkt, die Sozialwissenschaften nach wie vor regelmäßig an der Erklärung des ehemaligen Ostens verzweifeln, dann sind es die hier gezeichneten Prägungen, die für einige der Probleme und Fragen Anhaltspunkte bieten

---

127 Bahro: *Logik der Rettung*, a. a. O., S. 357.
128 Bahro: *Logik der Rettung*, a. a. O., S. 356. Weiter heißt es: „Ein Parlament, das von vornherein so eingeordnet ist, dass es das schwächste Glied im machtpolitischen Getriebe ist, und wo die Abgeordneten statt ihrem Gewissen ihrer Fraktion, ihrem Kanzler, die riesigen Bürokratie, den Interessen der faktischen Mächte verantwortlich sind? Wenn sie im Wahlkreis erscheinen – gehören sie dann zum Volk?" S. 356f.

können. Von der so genannten Ostalgie bis hin zu den kaum vorhandenen gewerkschaftlichen, institutionellen, kirchlichen etc. Bindungen oder dem manchmal schon abenteuerlich anmutenden Wahlverhalten in den „neuen Bundesländern" – es ist der nicht mehr „real existierende Sozialismus", der in unterschiedlichen Formen nachwirkt.

HEINER HALBERSTADT

Erinnerungen an Gespräche mit Wolfgang Harich

„Fremd- oder selbstbestimmt, parteikritisch oder parteibefohlen." (Leitposition, die Wolfgang Harich sich Zug um Zug selbst vorgab.)

Ich lernte Wolfgang Harich 1964/65 nach seiner vorzeitigen Entlassung aus der Haft in Berlin kennen. Später trafen wir uns, nachdem Harich die DDR verlassen hatte, gelegentlich in Frankfurt am Main.

Die erste Begegnung kam in der Kantine des BE (Berliner Ensemble) zustande. Beim BE war ich damals häufig bei Proben und Aufführungen zugegen. Durch so entstandene vielfache Bekanntschaft mit Mitwirkenden des BE, besonders mit Isot Kilian und Manfred Wekwerth, war ich über Jahre ein im BE freundlich aufgenommener Gast geworden. Gisela May, die mich gleichfalls seit längerem kannte, und Isot Kilian, die von 1952-1954 mit Harich verheiratet war, machten mich mit Harich bekannt. Bei Gesprächen mit Harich, die wir auch außerhalb des BE bei Spaziergängen fortsetzten, ergab sich bald eine zunehmende Vertrautheit. Er bekundete dabei, wie sehr er aufgrund seiner jahrelangen Isolation im Gefängnis von vielen inzwischen weiter geführten gesellschaftspolitischen Diskussions- und Veränderungsprozessen, aber auch von den zu dieser Zeit aktuellen politischen Konstellationen und Konflikten – nicht nur bezogen auf Deutschland – abgeschnitten, bzw. entfernt sei. Deshalb habe er ein großes Bedürfnis nach entsprechenden Erkundungen.

Er besuchte an vielen Abenden die Aufführungen im BE und führte intensive Gespräche mit Schauspielern, Dramaturgen und mit der Regie, u. a. um zu erkunden, wie sie in Fortführung der Brechtschen epischen Theaterarbeit sich bemühten, die Brecht-Stücke in der Gegenwart wirksam zu machen. Vor allem aber, sagte mir Harich, habe er ein großes Bedürfnis, ihm bisher vorenthaltene Literatur, bezogen auf alle gesellschaftswissenschaftlichen Bereiche – also auch Schriften *aus dem Westen* – zur Hand zu bekommen; denn er möchte, erläuterte er, recht bald wieder einen geistes- und gesellschaftswissenschaftlichen konkreten Zugang zu den aktuellen Abläufen und Prozessen gewinnen.

Durch Kontakte zum FDGB hatte ich Möglichkeiten, unkontrolliert die Grenzsperre im Bahnhof Friedrichstrasse zu passieren. So konnte ich Harich umfassend gewünschte Literatur besorgen. Dazu gehörten die damals viel gelesenen und diskutierten *Kursbücher* (herausgegeben von Hans Magnus Enzensberger und Karl Markus Michel), neue Schriften und Reden von Herbert Marcuse und Johannes Agnoli, Veröffentlichungen von Heinrich Böll, Hannah Arendt, Ernst Fischer, Alexander Mitscherlich, Milovan Djilas, Erich Fromm und vielen anderen Autoren dieses Genre. Naheliegend ergab es sich, dass ich Harich recht bald fragte, wie er sich (auch vom Heute her betrachtet), sein politisches Scheitern in der DDR erkläre: Zunächst wäre ja da die rigorose Beendigung seiner Lehrtätigkeit an der Humboldt-Uni gewesen, die doch zunächst zuvor so enorm erfolgreich verlaufen sei. Dann kam es nachfolgend und zunehmend zu seiner persönlichen Isolation im politisch-wissenschaftlichen DDR-Getriebe und schließlich 1957 zur Anklage und Verurteilung wegen angeblicher „Bildung einer konspirativen, staatsfeindlichen Gruppe", die in eine langjährige Gefängnisstrafe mündete.

An dieser Stelle sei zugegeben, dass meine Erinnerung an die vielfältigen Gesprächsabläufe mit Wolfgang Harich lückenhaft sind. Gleichwohl ist mir zumindest das Nachfolgende, so wie ich es hier ausbreite, lebhaft in Erinnerung geblieben. Weiterhin konnte ich auf einige Notizen zurückgreifen.

Auf meine Fragen nach dem Verlauf seiner politischen Biografie antwortete Harich damals noch sehr nachdenklich und zurückhaltend. (Es ergab sich nicht der Eindruck, dass er etwas verbergen oder gravierende Zäsuren übergehen wollte). Vielmehr kam ich, wenn wir uns dieser Thematik zuwandten, zu der Einschätzung, dass er sich immer noch bemühte, seine

Rolle und Wirksamkeit, seine ihn damals bestimmenden Einschätzungen und seine damit in Verbindung stehende Gedankenwelt zu rekapitulieren und zu reflektieren.

Eines schien ihm jedoch recht klar geworden zu sein – nämlich dass die auch ihn begleitende und überwachende ideologische Kontrolle und ihrer Organe offensichtlich eher als er selbst bemerkte einsetzte, als er begann, die gesetzten Grenzen der herrschenden Staats- und Gesellschaftsideologie und ihre organisatorischen Fassungen in Frage zustellen, bzw. zu überschreiten. Harich versuchte dies im Zusammenhang und – wie nachfolgend geschildert – mit seinen Berichten aus der Haftzeit und die in dieser Zeit aufgekommenen geistigen Reflektionen zu erläutern.

Natürlich stellte Wolfgang Harich auch an mich Fragen, um zu erfahren, wie meine linke Sozialisation unter den Bedingungen in Westdeutschland verlaufen sei und vor allem, wie ich und meinesgleichen von dort her die DDR wahr genommen hätten, wie die westdeutsche Linke in all ihren Variationen, mit den Entwicklungen und den Ereignissen in der DDR (z. B. mit dem 17. Juni 1953) umgegangen seien u. a. m. Ich dagegen versuchte damals vorrangig zu erkunden, wie er, als linker Intellektueller mit seiner kritischen, aber immer stärker ausgeprägten marxistischen Denkausrichtung, (Harich wurde bereits 1945 Mitglied der KPD), wie er also – alles in allem – sein Verhältnis zur, seinen Umgang mit der DDR (auch in Kenntnisnahme ihres *Ist-Zustands*) eingerichtet habe. Wir waren also auf zwei unterschiedlich georteten, wenn auch in bestimmter Weise miteinander korrespondierenden Erkundungsfeldern unterwegs. Harich holte bei seinem Antworten weit aus. Aber der Ablauf, bzw. der Inhalt der Gespräche mit ihm waren eindringlich und spannend. Ich versuche hier nun aus einem umfangreichen Komplex, den Harich mir zugänglich zu mache bemüht war, komprimiert vor allem das mitzuteilen, was davon in meiner Erinnerung verblieben ist.

Im Gefängnis, so Harich, habe er ausreichend Gelegenheit gehabt, seine bewusst gelebten Lebensjahre von 1933 an (da war er 10 Jahre alt) bis 1957 (da wurde er von einem DDR-Gericht zu 10 Jahren Haft verurteilt), Revue passieren zu lassen. Sehr nützlich sei es dabei, besonders bezogen auf das Entstehen der DDR und auf deren Entwicklungsverlauf gewesen, seine damals manchmal sehr schnell zustande gekommenen Einschätzungen und Handlungsmotivationen nachträglich einer intensiven Reflektion zu unterwerfen. Es kam ihm dabei zustatten, dass er Gelegenheit hatte, sich intensiver als je zuvor mit einer

Literatur zu beschäftigen, die neue kritische Betrachtungen und bisher zu wenig von ihm beachtete Bezüge ermöglichten. Dabei handelte sich vorzüglich um Schriften, die zunächst vordergründig und scheinbar keinen Gegenwartsbezug hatten. Doch habe er Gelegenheit gehabt, sich z. B. intensiv mit der vorrevolutionären Bedeutung der „Enzyklopädie" Diderots zu befassen. Dazu kamen Rousseaus Entwurf eines Gesellschaftsvertrags, Montesquieus prinzipiellen Vorschläge für eine konsequente Gewaltenteilung als Grundlage eines demokratischen Staatswesens und die kritische, zuweilen alles Überkommene in Frage stellende Gedankenwelt Voltaires, der gegen Aberglauben und soziale Missstände, gegen Heuchelei und Engstirnigkeit zu Felde zog. Darüber hinaus stand Harich auch Belletristik von Mitgestaltern der *Geschichtsepoche der Aufklärung* zur Verfügung.

So war es doch wohl bei dieser Lektüre nicht auszuschließen, dass sich parallel dazu auch Nachdenken und Fragen über die DDR, über die Bedingungen ihres Entstehens, ihres Werdens, ihres Zustandes, ihrer geistigen und materiellen Verfassung und ihrer Zukunft einstellten? – fragte mich Harich mit sarkastisch anmutendem Lächeln. 7 Jahre Haftzeit gibt viel Gelegenheit zum Lesen und Nachdenken, bemerkte Harich dazu. (Auf sieben Jahre wurde Harichs Haftzeit nachträglich verkürzt. Er wurde 1964 entlassen und fand danach Arbeit als Lektor in einem Berliner Verlag).

Nicht unbedingt eine analoge oder gar nur phänomenale Geschichtsbetrachtung, aber vergleichende dialektische Ansätze bei der methodischen Anwendung der ihm vertrauten materialistischen Geschichtsanalyse, erinnerte sich Harich, löste bei ihm u. a. die Beschäftigung mit der Rolle von Robespierre und Danton in der französischen Revolution und im „Wohlfahrtsausschuss" aus. Dass Stalin und dessen Umgang mit dem Erbe der Oktoberrevolution und Lenins durch Krankheit und schließlich durch seinen Tod gescheiterter Versuch, einer veränderten Strategie (u. a. über die NEP) einzurichten, sich dennoch und zwangsläufig bei solcher Lektüre einblendeten, war, sagte Harich, ja dann ebenfalls nahe liegend.

Doch die Unterschiede in der Vorgeschichte, im Ablauf und in der Folgewirkung beider Revolutionen seien gleichwohl gravierend unterschiedlich zu bewerten, meinte Harich. Denn Stalin habe den eigentlichen revolutionär-emanzipatorischen Gehalt der Oktoberrevolution nicht nur deformiert, sondern weitgehend zu Grunde gerichtet. Dagegen seien die Ergebnisse der französischen Revolution, sogar noch unter Napoleon, maßgeblich für die Neuzeit geworden und geblieben. Und die Folgewirkungen der tief greifenden französischen Revolution beschränkten sich beileibe nicht nur auf Frankreich. Gleiche Umbrüche im gesamten gesellschaftlichen Klassen-Gefüge, schlussfolgerte Harich, ließen sich, bezogen auf die Oktoberrevolution, wohl nicht konstatieren .

„Dass ich im Knast diese geschichtsträchtigen Bücher bekam und ungehindert in meiner Zelle damit arbeiten konnte", meinte Harich, war wohl weniger den zuständigen Instanzen des Politbüros oder des ZK zu verdanken. Harich glaubte eher, dass der damalige Sowjetbotschafter Puschkin, dem er vor seinem Prozess und seiner Verurteilung sein *Memorandum für eine demokratisch-sozialistische Reformierung* vorgetragen hatte, ihm diesen Literaturzugang ermöglicht habe. Man könnte vielleicht annehmen, vermeinte Harich, dass Puschkin ihn damit vielleicht auf etwas von ihm bisher Übersehenes oder Vernachlässigtes habe aufmerksam machen wollte.

Denn all das, was der französischen Revolution vorausgegangen sei, was sie maßgeblich mit ausgelöst habe, all dies sei weder mit der *Oktoberrevolution* und erst recht nicht mit dem Zustandekommen der DDR in einen geschichtlich adäquaten Zusammenhang und Vergleich zu bringen. Auch Puschkin habe wahrscheinlich, vermutete Harich – das sei jedenfalls sein Eindruck bei der teilweise verschlüsselt geführten Diskussion mit Puschkin gewesen – die desaströse Katastrophe, in die der Stalinismus die sozialistisch-kommunistischen Grundelemente und Gesellschaftsentwürfe hinein geschleudert habe, erkannt. Und auch deren Nachfolgewirkungen beim Entstehen der DDR und der anderen Volksdemokratien. Das alles sei allerdings ihm, Harich, damals, in den ersten Jahren der DDR jedenfalls so noch nicht geläufig gewesen.

Bedeutsam sei dann weiterhin und bezogen auf das Jahr 1945 aus einer eigenen geprägten Geschichte entstandene Deutschland gewesen, dass die im 18ten und 19ten Jahrhundert Deutschland beherrschende Gesellschaftsschicht, dieses Land und die Mehrzahl seiner Bewohnerschaft nicht nur vor der Aufklärung „*bewahrt*" habe, sondern auch jedwede massenwirksame Berührung mit der Aufklärung auch mit militärischer Gewalt erfolgreich abwehren konnte. Schon deshalb, mehrfach verwies Harich darauf, kam es in Deutschland zu keiner bürgerlichen Revolution.

Deren Grundelemente *Freiheit, Gleichheit und Brüderlichkeit* hätten entsprechend auch 1918/1919 im Massenbewusstsein nicht für eine zum Sozialismus hinführende Revolution zur Verfügung gestanden und erst recht nicht für einen links-tendierten gesellschaftlichen Umbruch im 1945 nicht nur kriegszerstörten Deutschland. Diese fehlenden historischen Entwicklungsstufen, die nicht in Russland stattgefundene *Aufklärung* und damit verbunden, die auch dort ausgebliebene bürgerliche Revolution, seien für den Charakter und den Verlauf der russischen Oktober-Revolution und der nachfolgenden stalinistisch geprägten Geschichtsepoche mit maßgeblich gewesen; auch wenn man dabei berücksichtigen müsse, dass in Russland die den gesamten Geschichtsprozess bestimmenden ökonomischen und sozialen Segmente unterentwickelt und unvergleichlich mit dem Entwicklungsstand Westeuropas gewesen seien.

Wenig verständlich sei es allerdings, meinte Harich, dass Lenin, dem die französischen Revolutionsgeschichte und ihre wesentlichen Elemente durchaus vertraut gewesen sein, im Vertrauen auf einen revolutionären Aufbruch in Westeuropa, besonders aber auf einen solchen in Deutschland setzte und zunächst glaubte, man könne, nachdem in Deutschland ein revolutionärer Ansatz zerbrach, wesentliche, d. h. elementare Entwicklungsstufen zur revolutionären Umgestaltung durch einen eisernen politischen Willen überspringen.

All diese Zusammenhänge, Erkenntnisse und Folgerungen, dann aber auch *im großen Sprung* bezogen auf die Entstehung der DDR und deren Entwicklungsverlauf, habe er im Knast gründlich durchmessen. Also auch wie es kam, dass Deutschland mit seinen Revolutionsansätzen und damit der *Aufstieg zum Sozialismus* scheiterte. D. h.: Mangels einer fundierten, von den Massen gewollten, getragenen und gelebten Demokratie sei Deutschland, so wie Rosa Luxemburg es als Möglichkeit bereits prognostiziert habe, mit der Mehrheit seiner Bevölkerung (samt seinem als Instrument eingesetzten NS-Staatsapparat), der Barbarei anheim gefallen.

Mit diesem Deutschland und seiner Geschichte bis 1945, so schilderte es Harich aus seiner Sicht, da waren wir nun, alte und junge Kommunisten, konfrontiert. Zwar von der *Roten Armee* befreit, waren wir gleichwohl von Millionen Menschen umgeben, die zwar den Krieg, als er dass eigene Land erreichte, überlebt hatten. Aber das waren Menschen, die, als das „Sieg heil" zu Ende war, zur Kenntnis nehmen mussten, dass der faschistische Raubkrieg zwar verloren war. Aber in Millionen Köpfen hatte ein nicht geringes Maß an faschistoider Ideologie überlebt; absorbiert in einer bis heute verbliebenen Ideologie des Antikommunismus. Dieser Antikommunismus sei, so Harich, *im Westen* obendrein zur Staatsdoktrin der BRD mutiert, der Antifaschismus dagegen wurde u. a. zur Staatsdoktrin der entstehenden DDR, die sich ständig der feindlichen Westpolitik erwehren musste und zudem den nicht nur ideologischen Leitlinien der SU unterworfen war.

In Kenntnisnahme dieser Gegebenheiten seien nicht nur er, Ackermann und Havemann damals davon ausgegangen, dass mit der DDR und im Verbund mit den anderen *realsozialistischen* Ländern, dem Kapitalismus gleichwohl eine Alternative entgegen gesetzt worden sei. Immerhin, hätten sie gedacht, könne dies der Ansatz zu einer neuen Gesellschaft sein, den es, wie immer er auch zu Stande gekommen sei, zu verteidigen gelte. Unsere Intention war es, sagte Harich, die DDR könne durch einen überlegt einzurichtenden Transformationsprozess zu einer sozialistischen Demokratie weiter entwickelt werden. Dies veranlasste mich, sagte Harich, das *Memorandum für eine demokratisch-sozialistische Reformierung* zu verfassen, in dem ich auch Überlegungen von Anton Ackermann, und seine *Vorschläge für einen deutschen Weg zum Sozialismus* aufgenommen hatte.

Was wir allerdings bei unserem Vorstoß nicht ausreichend beachtet und gewertet hatten, war, fuhr Harich fort, dass die Mehrheit der DDR-Bevölkerung sich auch im weiteren Fortgang nicht wirklich mit dem neuen Staat und dem angestrebten neuen Gesellschaftssystem identifizierte. Die Staats- und SED-Führung ignorierte diesen Tatbestand noch viel weitgehender. Sie wertete den äußeren Schein (z. B. den hohen Organisationsgrad, die organisierten Massenaufmärsche der SED- FDJ und der bewaffneten Einheiten und die FDGB-Mitgliederzahlen u. ä.) scheinbar als äußerst positive Indikatoren, ja, als Ausdruck der Wirklichkeit. Doch gleichwohl waren auch sie sich ihrer Sache wohl nicht ausreichend sicher – besonders nach den Ereignissen am 17. Juni 1953.

Die DDR-Führung wollte auf jeden Fall den Fortbestand der DDR, allerdings einer DDR nach ihren Vorstellungen, mit allen Mitteln, die scheinbar zur Verfügung standen, sichern. Doch die daraus resultierenden Sicherungsmaßnahmen wuchsen – auf Grund zunehmender auch interner Unsicherheit und durch die permanenten auch ideologischen Infiltrations- und Sabotagemaßnahmen des *Westens* – mit der Zeit zu einem monströsen-bürokratischen Sicherheitsapparat heran, der mehr, als er die DDR schützte, die DDR in ihrer bereits teilweise gewachsenen Substanz gefährdete. Die im Politbüro und die in den darunter angesiedelten Instanzen sahen deshalb auch in Leuten wie Havemann und mir, und vielen anderen „Dissidenten", so Harich, nicht kritische Mitgestalter einer zur sozialistischen Demokratie fortzuentwickelnden DDR, sondern *Elemente, die den Staat, den sie nun da oben* mit Mühsal glaubten für das deutschen Volk aufgebaut zu haben, kaputt machen wollten.

In Gesprächen, die Harich, wie er berichtete, auch aus eigenem Antrieb mit Offizieren der Staatssicherheit im Knast führte, ergab sich, dass diesen Staatsschützern der wirkliche Zustand im Inneren der DDR recht gut bekannt war. Harich vermeinte, dass diese *Gesprächspartner* zwar für seine Intentionen keine Verbündeten hätten sein oder werden können; aber deren Wissen und Realitätssinn schien ihm geeignet, vielleicht auf das Verhalten und auf die Entscheidungen der Staats- und Parteiführung bedingten Einfluss auszuüben. Diese durchaus interessanten, kritisch-intelligenten *Gesprächspartner,* die er im Knast traf, hätten ihm allerdings auch gesagt, dass ihre Berichte und ihre Einschätzungen, die sie *nach oben* gaben, nicht auf das ausgerichtet gewesen seien, was die „Hauptverwaltung der ewigen Wahrheiten" hätte sicher gerne gehört hätte. Ihre Berichte hätten allerdings konkrete Aufzeichnungen der realen „ideologischen Bewusstseinslage" der Mehrzahl der DDR-Bevölkerung beinhaltet. Das Politbüro und das ZK seien jedoch offensichtlich nicht in der Lage gewesen, daraus die richtigen Schlussfolgerungen zu ziehen. Stattdessen sei es zu noch umfassenderen Verschärfungen der Sicherungsmaßnahmen im gesamten Staatsgefüge gekommen. So sind, wie Hans-Christoph Rauh es beschreibt, die *„Aufklärer an der philosophischen Front"* zum Scheitern durch die „beharrende Front der *DDR-Verwalter"* verurteilt gewesen.

Ich traf Wolfgang Harich später gelegentlich bei Veranstaltungen der Grünen in der Bundesrepublik West, hatte aber den Eindruck, dass die Grünen insgesamt wenig mit diesem Zeitzeugen und seiner politischen Biografie und seinem Erkenntnishorizont anzufangen wussten.

ROBERT STEIGERWALD

Zu Wolfgang Harich

Am 8. Mai 1945 endete der Zweite Weltkrieg und am 25. Mai war ich schon zu Haus, weil ich den Stacheldrahtzaun des Kriegsgefangenenlagers am linken Niederrhein überwinden konnte. Zu Haus, das bedeutete zurückgekehrt zur Familie, zu den kommunistischen Eltern, zur Mutter meines Vaters, die jahrelang als Kommunistin im Nazi-Zuchthaus zugebracht hatte, auch in den Kreis der Familie meiner Mutter, deren Brüder allesamt als Facharbeiter stramme SPD-Genossen waren, einer von ihnen wurde der Vorsitzende der größten Verwaltungsstelle der Gewerkschaft Öffentliche Dienste, Transport und Verkehr in der Bundesrepublik. Bei einem von ihnen fand ich, als ich mich während einer Dienstreise (der Armee) zwei Tage entfernen und nach Haus kommen konnte, vor dem Einschlafen auf dem Nachttisch das Buch eines mir Unbekannten; er hieß Franz Mehring und sein Buch behandelte die „Deutsche Geschichte vom Ausgang des Mittelalters bis zur Neuzeit." Ich studierte es einige Stunden und sagte zum Abschied meinem Onkel: „Wenn ich heil zurückkomme wird dies das erste Buch sein, das ich lesen will." So geschah es und das Buch dieses mir Fremden hat mein Geschichtsbild zu revolutionieren begonnen. Bald wurde dieser Prozess durch August Bebels „Aus meinem Leben" fortgesetzt.

Mein Weg in die sozialistische Bewegung hatte begonnen, mit Büchern, und dabei ist es geblieben, dass Bücher meinen weiteren Weg in der Arbeiterbewegung „gepflastert" hatten und haben. Ich begann noch Anfang Juni 1945 mit antifaschistischer Jugendarbeit, wurde Mitbegründer und rasch Funktionär in der entstehenden sozialdemokratisch orientierten

Bewegung „Die Falken" – denn als ich einen der Brüder meiner Mutter fragte, was denn der Unterschied sei zwischen Sozialdemokraten und Kommunisten, sagte er – 1945!! – die wollen beide dasselbe (!), nur wir auf demokratischem, die Kommunisten auf diktatorischem Weg, ich war für den demokratischen Weg und wurde Sozialdemokrat. Ich war auf dem weiteren Weg der Bücher zum Marxisten, zum Kommunisten geworden. Hatte noch die führenden Funktionen im Jugendverband inne, als ich, vor der Teilnahme an der ersten Delegation deutscher Jugendlicher ins Ausland, nach Schweden, der SPD-Führung mitteilte, ich werde bei der kommenden Wahl nicht mehr für Funktionen kandidieren, weil ich mit der Politik der Partei nicht mehr übereinstimmte.

Natürlich fand in Stockholm eine Versammlung in einem großen Saal mit Schumacher statt und wir jungen Sozialdemokraten nahmen daran teil. Schumacher sprach in seiner üblichen aufpeitschenden und antikommunistischen, antisowjetischen Weise, aber in der Diskussion kam ein großer, älterer Mann zu Wort – die schwedischen Begleiter sagten uns, er sei ein alter Individualist, aber er war Senator, also ein führender Mann der schwedischen Sozialdemokratie. Mich überraschte es, weil in Deutschland unmöglich gewesen wäre, was wir erlebten: Dieser führende Sozialdemokrat widersprach nicht nur Schumacher deutlich, sondern erwähnte zwei Mal seinen „Freund Lenin". Viele Jahre später wurde mir der Zusammenhang klar: Ture Nerman, so hieß der Senator, war einer von jenen Genossen, die mit Lenin zusammen die Zimmerwalder Konferenz während des Ersten Weltkrieges bestritten.

Weiterhin überraschte mich, dass ein deutscher sozialdemokratischer Emigrant, Fritz Rück mit Namen, ebenfalls kritisch zu Schumacher Stellung nahm. Aber ich habe ihn einige Jahre später als Unterbezirkssekretär der SPD in seinem Heimatland Baden-Württemberg als Verteidiger der Schumacher-Politik erlebt. Außerdem war er Autor eines Buches „Frieden ohne Sicherheit" ich denke, so etwas verdiente, festgehalten zu werden, auch wenn dies in einem Text geschieht, der ganz anderes zum Thema hat.

Im Februar 1948 trat ich aus der SPD aus. Durch meine Führungstätigkeit im Jugendverband war ich auch zu engeren Kontakten zum SPD-Vorsitzenden Kurt Schumacher gekommen. Wegen meiner kritisch zur SPD gewordenen Position suchte er mich während des Aufenthalts in Stockholm auf und verwickelte mich in eine Diskussion (über die ich bereits mehrfach berichtete). Wir trennten uns, als seine letzten Worte lauteten: „Es wird zum Krieg kommen, da werden wir an der Seite der Engländer und die Kommunisten an der Seite der Russen stehen, was soll noch diese Diskussion?"

Ich fuhr nach Haus und bin im März des gleichen Jahres noch in die KPD eingetreten, verlor meine Position als Jugendfunkredakteur des Hessischen Rundfunks. Die KPD, die wohl meinte, man könne mit mir etwas anfangen, schickte mich erst einmal nach Berlin. Die Genossen dort sollten sich ein Bild von mir machen. Diese erste Berlin-Fahrt hat mich sehr beeindruckt. Schon gleich bei der Ankunft im S-Bahnhof Friedrich-Straße, „sprang" mir ein Riesenplakat mit dem Text entgegen: Anton Ackermann, Mitglied (oder Kandidat, das habe ich vergessen) des SED-Polit-Büros, spricht zum Thema: Die moderne Physik im Lichte des dialektischen Materialismus.

Ich hatte keinen Bezug zur Physik, kannte nur einige ihrer prägenden Gestalten mit Namen, war davon überzeugt, von Ackermanns Vortrag nichts zu verstehen, ging trotzdem hin und erlebte eine Offenbarung: Marxistische Philosophie ist nicht nur materialistische Geschichtsauffassung, sondern auch Ontologie, Philosophie, eben Materialismus bezogen auf das Bewusstsein, die Gesellschaft, die Natur. Diese Erkenntnis wurde in Berlin noch durch andere Erlebnisse gestärkt. So erlebte ich im Bereich der SED-Parteihochschule Karl Marx, an der ich bald studieren sollte, eine – auch von Wolfgang Harich wahrgenommene! – Diskussion zwischen Viktor Stern – einem promovierten Kommunisten, Lehrer an der Parteihochschule – und Klaus Zweiling über erkenntnistheoretische Probleme der theoretischen Physik, wovon ich damals aber nichts wirklich verstand. Doch dieser Problembereich ist seitdem Bestandteil meines Arbeitsprogramms.

Aber was hat das denn nun mit Wolfgang Harich zu tun? Während meines ersten Berlin-Aufenthalts, es muss 1948 gewesen sein, erschien in einem der Westberliner Sudelblätter ein kleiner Einspalter unter der Überschrift. „Von Hegel zu Harich" Der wurde damals Philosophie-Professor, also noch recht jung und die Autoren des Westberliner Sudelblattes wussten wohl nicht, dass die Begründer der modernen Physik – allesamt Nobel-Preisträger – ebenfalls noch keine dreißig Jahre alt waren, die Rede ging damals von der „Baby-Physik."

Das war meine erste „Begegnung" mit Wolfgang Harich, die zweite folgte nicht viel später, ebenfalls in Berlin, ebenfalls durch eine Zeitung vermittelt, nämlich durch „Die Tägliche

Rundschau", das war die Tageszeitung der sowjetischen Besatzungsmacht und darin befand sich ein halbseitiger „Keller" mit einem Bericht über einen Auftritt von Georg Lukács in Berlin und zwar mit einem Vortrag zu Goethe. Den Bericht schrieb Wolfgang Harich. Ich habe den Aufsatz heute noch und das hat Gründe. Ich habe nämlich mit Goethe zunächst dies gemeinsam: Wir wohnten beide im Großen Hirschgraben von Frankfurt und wurden am gleichen Tag ausgebombt!

Und ein weiterer Grund? Ich Proletarier-Bub hatte doch keinen Zugang zu Goethe, an so etwas wagt man sich doch nicht heran, und nun gaben mir Harichs Aufsatz über Lukács Vortrag und dieser selbst ein paar Fingerzeige, zum Herangehen an Goethe (sie wurden bald recht massive „Hinweise") – doch zugleich damit – ich erinnere an meine Antrittserlebnisse in Berlin: Physik! – den Hinweis, dass Lukács in seinem Berliner Vortrag kein einziges Wort zu den umfangreichen Arbeiten Goethes über Natur und Naturwissenschaft „verloren" hat!

Warum aber war das für mich ein wichtiges Thema geworden? Die Wende vom 18. zum 19. Jahrhundert leitete grundlegende Revisionen und Korrekturen ein – nicht nur auf dem Gebiet der Politik. Nicht schlagartig, manches verzog sich bis fast in die Mitte des neuen Jahrhunderts – Hegel starb 1831, Goethe 1832 –, erfolgte die Abkehr von der Prägung des gesellschaftlichen Lebens durch Aufklärung, Klassik, Vernunft-Orientierung. Das rasche Wachstum der Naturwissenschaften und die sich durchsetzende Industrialisierung unter kapitalistischem Vorzeichen ermöglichten die Herausbildung eines naturwissenschaftlichen, weitgehend mechanisch-materialistischen Weltbildes, zu dem sich Marx im „Kapital" knapp aber grundlegend kritisch äußerte. Das Ringen um die deutsche Einheit fand unter verschiedenen Parteinahmen statt. Es gab die von der aufkommenden Arbeiterbewegung mit revolutionärer Tendenz – zunächst von Lassalle angeführte, sich später in wachsendem Maße Marx und Engels zuwendend – getragene Orientierung. Ihr stand eine bürgerlich-demokratisch geprägte Tendenz scharf entgegen (Wortführer Karl Vogt), was sich beispielsweise in den Fraktionen der Paulskirche, den dortigen Fraktionskämpfen bemerkbar machte. Es folgte schließlich die Erfahrung, dass weder die bürgerlich-demokratische (Karl Vogt) noch die revolutionäre Politik aus diesen Kämpfen siegreich würde hervorgehen.

Zur allgemeinen Zersetzung des bürgerlich-demokratischen Potentials trug auch der kaum noch philosophisch zu nennende mechanische Materialismus der Vogt, Moleschott, Büchner bei. Er war der weitgehend von bürgerlicher Seite als Philosophie missverstandene Stand der Naturwissenschaften. Mit der Niederlage der Revolution von 1848 – die auch das Wachstum der Arbeiterbewegung vorerst beendete –, war die bürgerlich-klassische Phase abgeschlossen. Auf liberal-demokratischer Seite hatte man vergeblich nach weltanschaulicher und politischer Neu-Orientierung gesucht. Man hatte den Eindruck, man befinde sich am Ende einer verlorenen Schlacht und müsse sich um neue Grundlagen bemühen, die man durch eine Art Rückbesinnung mittels Revision auf die große Vergangenheit erhoffte. Das Ergebnis waren vor allem der Neukantianismus und ein Neuer Hegelianismus.

Dieses buntscheckige ideologische Gemisch sollte man nicht vergessen, wenn es darum geht, die „Zerstörung der Vernunft" (Georg Lukács) zu verstehen und damit auch zu begreifen, wie der Weg in das reaktionäre, imperialistische Deutschland mit seinen irrationalen, subjektiv-idealistischen, lebensphilosophischen Irrlehren beschritten werden konnte. Und Nietzsches Wirkung ist ohne diese Zusammenhänge nicht zu verstehen. Er ist 1885 in geistige Umnachtung gefallen und 1900 gestorben, zu einer Zeit also, da es noch keinen Faschismus gab und in der er auch noch nicht wirklich gebraucht wurde. Ihn also ohne Beachtung solcher Zusammenhänge verstehen zu wollen, in ihm einfach den direkten Wegbereiten des (deutschen) Faschismus (oder als eine Art Adoptivsohn Schopenhauers) zu begreifen, missachtet die Kompliziertheit der realen Verhältnisse.

Es war dies die Zeit, da ich mit dem Studium der Philosophie und Geschichte zunächst an der Frankfurter Universität begann, das ich dann an der SED-Parteihochschule „Karl Marx" fortsetzte und vollendete. Auf Hegel war ich schon damals, in Frankfurt getroffen, als der Altphilologe Prof. Dr. Heinrich Weinstock eine Vorlesung zu dem Thema: „Das Ringen des deutschen Geistes um den Sinn der Geschichte von Lessing bis Marx" hielt. Vom Thema und seinen Begründungen war ich fasziniert, hörte die Vorlesung nicht nur an, sondern stenografierte sie und habe irgendwo bestimmt noch Überreste des damaligen Stenogramms. Was mich am meisten ansprach, das waren Weinstocks Darlegungen zu Hegels „Phänomenologie des Geistes" und die sich darauf beziehenden Marxschen Auseinandersetzungen in seinen „Ökonomisch-philosophischen Manuskripten". Die gab es damals nur in der erstmals in einem bürgerlichen Verlag 1932 erschienenen deutschen

Veröffentlichung. Von den Auseinandersetzungen über diese Arbeit des jungen Marx hatte ich noch keine Ahnung, aber ich hatte sie bei einem der Brüder meiner Mutter im Bücher-Regal gefunden, hinein zu sehen versucht und rasch bemerkt, dass ich da nicht viel verstehen werde, habe die Lektüre, kaum dass sich sie begann, schon wieder beendet.

Es war dies alles noch zur Zeit meiner SPD-Mitgliedschaft, etwa im April des Jahres 1947. Ich war zur ersten Landtagswahl in Nordrhein-Westfalen als SPD-Wahlredner (gerade mal 22 Jahre alt!!) nach dort geschickt worden und sollte eines Tages auf Borkum referieren. Dazu musste ich aus Emden mit der Fähre fahren und ging morgens am Kai entlang, auf die Fähre wartend, als ich auf der gegenüberliegenden Seite in einem ehedem als Laden dienenden Raum das KPD-Büro erkannte, doch nicht nur das: Es waren Bücher ausgestellt und als ich sie mir ansah, las ich auf einem: Friedrich Engels, „Ludwig Feuerbach und der Ausgang der klassischen deutschen Philosophie." Hoch erstaunt, dass Engels etwas über Philosophie geschrieben hatte, dass Marxismus auch Philosophie einschloss wusste ich bis dahin noch nicht genügend, begann in mir eine heftige Auseinandersetzung. Als entschiedener Antikommunist hätte ich mir nicht erlaubt, in den Laden zu gehen und bei „Kommunisten" den Engels zu kaufen, doch tat ich es mit schlechtestem Gewissen nach längerer Zeit dennoch und begann, auf der Überfahrt nach Borkum – damals dauerte so etwas drei Stunden – im Buch zu lesen.

Das erste Kapitel interessierte mich nicht, diese kurze, präzise Geschichte des Hegelschen philosophischen Wirkens – das sollte sich aber bald grundlegend ändern! Aber dann kam das zweite Kapitel! Das begann gleich mit einem Paukenschlag: Die große Grundfrage aller speziell neueren Philosophie – so etwas war mir bis dahin, trotz vier Semestern Philosophie-Studium noch nicht begegnet! Allerdings waren ja auch kaum wirkliche Philosophie-Professoren vorhanden, waren sie doch zuvor zumeist – oft nur notgedrungen, des Berufs wegen – Mitglied der Nazi-Partei gewesen und nun nicht mehr im Beruf aktiv. Das ändere sich, als es Adenauer gelang (auch mit Zustimmung der KPD-Bundestagsfraktion), das berühmt-berüchtigte Gesetz 131 zu erlassen, das unter dem Vorwand, man wolle doch nicht die kleinen Postbeamten und Lehrer, die sich nichts zu Schulden haben kommen lassen, wegen dieser Parteimitgliedschaft bestrafen, diese Sperre aufzuheben (und dafür ein entsprechendes Berufsverbot für kommunistische Lehrer und Postbeamte zu erlassen). Außerdem wurde diese Amnestie – und das war ihr wirklicher Grund! – nicht nur auf kleine Beamte angewandt, sondern auch auf wegen

Kriegsverbrechen zum Tod verurteilte Armee-Führer wie etwa den Generalfeldmarschall Kesselring!

Aber zurück zur Lektüre der Engelsschen Feuerbach-Schrift, zur großen Grundfrage aller Philosophie. Woran machte Engels diese fest? An der Beantwortung der Frage, wie das Verhältnis von Sein und Bewusstsein, Geist und Materie sei. Ich hatte mit einem Male das Mittel in der Hand, das verwirrende philosophische Angebot zu sortieren und gar manches aus diesem Angebot schon dadurch zu verstehen.

Insbesondere half mir das bei der Orientierung in den Debatten um den Neukantianismus und um neue Lesarten von Hegels Werk. Das Wesen des Neukantianismus (in allen deinen Varianten) ist der Versuch, die materialistischen Elemente im Werk von Kant zu annullieren, und das Wesen des „neuen" Hegel bestand darin, ihm eine Junge Phase anzudichten, in der er sich theologisch-religiös orientierte und in der versucht wurde, aus Hegels Werk alle Anklänge an die Französische Revolution zu streichen, beide also als zum Marxismus hinführend zu negieren. Ich hatte damit Probleme, denn wie sollte ich in dieser Wirrnis, die sich Philosophie nannte, klar kommen? „Die Zerstörung der Vernunft" von Lukács lag noch nicht vor, dieses grundlegende Orientierungs- und Kritik-Buch. Es ging also um fundierende Orientierungen in einer Phase der ideologischen Wirrnis.

Aber danach hatte ich zunächst keine irgendwie gearteten „Kontakte" mit Wolfgang Harich, das folgte schon daraus, dass ich im wilden Westen lebte und zur damaligen Zeit die Fahrt in den Osten nicht einfach war. Des änderte sich mit dem sog. Harich-Prozess. Natürlich bekam ich, wenn auch nur durch die Zeitungen unterschiedlicher „Lager" und folglich in völlig unterschiedlicher Weise, „Informationen" über diese Vorgänge um und zu Wolfgang Harich und nahm in meinen Parteinahmen durch diese Art „Informationen" geprägt in Debatten Partei gegen ihn.

Aber dann passierte eines Tages folgendes. Ich war zu Besuch bei einem meiner späteren Doktorvätern, Prof. Dr. Matthäus Klein, als auch der bekannte DDR-Jurist Dr. Fritz Karl Kaul eintraf – es war reiner Zufall. Kaul und ich, wir kannten uns aus dem Verbotsprozess gegen die KPD, wo er die KPD vertrat und ich dort als Berichterstatter für das Zentralorgan der KPD teilnahm. Kaul erzählte uns, er sei im Auftrag der Partei in Bautzen bei Harich gewesen, sollte sich darüber informiere, ob man Harich vorzeitig aus der Haft entlassen könne. Sein Eindruck sei, dass sich Harich in nichts geändert habe. Nun, das konnte man auf zwei Arten verstehen: Harich ist jener Kommunist geblieben, als der er sich auch in seinem Prozess klar zu erkennen gab, aber man konnte auch annehmen, er sei bei seiner oppositionellen Haltung von damals geblieben. Ich ging nach Hause mit dem Eindruck, an eine vorzeitige Entlassung Harichs aus dem Zuchthaus sei wohl nicht zu denken.

Umso erstaunter war ich, als wenige Wochen später Harich in Freiheit kam. Er wurde zur Mitarbeit Prof Dr. Manfred Buhr zugeordnet und dann geschah folgendes. Harich schrieb für die die „Deutsche Zeitschrift für Philosophie" (deren Chefredakteur er früher gewesen war) einen Aufsatz und übergab diesen Manfred Buhr, der in seiner Entscheidung wohl unschlüssig war und mich fragte, ob ich den Aufsatz mal lesen und mir eine Meinung dazu bilden wolle, was ich bejahte. Den Aufsatz selbst habe ich wohl nicht mehr in den Materialien zu Harich, die ich aufgehoben habe, wohl aber die Broschüre, als die er etwas – überarbeitet – später in der Schweiz anonym herauskam. Meine Meinung zum Text war: Harich hat in seinen Text Urteile über Vorgänge im Ausland – wenn ich mich richtig erinnere in Frankreich (Pariser Mai) – eingebaut, die sich nicht völlig mit unserer Bewertung der dortigen Vorgänge deckten, weil wir die Norm hatten, über Vorgänge in anderen Ländern nur auf der Bewertung durch die dortige Bruderpartei zu informieren – und die deckte sich nicht mit den von Harich weitgehend aus dem Umkreis der Pariser Opposition vorgenommenen Einschätzungen der Ereignisse. Ich gab Manfred Buhr den Text mit der Bemerkung zurück, in einigen Punkten – ich benannte sie – seien wir anderer Meinung als Harich, ob er bereit sei, dies zu ändern, wenn nicht, ich sei der Meinung, man könne den Text auch ohne diese Korrekturen veröffentlichen. Ich wollte ja einem Genossen, dem die Möglichkeit zum Wiedereintritt in die ihm angenehme Arbeit angeboten wurde, keinen Stein in den Weg legen.

Und was tat Harich? Der Steigerwald hat gesagt, man können den Text auch ohne die von ihm angesprochenen Korrekturen veröffentlichen, er korrigierte nicht, die Redaktion (?) der „Deutschen Zeitschrift für Philosophie" nahm seinen Text nicht an. Harich suchte den Ausweg über die Schweiz – von dort wurde mir die Broschüre per Post zugestellt, ich konnte mir zunächst keinen Reim drauf machen. Ich habe wohl den damaligen Text, bin aber froh, dass dieser in jüngster Zeit erweitert und vertieft legal veröffentlicht wurde, ich habe dazu in einer Konferenz gesprochen und dieser Text ist abgedruckt im 4. Band meiner „Vermischten Schriften".

Ich habe Harich nur zwei Mal getroffen, das erste Mal nach seinem oben angesprochenen Aufsatz, über den ich dann mit ihm in der Leipziger Straße (in den Räumen des Akademie-Verlags?) sprach und wir fuhren abends im Dunkel mit der Straßenbahn ins Stadtzentrum, wo wir uns verabschiedeten. Gespräch und Atmosphäre waren freundschaftlicher Art. Danach entwickelte sich zwischen uns ein nicht zu häufiger Briefkontakt. Ich habe mindestens einen der damaligen von ihm mit der Hand geschriebenen Briefe. Und wir telefonierten miteinander, nicht oft, aber stets ging es um Probleme, nicht um irgendein privates Thema. (Über die zweite Begegnung spreche ich etwas später.)

Ich erinnere mich an Harichs Briefe zu Nicolai Hartmann, die mich doch bisweilen ratlos machten, denn in einem Brief hob er die Größe und Bedeutung Hartmanns hervor, es konnte aber passieren, dass der nächste Brief eine Art Verdammnis enthielt, weil Harich Nicolai Hartmann als Parteigänger der Nazis bewertete, was mir aber nicht einleuchtete. Natürlich habe ich mir Hartmanns „Philosophie der Natur" (die interessierte mich mehr als alles andere) und Harichs (aus dem Nachlass herausgegebenes) Buch über Hartmann besorgt und habe aus beidem viel gelernt, aber Hartmanns Versuch, die Ergebnisse der modernen theoretischen Physik in die Philosophie zu integrieren, habe ich zumindest nicht verstanden.

Und in diesen Jahren kam es dann zum Nietzsche-Eklat und dessen Schilderung durch Frau Harich zu Dingen, wozu sie besser geschwiegen hätte, denn sie hat über die Dinge und Abläufe wirklich nichts gewusst, drum hat sie wohl so unwahr, verletzend und beleidigend darüber geschrieben. Was also war geschehen, wie war es geschehen?

Wann ich meine Promotion B (im Westen würde man von einer Habil-Arbeit sprechen), in der Akademie der DDR verteidigte, weiß ich nicht mehr, als Buch gedruckt erschien sie unter dem Titel „Philosophie und Revisionismus im imperialistischen Deutschland" im Akademie-Verlag 1980. Berücksichtigt man, dass zwischen Vereidigung und Druck des Textes in der Regel bis zu zwei Jahren (und mehr) vergehen können, so ist diese Arbeit um 1978 entstanden. Sie enthält einen zwölfseitigen Text grundlegender Kritik an Nietzsche, den ich mir gerade wieder angeschaut habe und an dem ich nichts zu ändern brauchte und brauche!

Warum ist es wichtig, das zu erwähnen? Weil schon die Wahl des Themas für die Habil-Arbeit mit einem bestimmten, von Italien und Frankreich ausgehenden Prozess zu tun hatte, der natürlich auch in die Bundesrepublik hinein wirkte und im Kern bedeutete, Nietzsche zu „humanisieren" und damit der marxistischen Nietzsche-Kritik den Boden zu entziehen, was wiederum Bestandteil damaliger Aktivitäten der Unterminierung der marxistischen Grundlagen der kommunistischen Parteien Italiens und Frankreichs dienen sollte (und gedient hat). Benutzt wurde hierfür u. a. eine Neuauflage der Werke Nietzsches durch Colli und Montinari. Insbesondere wurde verkündet, „Der Wille zur Macht", diese barbarische Lobpreisung des brutalen Machtstrebens, sei gar nicht das originale Werk Nietzsches. Doch eine Überprüfung des Sachverhalts stellte klar: Das Buch war von der ersten bis zur letzten Zeile Nietzsches eigener Text.

Wir, die wir auf ideologischem Gebiet in der Bundesrepublik die Positionen des Marxismus-Leninismus so gut wie wir nur konnten verteidigten, nahmen Stellung gegen diese Nietzsche-Rehabilitierung. Es war nicht, wie von manchen Autoren aus und in der DDR ausgestreut wurde, unsere Nietzsche-Kritik entschieden abschwächend, eine Art von Auftragsarbeit aus der DDR. Im Gegenteil: Wir hatten den Kampf aufgenommen, um unsere eigenen ideologischen, theoretischen Positionen gegen den „links-nietzscheanischen" (Harich) Revisionismus zu rechtfertigen. Auch Heinz Malornie, der wohl bis dato am gründlichsten in der DDR sich mit Nietzsches Gesamtwerk auseinander gesetzt hatte, saß mit uns im Boot Es ist notwendig, dies der Darlegung des Nietzsche-Eklats vorauszuschicken, weil einige seiner „Schöpfer" und „Schöpferinnen" sich in besonders unwahrer Weise der von mir eben kurz angesprochenen Argumentationsweise für die Auseinandersetzung mit uns bedienten, sich dabei auch nicht scheuten, offenkundig Unwahrheiten in die Welt zu setzen – ich komme darauf noch zu sprechen.

Im Heft 5 des Jahres 1986 erschien in der Zeitschrift „Sinn und Form" ein Aufsatz, um dessen Entstehung wusste Harich schon seit geraumer Zeit. Und er versuchte, diesen Anschlag auf die marxistische Nietzsche-Kritik zu verhindern. Den Aufsatz schrieb Pepperle mit dem Titel „Revision des marxistischen Nietzschebildes." Das war aber nur die Einleitung eines bösen politisch-ideologischen Buben-Streichs, denn „Sinn und Form" wurde (auch in dem ansonsten über weite Strecken recht guten – auch sprachlich – informierenden Buch von Harichs Witwe „Wenn ich das gewusst hätte…") als Organ der DKP vorgestellt, was eine Unwahrheit war, die Zeitschrift wurde vom „Kulturbund der demokratischen Erneuerung" herausgegeben, in dem und an dem DKP-Genossen mitarbeiteten, die aber damit noch nicht zum DKP-Organ wurde.

Wir waren empört, vermuteten wir in diesem Aufsatz und der Benennung der Zeitschrift als DKP-Organ den Versuch, die DDR und die DKP in die „linkshegelianische" Rehabilitierung Nietzsches einzuschleusen auch die Bemühung, uns an die Seite der Nietzsche-Retter von Rom und Paris zu stellen. Ich war damals im Parteivorstand der DKP u. a. für die politisch-ideologische Literatur zuständig und ein solcher Aufsatz als DKP-Aufsatz hätte vor der Veröffentlichung auf meinem Schreibtisch liegen müssen, was aber nicht der Fall war. Ich habe mich sofort mit Hans Heinz Holz und Manfred Buhr beraten und wir waren gemeinsam der Auffassung, diesem Vorgehen entschieden zu widersprechen und zwar, weil der Aufsatz ja in einem Bündnisorgan (nicht einem Parteiorgan) erschien, dieser Widerspruch zunächst in einer Tagung der Marx-Engels-Stiftung erfolgen könne, die ja auch keine direkte DKP-Einrichtung war und ist. Holz und Buhr stimmten zu und so schrieb ich an das ZK der SED und teilte ihm unsere Meinung samt Vorschlag für eine Tagung der Marx-Enges-Stiftung zum Thema Nietzsche mit, wir würden dazu gern Wolfgang Harich einladen. Die SED bedankte sich für die Information, stimmte unserem Plan zu, teilte uns aber mit, zu Veranstaltungen, an denen die SED teilnehmen sollte, würde sie die Teilnahme aus der DDR festlegen und Wolfgang Harich sei für eine solche Veranstaltung nicht vorgesehen.

Die Dinge lagen also völlig anders, als Frau Harich sie darstellte, aber das war noch nicht alles. Sie schrieb in ihrem Buch, es habe ein Genosse der DKP einen Brief geschrieben, der die Mitteilung enthielt, dass es eine Tagung zu Nietzsche mit Harich nicht geben könne. Fragen: Wer war dieser „Genosse der DKP"? Wo gibt es diesen Brief anzuschauen? Ich habe beim Lesen dieses Textes in Frau Harichs Buch an den Rand geschrieben: „Das ist gelogen." Wozu diese Geheimnistuerei? Und dann auf Seite 380 „Die Marx-Engels-Stiftung in Wuppertal, die das Protokoll der Nietzschekonferenz mit dem Titel 'Bruder Nietzsche' heraus gegeben hatte, zeigt sich nicht bereit, Harichs Gegenschrift zu veröffentlichen." Das ist wieder eine Lüge. Wie war es wirklich? Als ich erfuhr, dass Wolfgang Harich ein Buch zum Nietzsche-Thema und der Wuppertaler Konferenz plane, rief ich ihn an und sagte ihm: „Gib mir das Buch, ich veröffentliche es im Verlag Marxistische Blätter." Er entgegnete, er wolle es erst in einem bürgerlichen Verlag versuchen. „Du warst zwar der einzige, der Solidarität mit mir geübt hat: Aber ich möchte meine Freundschaft mit Wolfgang Gehrke nicht durch eine zu enge Zusammenarbeit mit Euch gefährden."

Ich habe nach dem veröffentlichten Text zur Tagung „Bruder Nietzsche" in meiner Bücherwelt gesucht, ihn aber nicht gefunden und auch von Genossen, die ich angemailt hatte, kein Exemplar zur Einsicht bekommen, ich kann also nur aus dem Gedächtnis schreiben. Ich habe erwähnt, warum wir zu dem Entschluss kamen, die Tagung abzuhalten und auch, warum wir sie als Tagung nicht etwa der Partei, sondern als solche der Stiftung durchführen wollten und so auch durchgeführt haben. Wir haben also mit Teilnehmern gerechnet, die unsere Kritik zu Nietzsche nicht teilen und das war ja dann auch so und unter unseren „Gegnern" waren auch Genossen. Aber wie ich mich recht erinnere, habe ich eröffnet, geschlossen, auch zwischendurch das Wort ergriffen. Was meine Position zu Nietzsche angeht, so ist sie mit aller Deutlichkeit in meiner Promotion B nachzulesen, die vorher erschienen war. Es gab also Wortmeldungen, die sich nicht mit der unsrigen deckten und gegen die Wolfgang Harich später, in seinem Buch zum Thema zu Felde hat ziehen können, aber es gab keinen Grund, die gesamte Tagung wegen einiger Nietzsche-Freunde zu verdammen.

Was die Überschrift zur Veröffentlichung angeht, so habe ich diese erst nach der Publikation kennen können, es gab dazu keine vorherige Beratung und ich hätte mir eine andere Überschrift oder wenigstens Anführungszeichen zum Wort Bruder vorstellen können, um deutlich zu machen (was eigentlich vernünftigen Lesern von selbst hätte einleuchten können!!), dass das ironisch gemeint war. Die Tagung hat nicht dazu geführt, unsere Kritik-Position in Sachen Nietzsche herabzumildern, im Gegenteil.

Unsere Kontakte, weiterhin zumeist telefonischer Art, bezogen sich fast immer auf Sachthemen. Ich habe zumindest noch einen handgeschriebenen Brief von ihm – er schrieb rechtsgeneigt mit großer Schriftgröße. Es gab häufig Meinungsaustausch über Nicolai Hartmann und ich erfuhr, dass Harich an einem Buch zu diesem, seinem einstigen Lehrer arbeite. Diese Arbeit stellte er aber aus mir unbekannten Gründen ein. Dennoch: Ich habe das Buch, das erst durch Martin Morgenstern nach Harichs Tod im Verlag Königshausen & Neumann veröffentlicht wurde und das eines der interessantesten und philosophisch informativsten Bücher ist, die ich besitze. Ich informiere mich oft an diesem Buch, zumal es über einen guten Sachanhang verfügt. Ich habe Wolfgang Harich nur noch ein zweites

Mal getroffen, und das nach Jahrzehnten, ich hätte ihn nicht wieder erkannt: Der junge schlanke Mann mit dem glatten Kinn hatte eine Rundschädel mit struppigem Bart bekommen, den ich nicht gleich erkannte und das war nicht allzu lange vor seinem Tod und zwar in Mörfelden, einer kleinen Arbeiterstadt mit roter Tradition am Rand von Frankfurt a. M. Dort fand wieder einmal ein Parteitag der DKP statt, an dem Harich teilnahm. Er muss damals Mitglied der DKP gewesen sein, denn er kandidierte für den Parteivorsitz und sagte, werde er gewählt, wird seine erste Handlung sein, Schritte gegen die Automobilproduktion in Deutschland einzuleiten. Ich sagte ihm damals: Wolfgang, dann wird die gesamte Arbeiterklasse unseres Landes sich geschlossen zum Eintritt in die Partei aufraffen. Ich hatte den Eindruck, das sei an seinem Gehör einfach vorbeigerauscht.

CAMILLA WARNKE

Bemerkungen zu Wolfgang Harichs Philosophievorlesungen in den frühen 50er Jahren

„Siehe, die Füße derer, die mich hinaustragen
werden, stehen schon vor der Tür."

Der Text, den ich hier präsentiere, ist ein Ausschnitt aus meiner Mitschrift von Wolfgang Harichs Vorlesungen zur Geschichte der Philosophie, die ich von 1951 bis 1954 gehört und soweit ich – Anfängerin in der Philosophie – Harichs Vortrag folgen konnte, eifrig mitgeschrieben habe.[1]

Als im Herbst 1951 in der DDR die Philosophie als Fachstudium eingeführt wurde, wandte sich Kurt Hager, damals u. a. Fachrichtungsleiter für Philosophie, mit der Bitte an Wolfgang Harich, er möge die Ausbildung des ersten Jahrgangs der Philosophiestudenten in Geschichte der Philosophie von der Pike auf – d. h. von der Antike bis zur Entstehung des Marxismus – übernehmen. Nicht ohne Bedenken, jenseits soliden Wissens, das er sich im Umkreis der klassischen deutschen Philosophie und ihrer Vorläufer erworben hatte[2], Dilettantismus zu produzieren, willigte Harich schließlich ein. Und es wäre weit und breit

---

[1] Die Mitschrift meiner Vorlesung befindet sich heute im Nachlass Wolfgang Harichs im Archiv des Amsterdamer Internationalen Instituts für Soziale Geschichte.
[2] Herder und die bürgerliche Geisteswissenschaft. Eine Kurzfassung dieser Dissertation ist die Einleitung in seine Edition von Herders „Ideen zu einer Philosophie der Geschichte der Menschheit" 1952.

wohl auch kein Kompetenterer für diese Vorlesung zu finden gewesen. Der Vorlesungszyklus hatte folgende Gliederung:

Studienjahr 1951/52: *Philosophie der Antike*: 1. Semester: Von der ionischen Naturphilosophie bis zur Sophistik; im 2. Semester lag der Schwerpunkt mit 4 Stunden Demokrit, 10 Stunden Platon, 18 Stunden Aristoteles eindeutig auf dem antiken Idealismus. Um seine Kenntnis der antiken Philosophie zu vertiefen, habe er – so berichtet Harich – im Urlaub „im Windschatten eines Standkorbes von Ahrenshoop sämtliche Dialoge von Platon" studiert. „Und als ich zurückkam und mir ein marxistisches Platonbild zurechtgebaut hatte, habe ich, während ich die Vorlesung über die Vorsokratiker und Platon hielt, dann Aristoteles-Studien betrieben, die in der zweiter Hälfte des Studienjahres drankamen."[3]

Studienjahr 1952/53: *Philosophie des Mittelalters und der Renaissance*, die Harich nur kursorisch, hinsichtlich ihrer Grundtendenzen behandelte. Er kenne die Philosophie des Mittelalters nicht, habe noch nie eine Zeile von Augustinus gelesen, hatte er Hagers Ansinnen entgegen gehalten. Und so waren es wohl nicht die Vorbehalte eines Atheisten gegen den religiös geprägten philosophischen Diskurs des Mittelalters, die zu seiner nur oberflächlichen Darstellung führten, sondern die Not, uns nichts als seine spärlichen und nur aus zweiter Hand erworbenen Kenntnisse dieser Periode mitteilen zu können, – was er uns, seine Studenten, auch wissen ließ. Eher zu Hause fühlte er sich dann wieder bei Bacon, den er in 6, bei Descartes, den er in 12 Stunden behandelte, und bei Hobbes, dem er 10, und Spinoza, dem er 6 Stunden widmete. (Und zu diesen Denkern gab es jeweils Seminare mit Seminarreferaten der Studenten. Ich referierte z. B. zum Thema „Hobbes und die englische Revolution") Das 2. Semester hatte die englische Aufklärung mit Locke im Zentrum zum Gegenstand.

Studienjahr 1953/54: In diesem Jahr hielt Harich nebeneinander zwei Vorlesungen: 1. Eine Vorlesung über die *französische Aufklärung* (mit wöchentlich 2 Std.), die Harich speziell für uns Philosophiestudenten hielt, die bis in den Februar 54 dauerte. In ihr hielt sich Harich wesentlich an Hermann Hettners „Geschichte der französischen Literatur im 18. Jh." (1860), die er um historisch-materialistische Exkurse zur französischen Geschichte in dieser Zeit und die Differenzierung der Aufklärer in ihre verschiedenen ideologischen

---

[3] Mit Schirm, Charme und scharfer Zunge. Feature zum 75. Geburtstag von W. Harich von Matthias Eckhodlt. Radio Kultur, 9. Dez. 1998.

Flügel ergänzte. 2. Vorlesungen über die *klassische deutsche Philosophie*, (mit wöchentlich 4 Std.), die Harich im Audimax für die ganze Philosophische Fakultät hielt. In dieser Periode der Philosophiegeschichte war er zu Hause. 1951 war er mit der Schrift „Herder und die bürgerliche Geisteswissenschaft" promoviert worden und hatte sich zu ihrer Vorbereitung intime Kenntnisse des gesamten Umfelds dieser Thematik erworben. Der von mir hier publizierte Vorlesungs-Ausschnitt stammt aus eben diesem Umfeld. Harichs Interesse speziell an dieser Periode aber hängt wohl nicht zuletzt damit zusammen, dass die in ihr gewonnenen Erkenntnisse und Einsichten der Entstehung der marxistischen Philosophie, – insbesondere ihrer Rezeption der Dialektik – unmittelbar vorauszusetzen sind. Daher verwandte Harich für die Analyse der Philosophie Kants 20 und für die Hegels 32 Stunden. Und Harichs Nachlass, den zu veröffentlichen Andreas Heyer gerade im Begriff ist, weist insbesondere für die 50er Jahre aus, wie intensiv Harich auf der Suche nach den verborgenen für die marxistische Philosophie nutzbar zu machenden Erkenntnisse v. a. Hegels war.[4] Angesichts von so viel Hegelei hatte er am Ende des Semesters für Feuerbach und die Junghegelianer nur noch ganze 6 Stunden übrig, was er gewiss selbst am meisten bedauerte, da sein eigener anthropologischer Materialismus unverkennbar von seiner Nähe zu Feuerbach zeugt.[5]

Diese Vorlesung spaltete die Hörerschaft. Während sich bei einem Teil der Studenten herumgesprochen hatte, dass man diese Vorlesungen unbedingt hören müsse, wolle man einer philosophischen Analyse auf hohem intellektuellen marxistischem Niveau begegnen, randalierten in den hinteren Reihen des stets brechend vollen Audimax mitunter von ihren Funktionären aufgehetzte FDJ-ler, um die Stalin-Shdanowsche Verurteilung Hegels und der klassischen deutschen Philosophie gegen Harichs positives Urteil durchzusetzen.[6]

---

[4] Schriften aus dem Nachlass Wolfgang Harichs in 11 Bänden. Hg. A. Heyer. Bd. 5: An der ideologischen Front. Hegel zwischen Feuerbach und Marx, 2013; Bd. 3: Widerspruch und Widerstreit. Studien zu Kant, 2014.

[5] W. Harich: Über Ludwig Feuerbach. Zur 150. Wiederkehr seines Geburtstages. In: Deutsche Zeitschrift für Philosophie, 2, 1954, 2, S. 279-287: Wieder abgedruckt in A. Heyer (Hg.) Wolfgang Harich: An der ideologischen Front, S. 315-325. Außerdem wirkte Harich in den 70er Jahren an der Edition der Gesammelten Werke Feuerbachs mit. Vgl. W. Schuffenhauer: Ludwig Feuerbach. Eine erste Bilanz der *Gesammelten Werke.* In: H.-C. Rauh/H.-M. Gerlach (Hg.) Ausgänge. Zur DDR-Philosophie in den 70er und 80er Jahren, Berlin 2009, S. 164.

[6] Das Stalin-Shdanowsche Urteil lautete kurz gefaßt: „Hegels Philosophie war ebenso wie die ganze idealistische deutsche Philosophie um 1800 eine aristokratische Reaktion auf die französische bürgerliche Revolution und den französischen Materialismus des 18. Jahrhunderts." Vgl. Große Sowjetenzyklopädie Bd. 43 (Reihe Geschichte und Philosophie). Hier zitiert nach der deutschen Ausgabe Berlin 1955, S. 11f.

Kommentar

1) Harich beanspruchte für sich mit Recht, auf marxistische Weise Geschichte der Philosophie zu betreiben. Denn er erklärte die einander ablösenden Gedankensysteme der Philosophen historisch-materialistisch, d. h. als Produkte der mentalen und gedanklichen Verarbeitung der jeweils gegebenen materiellen Kultur, der bestehenden ökonomischen, politischen und sozialen Verhältnisse, einschließlich ihres Horizontes an historischen Hoffnungen und Enttäuschungen. Er suchte m. a. W. dem, was Hegel den jeweiligen „Zeitgeist" genannt hatte, auf die Schliche zu kommen. Die Aufklärung solcher Zusammenhänge war eine der tragenden Säulen seiner Vorlesungen, und er war hinreichend historisch gebildet, um den Zusammenhang der Ideen mit dem materiellen gesellschaftlichen Sein nicht zum Dogma, zum leeren Schematismus verkommen zu lassen. Ich verdanke diesen Erklärungen manches Aha-Erlebnis, und die Einsicht, daß die historisch-materialistische Analyse unverzichtbar ist, um die Entwicklungsbedingungen philosophischen Denkens aufzuklären.

2) Auf den ersten Blick quer zu diesem Ansatz scheint das zweite fundamentale Moment von Harichs Vorlesungs-Konzeption zu stehen: Nämlich die mit Hegel unterstellte relative Eigenständigkeit der Entwicklung philosophischen Denkens. Die Geschichte der Philosophie ist ihm nicht nur gedanklicher Reflex gesellschaftlicher Verhältnisse, sondern ein fortschreitender Prozeß philosophischer Erkenntnis- und Wahrheitsproduktion durch Personen, der seiner eigenen Logik folgt. D. h., die von Harich vorgestellten Philosophen von Thales bis Hegel werden von ihm nicht auf Sprachrohre des Zeitgeistes, nicht auf abstrakte Repräsentanten eines bestimmten Klassenbewußtseins reduziert, sondern werden in ihrer Würde als Personen ernst genommen, sind als Ideenproduzenten von autonomer Statur und Geltung unterstellt.

Das Movens, das diesen Prozeß vorantreibt, ist der innerphilosophische Diskurs, die Konkurrenz der Philosophen untereinander um die richtige Antwort auf die im innerphilosophischen Diskurs aufgeworfenen Fragen und die wechselseitige Kritik und Korrektur der angebotenen Problemlösungen. Unter diesem Aspekt hat Harich die Geschichte der Philosophie – ganz im Sinne Hegels – auch als Geschichte aufeinander folgender *Innovationen,* als eigengesetzliche Entwicklungsgeschichte verstanden und gelehrt. In seinen besten Vorlesungen gab er seinen Hörern Einblick in die Werkstatt philosophischen Denkens. Er vermittelte dann nicht nur die *Denkprodukte* der jeweiligen Philosophen, sondern ließ seine Hörer an der Methode ihrer *Produktion* teilnehmen: Am Negieren, Aufheben und Aufbewahren der Ergebnisse der jeweiligen Vorläufer. Seine Vorlesung zur klassischen deutschen Philosophie 1953/54 hatte er daher mit dem Spruch des Apostel Paulus eröffnet: „Siehe, die Füße derer, die mich hinaustragen werden, stehen schon vor der Tür".[7] Nicht zuletzt diese Sicht machte den großen Reiz seiner Vorlesungen aus.

3) Für den wichtigsten, die Entwicklung der vormarxistischen Philosophie vorantreibenden Widerspruch hielt Harich den prozessierenden, sich permanent reproduzierenden Gegensatz zwischen Materialismus und Idealismus. „Der Kampf zwischen Materialismus und Idealismus ist der Motor der Entwicklung der Philosophie", erklärte er gleich zu Beginn seiner Vorlesungstätigkeit. Und diese Behauptung hatte bei ihm folgende Implikationen. Originalton Harich: „Vor Marx hat es keinen Idealismus gegeben, der nur Rückfall gewesen wäre."[8] D. h., die idealistischen philosophischen Systeme waren für die Entwicklung der Philosophie nicht weniger produktiv wie die materialistischen, ja, der innovative Part wurde zu bestimmten Zeiten, wie etwa in der Epoche der klassischen deutschen Philosophie, vom Idealismus realisiert.

Damit widersprach Harich vehement der unter DDR-Marxisten verbreiteten Behauptung, dass alle materialistische Philosophie fortschrittlich, aber alle idealistische Philosophie reaktionär sei. Er erklärte sie schlicht für falsch. Und für falsch hielt er die Bewertung der klassischen deutschen Philosophie und der Philosophie Hegels „als aristokratische Reaktion auf die französische bürgerliche Revolution und den französischen Materialismus" Dieses Urteil hatte Stalin gefällt; es war von Shdanow propagiert, aus der Sowjetunion in der DDR importiert worden und kursierte – wie schon gesagt – seit 1948 als Interpretationsschema auch hierzulande.[9] Mit der Annahme dieser These aber werde, so Harich, – wie R. O. Gropp in der Hegel-Debatte dann in der Tat demonstrierte – eine unüberbrückbare Kluft zwischen marxistischer und vormarxistischer Philosophie aufgerissen.[10] „Der deutsche Idealismus" –

---

[7] Vgl. Eigene Mitschrift zur Geschichte der Philosophie, Harich 7. doc., S. 1.
[8] Vgl. ebd. Harich 1. doc.
[9] Vgl. auch A. Shdanow: Kritische Bemerkungen zu G. F. Alexandrows Buch *Geschichte der westeuropäischen Philosophie*. Rede auf der Philosophentagung in Moskau, Juni 1947; in der SBZ erstmals im April 1948 erschienen.
[10] Vgl. R. O. Gropp: Die marxistische dialektische Methode und ihr Gegensatz zur Dialektik Hegels. In: Deutsche Zeitschrift für Philosophie 2, 1954, 1.

so Harich im Gegensatz dazu – „ist der höchste Ausdruck der Französischen Revolution. Es gibt nichts in der europäischen Philosophie der neunziger Jahre des 18. Jahrhunderts, was dem Jakobinertum verwandter wäre als das Schaffen Fichtes, und von keinem Philosophen vor Marx ist die weltgeschichtliche Bedeutung der bürgerlichen Revolution und ihrer widerspruchsvollen Resultate tiefer begriffen worden als von Hegel."[11]

4) Das führt mich zu einer weiteren These. Sie betrifft Harichs Erbekonzeption. Harich teilt zwar die Auffassung seiner Genossen, daß die Entwicklung der Philosophie in Marx' gipfelt und kulminiert, daß Marx sozusagen die Wahrheit, die materialistische Aufhebung der Philosophie Hegels ist. Im Verständnis der Shdanow-Fraktion bedeutete dies jedoch, daß alle in der vormarxistischen Philosophie gewonnenen Erkenntnisse und Einsichten in der marxistischen Philosophie auch aufbewahrt worden sind, weshalb man sich bei den Vorläufern der vormarxschen Philosophie nicht weiter aufzuhalten brauche. Anders Harich. Diese einseitige Fixierung auf die „Überlegenheit" des Marxismus über alle bisherige Philosophie schneide die marxistische von der vormarxistischen Philosophie ab und verwandle sie in ein geschichtsloses Dogma. In dieser Sicht hat die Beschäftigung mit aller vormarxschen Philosophie nur noch antiquarische Bedeutung. Denn einen anderen, produktiven Sinn kann die Beschäftigung mit einer toten, auf „längst zerschlagene und begrabene philosophische Auffassungen" reduzierte Geschichte der Philosophie nicht haben.[12]

Wie für Bloch gibt es auch für Harich ein „unabgegoltenes Erbe der Vergangenheit", d. h. ein nicht oder noch nicht marxistisch aufgehobenes Gedankengut, das uns als „Zukünftiges entgegenkommen kann".[13] Wie er das verstanden wissen wollte, hat Harich z. B. anläßlich des Feuerbach-Jubiläums 1954 ausgesprochen. Natürlich sei es richtig, Feuerbach von Marx her zu sehen. Das werde jedoch – so Harich – „in dem Augenblick falsch, wo man sich durch sein unmittelbares Vorläufertum zum Marxismus dazu verleiten läßt, es sich mit

---

[11] So Harich in seinem Artikel: Über das Verhältnis des Marxismus zur Philosophie Hegels. In Deutsche Zeitschrift für Philosophie 4, 1956, 5. Diesen schrieb Harich nach dem XX. Parteitag als er meinte, Klartext reden zu können. Doch das Heft wurde nach der Verhaftung Harichs eingestampft. Der Aufsatz ist jetzt wieder publiziert in A. Heyer: Wolfgang Harich: An der ideologischen Front, vgl. S. 206.
[12] Vgl. ebd. S. 191. Harich zitiert hier Shdanow, der gemäß seiner Konzeption die Geschichte der Philosophie folgerichtig in eine Sammlung toter Artefakte verwandelt.
[13] Vgl. W. Harich: Die Lehre von Marx und die philosophische Bildung der deutschen Intelligenz, in: Deutsche Zeitschrift für Philosophie 1, 1953, 2, S. 280.

ihm selber allzu leicht zu machen, so als ob sein gesamtes Werk schon dadurch erledigt und abgetan wäre, daß es dem unermeßlich Größeren ein Stück seines Weges bahnen half." Der marxistische Erbantritt „erschöpft sich nicht in der tautologischen Feststellung, daß die überwundenen Stufen des Wissens eben überwunden sind, sondern sucht sich des Reichtums bleibender Erkenntnisse ungeschmälert zu versichern, der allein sie zu Stufen des Wissens macht".[14]

Auf diesem Eigensinn der Gestalten der Philosophiegeschichte, auf ihrem „Reichtum bleibender Erkenntnisse", hat Harich in seinen Vorlesungen bestanden, so daß man Respekt vor den geistigen Leistungen der Vorvorderen – der Idealisten nicht weniger als der Materialisten – bekam, die die Parvenühaltung gegenüber der Vergangenheit ausschloß, welche die Stalin-Shdanow-Fraktion zu erzeugen wußte.

5) Harichs geschichtsphilosophische Erbe-Konzeption war eng mit seiner politischen Orientierung, mit seinem Engagement für einen besonderen deutschen Weg zum Sozialismus, mit seinen Hoffnungen auf die Wiederherstellung der Einheit Deutschlands verbunden. Im wiedervereinigten Deutschland werde die marxistische mit der bürgerlichen Philosophie konkurrieren müssen und das könne erfolgreich nur geschehen, wenn der Marxismus als Produkt und nicht als Fremdling der europäischen Geistesgeschichte begriffen werde, als Produkt ihrer besten Traditionen – der klassischen deutschen Philosophie. Das von Stalin-Shdanow über sie vorgegebene Urteil hielt Harich sowohl für wissenschaftlich unhaltbar als auch für politisch verheerend. Die marxistische Philosophiegeschichte müsse diskursfähig sein, also den Kriterien wissenschaftlicher Argumentation genügen.

Diese Vorgaben hat er in seinen Vorlesungen realisiert, und 1952 suchte er sie mit einer *Hegel-Denkschrift an Politbüro-Mitglied Oelßner* für die philosophische Ausbildung allgemein durchzusetzen. „Die Philosophiestudenten, die wir heute ausbilden, werden sich mit der bürgerlichen Intelligenz Westdeutschlands auseinanderzusetzen haben. Sie werden dazu aber nur imstande sein, wenn sie sich konkrete Kenntnisse unseres nationalen Kulturerbes angeeignet haben."[15]

---

[14] W. Harich: Über Ludwig Feuerbach, a. a. O., S. 281.
[15] Vgl. Hegel-Denkschrift von Wolfgang Harich, gerichtet an Politbüromitglied Fred Oelßner am 29. 3. 1952, In: S. Prokop: Ich bin zu früh geboren. Auf den Spuren von Wolfgang Harich, Berlin 1997, Anhang S. 213. Jetzt auch in A. Heyer: Wolfgang Harich. An der philosophischen Front, S. 147.

Im Konflikt zwischen Wissenschafts- und Parteidiskurs, in dem sich Harich mit seinen Vorlesungen permanent befand, – und der für Philosophen im kommunistischen Wissenschaftsbetrieb fast unvermeidlich war – , hat sich Harich damals dafür entschieden, in der Philosophie nur die Regeln des Wissenschaftsdiskurses gelten zu lassen. In seinen lange verschollenen *16 Thesen zur Weiterentwicklung des Marxismus,* dem *Vademekum für Schematiker und Dogmatiker* vom Sommer 1956 verlangte er, Philosophie, Wissenschaft, Kunst und Moral von der Leitung der Partei unabhängig zu machen.[16]

---

[16] So lautete noch 1979 das parteioffizielle Urteil zum „Revisionismus" Harichs! Vgl. Zur Geschichte der marxistisch-leninistischen Philosophie in der DDR, Berlin 1979, S. 189.

Vorlesungsmitschrift von Camilla Warnke

Wolfgang Harich über den deutschen Pantheismus

11. 12. 53

Die deutsche Aufklärung hat vor der franz. Revolution zwei Höhepunkte: Kant und den Pantheismus. Beide haben die gleichen gesellschaftlichen Grundlagen und Tendenzen. Beide haben daher auch dieselben Schranken. Beide stehen im Gegensatz zum Atheismus. Der Protestantismus war reaktionär geworden, er hatte sich zum Scholastizismus entwickelt. Es gab gegen ihn die deistische Opposition. Aber die war nicht aus der Theologie herausgekommen. Dagegen richteten sich Kant und die Klassiker: Kampf gegen den deutschen Deismus und die Wolffsche Metaphysik. Beide hatten das Ziel, die Religion zugunsten der Wissenschaft zu verdrängen. Aber es erfolgte kein Durchbruch zum Atheismus und Materialismus.

Im **deutschen Pantheismus** kommt dieselbe gesellschaftliche Tendenz wie bei Kant in anderer Weise zu Ausdruck. Beim Versuch der Begründung einer neuen Weltanschauung wird auf **Spinoza** zurückgegriffen. Spinozas Pantheismus wird v. a. von Dichtern rezipiert. Und er hat größeren Einfluß auf die klassische deutsche Philosophie als Kant. Kant ist für sie nur eine Übergangsperiode. Das Schwergewicht liegt auf dem objektiven Idealismus. Elemente von Kants Philosophie werden auf neuer Grundlage übernommen, und diese Grundlage ist vom Pantheismus bestimmt.

Spinozas Philosophie ist antiorthodox und antischolastisch, die naturwissenschaftliche Bildung fördernd, aber die Religiosität erhaltend. Spinoza war

Vertreter der oligarchischen Handelsbourgeoisie der Niederlande. *Pantheismus ist verschleierter Materialismus.* Das kommt den deutschen Denkern zugute, wenn sie sich auch dessen nicht bewußt sind.

Was sind Spinozas Lehren? Spinoza will Regeln für die Individuen geben, die in Übereinstimmung mit den Gesetzen der Natur stehen. Man findet bei ihm erste Keimformen des dialektischen Verhältnisses von Freiheit und Notwendigkeit: Man muß in Übereinstimmung mit der Natur glücklich sein. Er verbindet Descartes' Methode mit einem Ausgehen vom Substanzproblem. Substanz ist das, was zu seiner Ursache keines anderen bedarf = Natur = Gott. Diese Substanz hat unendlich viele Attribute. Wir erfassen nur zwei: Ausdehnung und Denken. Auf dieser Grundlage ist er Gegner jeder Teleologie. Er hat auf der Grundlage des Pantheismus ein rein mechanistisches Weltbild.

Die Lehre Spinozas ist geeignet, die Wolffsche Schulmetaphysik zu überwinden. Dem *Spinozastreit in den 80er Jahren des 18. Jh.* ist eine spinozistische Bewegung in Deutschland vorausgegangen. Spinoza wurde als Atheist verschrieen. Eine Reihe unbedeutenderer Denker hat den Spinozismus vertreten, z. B. **Edelmann,** der bei Friedrich II. Asyl fand mit der Maßgabe, nichts zu veröffentlichen. In den 80er Jahren gelangt der Spinozismus in die Öffentlichkeit.

Am Anfang des *Spinozastreites* steht das Gespräch zwischen **Lessing und Jacobi.** Jacobi hatte Lessing **Goethes** *Prometheus* vorgelesen. Und Lessing hatte dieses Gedicht bedeutend gefunden. Lessing kommt von Leibniz-Wolff her. Er unterscheidet zwischen exoterischer = öffentlicher und esoterischer = geheimer, freigeistiger Lehre. Lessing hat die Bibelkritik unterstützt und angeregt – *Fragmente eines Ungenannten* – und führte den Kampf gegen die protestantische Orthodoxie (Goeze). Aber er erkennt, daß die Aufklärung in Deutschland den Hauptangriff gegen den Deismus richten muß, d. h. gegen Vernunftargumente zur Stützung der Religion. Gegen Ende seines Lebens bekennt er sich als Anhänger Spinozas: „en kai pan – ich weiß nichts anderes, reden doch die Leute immer von ihm wie von einem toten Hunde".

Mendelssohn steht als Deist dem Spinozismus verständnislos gegenüber. **Jacobi** redet dem Irrationalismus das Wort (sein geistiger Nachfahre ist Kierkegaard). Die Vernunft führe zum Atheismus, d. h. zu Spinoza. Daraus folgt für ihn: Eben deswegen sei die Vernunft kein Mittel zur Erfassung dessen, was ist. Es komme auf den Glauben an, die Vernunft ist nichts wert. Die einzige Substanz ist das unmittelbare Wissen = der Glaube. Damit stellt Jacobi dem Spinozismus eine extrem reaktionäre Richtung entgegen. Lessing dazu: „Worte, Worte, die Grenzen, die sie setzen wollen, lassen sich nicht bestimmen. Sie bereiten der Blindheit das Feld". Mit seinem Spinozismus bereitet **Lessing** der Überwindung des Agnostizismus den Weg und legt die Grundlage für den deutschen Idealismus. Lessing spricht sich für den Determinismus aus. Dagegen Jacobi: Der Gedanke, der unsere Entscheidung determiniert, ist seinerseits determiniert. Dieser Gedanke Jacobis erregt das größte Aufsehen.

Der Kampf gegen den Atheismus wird einerseits auf der Basis der Schulmetaphysik, andererseits auf der Basis des Irrationalismus geführt. Dagegen wiederum wenden sich **Herder** und **Goethe,** indem sie Spinoza vor dem Vorwurf des Atheismus in Schutz nehmen. Dadurch wird der nicht-atheistische Spinozismus zur Grundlage des objektiven Idealismus. Diese Tendenz zeigt sich v. a. in **Herder**s *Gott:*
Dialog zwischen Theophron und Philolaos. Th. versucht Spinoza rein zu waschen, indem er ihn von seinen materialistischen Tendenzen fortführt. Daß Spinoza Gott in Form der Ausdehnung begreift, sei seine schwächste Seite. Bei Sp. sei die als Ausdehnung gefaßte Materie tot. Aber die Materie ist nicht tot, sondern sie lebt. Hier finden sich Keime der Dialektik.

Herder verbindet mit dem Spinozismus den **Leibniz**schen Kraftbegriff und knüpft an **Diderots** Hylozoismus an. Er hat mit Leibniz gemeinsam a) den Substanzbegriff, der bei ihm idealistisch ist: Das Geistige, das sich äußert; b) das Wesen der Materie ist Lebendigkeit. Es existiert ein großes Stufenreich der Bewegtheit der Materie. Er hat im Vergleich mit Leibniz die Fensterlosigkeit der Monaden überwunden. Alles steht in Wechselwirkung mit allem, alles ist im Fluß, es gibt nichts Endgültiges, es herrscht Einheit der Gegensätze. Diese Vorstellungen Herders werden bei **Schelling** und **Hegel** begrifflich scharf gefaßt. Es wird ein fortlaufender Prozeß des Aufsteigens vom Niederen zum Höheren angenommen.

Dieselben Vorstellungen finden wir bei **Goethe** in den 80er Jahren. Er lernt in Leipzig die **Wolffsche Schulmetaphysik** kennen und verwirft sie (Vgl. die Schülerszene im *Faust*). Goethe bekennt sich nicht zum französischen Materialismus, den er in den Schriften Holbachs kennenlernt. Seine Ablehnung erfolgt aus seiner Ablehnung des Mechanizismus. Er hat Sympathien zum hylozoistischen Materialismus Diderots. 1774 Studium Spinozas: Dessen Produkt ist der *Prometheus*. Besonders zieht ihn der Gedanke der Fügung in die Notwendigkeit an. Das wird bei ihm zum kontemplativen Verhalten zur Welt. In der ersten Weimarer Zeit und der Zeit der italienischen Reise erscheint ihm die spinozistische Philosophie als Grundlage einer neuen Naturanschauung. Bei Goethe fehlt die Verstärkung der idealistischen Seite Spinozas. Auch er denkt den Pantheismus mit dem Entwicklungsgedanken zusammen.

Der Entwicklungsgedanke in der deutschen Philosophie

Er setzt voraus:
- Leibniz' Monadologie
- Kants Nebularhypothese
- Caspar F. Wolfs Überwindung des Präformismus
- Naturanschauung von Herder und Goethe
- Herder: *Ideen zur Philosophie der Geschichte*
- Goethe: *Zwischenkieferknochen, Metamorphose der Pflanzen und Tiere*
- Ansätze zur historischen Dialektik:
- Lessing: *Erziehung des Menschengeschlechts*
- Herder*: Historische Werke*
- 4. und 5. in Verbindung mit dem Pantheismus.

Jacobi tritt sowohl gegen den Pantheismus als auch gegen die Kantsche Philosophie auf, wobei er auf Hume zurückgreift. Die Realität der Außenwelt kann nicht bewiesen, sie kann nur geglaubt werden (Hume*)*. Wir haben sie nur in der unmittelbaren Gewißheit des Gefühls. Die Realität der Außenwelt und der Gottheit setzt er auf eine Stufe. Von dieser Position aus führt er seinen Kampf gegen Kant, Fichte und den Pantheismus.

15. 12. 53

Zum Pantheismus Johann Gottfried Herders

Ist v. a. in der Werken: *Gott* und in den *Ideen zur Philosophie der Geschichte* zu finden. Der deutsche Idealismus wird zum objektiven Idealismus in dem Moment, als an Herder angeknüpft wird. Den deutschen Pantheismus hat v. a. Herder ausgearbeitet. Es geht darum, den halbscholastischen Deismus zu überwinden, aber zugleich sind Materialismus und Atheismus noch nicht möglich. *Weltfrömmigkeit* ist das objektiv Mögliche. Hegel hat Kant überwunden, aber das Herdersche Denken hat er streng gefaßt, wenn sich auch Herder dagegen gewehrt hat. Der Objektivismus entwickelte sich zwangsläufig.

Spinoza hat ein mechanisches Weltbild à la Newton. Der objektive Idealismus überwindet diese Schranke, indem er die Weltsubstanz zur Entwicklung bringt und die Dialektik begründet. Die Welt ist dynamisch gefaßt: Das ist das Progressive des deutschen Idealismus.

Herder hat den Evolutionismus eingeführt. Die Natur ist ihm ein Stufenreich von Kräften. Leibniz, Diderot, Shaftesbury und der vorkritische Kant sind hierin seine Vorläufer. Die Nebularhypothese Kants führt zu der Annahme, daß die Pflanzen und Tiere und auch der Mensch sich vom Niederen zum Höheren entwickeln. Schelling knüpft an diesen Gedanken an. In der Geschichtsphilosophie knüpft Herder an den französischen Materialismus an und hebt ihn auf eine höhere Stufe. Er hatte tiefere Einsicht in die historische Entwicklung und kam zu der Einsicht, daß die Vergangenheit zu ihrer Zeit nicht positiv gewesen war. Auch in diesem Zusammenhang konnte Herder von der Nebularhypothese ausgehen: „Der Geist der Veränderungen ist der Kern der Geschichte". Herder übernimmt von Leibniz das Individualitätsprinzip: Jede Nation ist in ihrer Besonderheit zu sehen und aus ihrer inneren, immanenten Notwendigkeit zu verstehen. (An Katharina II: Man dürfe Rußland nicht die Gesetze des Westens aufoktroyieren). Dies führt aber nicht dazu, daß Herder das Überlebte verteidigt. (Ranke und Spencer stehen in dieser Hinsicht tief unter Herder, sie sind Apologeten der Bourgeoisie.)

In Bezug auf die nationale Frage ist Herder heute noch aktuell. Im zerrissenen Deutschland, das gegen die Schranken der nationalen Entwicklung kämpfen muß, wird das Problem akut und Gegenstand der Theorie. Herder ist eine nationale Gestalt: Er fordert die Einheit Deutschlands, ist aber frei vom Chauvinismus, denn er hat ein tiefes Verständnis für nationale Besonderheiten. Er hat in seinem Leben verschiedene Völker kennen gelernt und das Individualitätsprinzip befähigt ihn dazu, diese zu erkennen: Das Menschengeschlecht ist eine Einheit, die aber nur in der Besonderheit der verschiedenen Völker existiert. Er ist der erste Deutsche, der den Slawen gerecht wird. Herder war Geburtshelfer des Nationalbewußtseins vieler Völker. Er hat die Intervention des Feudalismus in das revolutionäre Frankreich verdammt und zugleich die Versklavung der Kolonien. **H. Heine** hat ihn hoch geschätzt.

Herder plädiert dafür, daß das ganze Volk an der Dichtung teilnehmen solle. Dies sei in England der Fall, aber nicht in Deutschland. Auch Deutschland habe seine Volkssagen. Aber hier werden sie verschmäht. Es bestand damals ein starker Einfluß der englischen Literatur auf Deutschland. Das bürgerliche Drama und der Roman kommen von dort. Dort beteiligt sich der Schriftsteller an den öffentlichen Geschäften. England hat eine starke eigene literarische Tradition. Mit seinem *Shakespeare-Aufsatz* hat Herder in Deutschland das historische Verständnis für Shakespeare angebahnt, dessen Verständnis ihm über die Volkslieder zugewachsen ist. Die früheren deutschen Verehrer Shakespeares, die es durchaus gegeben hat, neigten dazu, Shakespeare gegenüber den griechischen Dramen zu verteidigen. Herder aber sagt: Die Dichtungen verschiedener Nationen und zu verschiedenen Zeiten sind gleichwertig. Jetzt neigt sich die Waage zugunsten Shakespeares.

Herder und das Volkslied (vgl. 10. Buch: *Dichtung und Wahrheit).* Dichtung ist Völkergabe und Weltgabe und nicht die Frucht genialer Männer. Das ist die Grundlage für den Shakespeare-Aufsatz. Bis dato waren die nordischen Völker als roh und unkünstlerisch verschrieen gewesen. Das ändert sich auch dadurch, daß in Deutschland durch die Physiokraten die wirtschaftliche Bedeutung der Bauern entdeckt wird. Begeisterung der Literaten für den schottischen „Ossian". Herder rechnet zu Volksliedern alles, was die Merkmale des Volkes an sich trägt.

20. 1. 54

Die Voraussetzungen der klassischen deutschen Philosophie

Ideengeschichtliche Voraussetzungen. a) Die kritische Philosophie Kants. Fichte, Hegel. b) Pantheismus: Lessing, Herder, Goethe. Der Pantheismus stellt sich gegen die extramundane Gottesvorstellung; Tendenz zur Diesseitigkeit des Weltbildes in religiöser Form. (Vgl. Heine: *Zur Geschichte der Religion und Philosophie in Deutschland.*) Die Göttlichkeit des Menschen wird proklamiert. c) Beginn der dialektischen Weltbetrachtung. d) Das Wichtigste: Die französische Revolution verändert die Problemstellung radikal. In der Aufklärung war es um den Kampf um ein diesseitiges Weltbild und gegen feudale Privilegien gegangen. In der klassischen deutschen Philosophie geht es um die Probleme und Widersprüche der bürgerlichen Gesellschaft.

Die Dialektik der deutschen Aufklärung (= Punkt c):

Zwischen Spinoza und dem **deutschen Pantheismus** besteht ein großer Unterschied. Spinozas substantia hat die Attribute Denken und Ausdehnung. Die Weltsubstanz bei **Schelling** und **Hegel** ist *Subjektsubstanz,* d. h. Spinozas Substanz wird nun als Subjekt bestimmt, dessen Wesen Hervorbringung, Tätigkeit ist, und die durch das

Hervorbringen immer reiferer Formen schließlich ihr Selbstbewußtsein erlangt. Hierfür sind 2 Momente der Aufklärung vorausgesetzt:
- Substanz = Subjekt, **das transzendentale Subjekt Kants**, das überindividuelle Ich, die transzendentale Apperzeption.
- Das Dialektisch-Prozeßhafte, das schon von **Lessing, Herder** und **Goethe** in den Pantheismus hineingetragen worden ist.

Leibniz:

a) Monaden = bewegte, tätige Kräfte, Atome dynamisch gefaßt.

b) Dialektische Lösung des Verhältnisses von Allgemeinem und Individuellem. Monaden sind voneinander je unterschiedene Individuen im streng qualitativen Sinne. Zugleich spiegelt jede einzelne Monade die Gesetzmäßigkeit des Universums, des Monadenreiches wider. Untrennbare wechselseitige Durchdringung von Einzelnem und Allgemeinem, wenn auch in mystischer Fassung.

c) Monaden bilden ein Stufenreich dynamischer Kräfte. Abstufung des Seins nach Graden der Vollkommenheit des Bewußtseins. Zwischen den Bereichen des Anorganischen und Organischen muß es unmerkliche Übergänge geben. Dies führt zu dem Gedanken, daß sich das Höhere aus dem Niederen entwickelt hat. Das Höhere wird in das Niedere als schlummerndes Bewußtsein hineingedeutet. Wegen der Fensterlosigkeit der Monaden gibt es keine Beziehung zwischen ihnen. Die Monaden sind in Einzigartigkeit geschaffen und unveränderlich.

Kant:

a) Das Frühwerk Kants, die naturphilosophische Phase der Kantschen Jugendentwicklung. In den Schriften dieser Periode führt Kant folgende Gedanken ein: Attraktion und Repulsion sind Grundkräfte aller Materie. Sie führen uns mit der Repulsion auf Leibniz' Monaden und mit der Attraktion auf Newton zurück. Attraktion und Repulsion sind Ursache allen Geschehens. Daran hält K. lange fest. Von da aus ist dieser Gedanke zu **Schelling** gewandert. Das Polaritätsprinzip ist einer der wichtigsten Gesichtspunkte der klassischen deutschen Philosophie.

b) Die *Allgemeine Naturgeschichte und Theorie des Himmels* 1755 vollendet die klassische Astronomie. Fazit: Das Planetensystem bedarf keines Schöpfers. Er hat nur Materie erschaffen. Ist sie da, entwickelt sich das Planetensystem von selbst. Wenn der Zusammenhang zwischen Sonne und Planeten nur durch Attraktion bestimmt wäre, müßten die Planeten in die Sonne stürzen. Auf die Frage, woher die Schwungkraft der Bewegung kommt, hatte Newton geantwortet – von Gott. Das weist Kant zurück. Es müsse eine physikalische Lösung dieses Problems geben. Wenn man sie jetzt nicht sehen könne, müsse es sie früher gegeben haben. Kant unterstellt ein Urchaos, aus dem sich durch Attraktion anwachsende Verdichtung ergeben habe. Teilchen bilden die Sonne und die übrigen Teilchen bewegen sich vermöge Attraktion und Repulsion um den Zentralkörper; diese verdichten sich zu Planeten und zu Monden.

Diese Schrift enthält zwei epochemachende Momente: 1. Ihr Inhalt liegt in der Tendenz der Aufklärungsphilosophie. Sie ist antitheologisch. 2. Sie enthält den Entwicklungsgedanken. Die Naturanschauung des 18. Jh. war statisch: Newtons Sonnensystem ist so erschaffen worden, wie wir es vorfinden. In der Biologie repräsentiert Linné diese statische Sicht. Er unterstellte die Konstanz der Arten und es herrschte die Präformationstheorie: Menschliche, tierische und pflanzliche Wesen sind im Keim vorgebildet und bedürfen nur noch der Entfaltung. Im ersten Paar sind die Keime aller künftigen Generationen eingeschachtelt. In der Mitte des 18. Jh. wurde dieses Weltbild zum Hemmnis der Entwicklung. Kant stellt als erster die Frage nach dem *gewordenen Sein*, und zwar gleich am scheinbar Stabilsten, am Sonnensystem. Seine methodische Leistung in diesem Zusammenhang: Er abstrahiert vom Vorgefundenen, um den Fehler seiner Verabsolutierung zu vermeiden.

Caspar Friedrich Wolff: *Theoria generationis* 1759. Er erbringt die gleiche Leistung in der Biologie wie Kant in der Astronomie.

Herder: 1762-64 Schüler Kants. Kant ist damals von seiner kritischen Philosophie noch weit entfernt und befindet sich in der Auseinandersetzung mit Hume. Von hier aus entwickelt er seine Gegnerschaft gegen die Schulmetaphysik. Herder stößt auf Kants Frühschrift, die damals unbekannt geblieben war, (so unbekannt, daß **Lambert** und **Laplace** unabhängig von Kant ähnliche Ideen wie dieser entwickelten). Die Grundgedanken von Kants Werk gaben dem weiteren Schaffen Herders die Richtung. In seinen Exzerpten sind Attraktion und Repulsion als Grundkräfte der Materie zu finden. Naive Spekulationen Herders über die mögliche Entstehung des Menschen aus den Tieren. Die Exzerpte liefern das Verständnis für den naturphilosophischen Teil der *Ideen*. Die Verbindung der dialektisch fruchtbaren Gedanken von Leibniz und Kant sind der Anfang der deutschen dialektischen Naturphilosophie.

22. 1. 54

Herder: *Ideen zur Philosophie der Geschichte*

Quellen:
1. **Spinozastreit**. Der deutsche Pantheismus wird hier konkretisiert.
2. **Leibniz**: In *Gott* setzt Herder den Leibnizschen Kraftbegriff an Stelle der toten Ausdehnung. Knüpft an das Leibnizsche Stufenreich der Monaden an. Das Stufenreich ist aber nun nicht mehr ein kontinuierliches Nebeneinander, sondern miteinander verwandt und auseinander herstammend. Theodizee – diesseitig weitergebildet.
3. **Buffon:** *Histoire naturelle générale et particuliére.* Lehre von den lebenden Molekülen, die sich von selbst zu Organismen zusammenschließen. Zweckmäßigkeit wird nicht aus der Tätigkeit des Naturschöpfers erklärt, sondern in der Materie selbst gesucht. Diese wird auch in die unbelebte Natur hineingedeutet. Der Abstammungsgedanke fehlt. Er ist erst mit der Deszendenzhypothese Lamarcks entwickelt worden.
4. Herder knüpft an den vorkritischen **Kant** an und tut daher den Schritt zu einer Entwicklungsvorstellung. In der ersten Fußnote weist er darauf hin. Er entwickelt den Gedanken Kants weiter und stellt ihn in den 90er Jahren dem kritischen Kant gegenüber.
5. *Theoria generationis* von **C. F. Wolff**. Herder hat Goethe mit dem Denken von Wolf zusammengebracht.
6. Enge Zusammenarbeit von Herder und **Goethe** ab 1783 in naturphilosophischen Fragen.

Resultat: 1. Teil der *Ideen.* Herder hatte ein evolutionistisches, religiös-poetisches Weltbild. Das religiöse Moment hat nicht nur taktischen Sinn. Es ist durch sachliche Schranken begründet. Der Gedanke der Entwicklung wird teleologisch gefaßt und kann noch nicht anders gefaßt werden. Kant und Herder bereiten beide den Darwinismus vor. Im Hinblick darauf, daß Herder nicht mit der Teleologie abrechnet, ist ihm Kant überlegen. In Bezug auf den Abstammungsgedanken ist Herder Kant überlegen.

Goethe:
1. Weimarer Periode und italienische Reise 1784: Zwischenkiefer auch beim Menschen (am menschlichen Embryo) vorhanden.
2. Abhängigkeit der Pflanzenformen von der Umwelt.
3. Metamorphose aller Pflanzen und Tiere; Urpflanze - Urphänomen des Lebens. Teilnahme

am Streit zwischen St. Hilaire und Cuvier; Goethe ergreift Hilaires Partei. Cuvier sagt, St. Hilaire tue nichts anderes, als die Naturspekulationen der deutschen Pantheisten zu wiederholen. Goethe: Dies ist im Prinzip richtig.

Schelling hat an Fichte, Herder und Goethe angeknüpft. Unter dem Einfluß von Herder und Goethe verwandelt er den subjektiven in den objektiven Idealismus. An Schelling knüpfen an: **Oken, Steffens,** letzterer ist einer der Lehrer von Marx.

Anfänge einer dialektischen Auffassung der Geschichte

Diese Leistungen, der „deutsche historische Sinn", werden von den modernen Monographien verfälscht. Das habe seinen Grund darin, daß dem Volk die Einsicht in den Geschichtsprozeß unmöglich gemacht werden soll. Der Hauptstoß geht gegen den historischen Materialismus. Hieraus resultiert der Kampf gegen vormarxsche progressive Geschichtskonstruktionen: 1. Gegen die Erkennbarkeit der historischen Gesetze. 2. Gegen den Fortschrittsgedanken.

Ad 1.) Vor dem Dialektischen Materialismus (d. h. der marxistischen Geschichtsauffassung, C. W.) waren zwar die historischen Gesetze nicht erkannt worden, aber es herrschte die Überzeugung von ihrer Erkennbarkeit. Aber **Rickert** behauptet: Den Naturwissenschaften geht es um die Erfassung des Allgemeinen, der Geschichte um die Erfassung des Besonderen (**Neukantianismus**). Das mündet in irrationale Mythisierung der Geschichte: **Spengler.** Welt der Tatsachen und Welt der Wahrheiten haben nichts gemein. Wer in der Welt der Wahrheit lebt, kann nicht in der Welt der Tatsachen leben. Dieses Geschichtskonzept steht im krassen Gegensatz zur aufsteigenden Periode der bürgerlichen Philosophie.

Ad 2.) Der Fortschrittsgedanke wurde im Emanzipationskampf der Bourgeoisie geboren und befindet sich seit der Entstehung des Marxismus in Zersetzung. Er wurde a) liberal verflacht unter Verschleierung der Widersprüche (Fortschritt der Technik = **Spencer**; (Settembrini bei Thomas Mann); b) er wurde direkt destruiert: **Schopenhauer, Ranke**: Alle Epochen sind gleich unmittelbar zu Gott. Im 20. Jh. kommen immer mehr Geschichtsmythen auf. Z. B. **Spengler**: Geschichte besteht aus Kulturzyklen, die sich nach den Lebensgesetzen der Pflanzen vollziehen: Wachstum, Blühen, Welken usw. Sogar der Begriff der Aufeinanderfolge wird aufgelöst. Der **Faschismus** war daran interessiert, Antikapitalismus zu heucheln: Mit der Romantik zurück zum Mittelalter. Die **Romantik** leugnet den Fortschrittsgedanken, sie mythisiert die Geschichte und führt den Kampf gegen die Aufklärung mit dem Vorwurf, diese sei geschichtsblind gewesen. Die französische Revolution ist für die Romantiker ein frevelhafter Eingriff in das organische gewachsene Historische.

In das philosophische Erbe werden reaktionäre Gedanken hineingedeutet. Damit wird alles auf den Nenner „deutscher Geist" gebracht. So wird **Hegel** in Übereinstimmung gebracht mit der **Historischen Rechtsschule** und **Herder** wird zum **Romantiker** erklärt. Der erste, der mit dieser Verfälschung beginnt, ist **Dilthey**. Er behauptet:

- Die Aufklärung sei geschichtsblind.
- Die Revolution sei ein Eingriff in historisch Gewachsenes.
- Es bestehe ein feindlicher Gegensatz zwischen den Ideen der Vorbereitung der französische Revolution und der deutschen Aufklärung.
- Die Gegensätze zwischen progressiv und reaktionär seien in Deutschland verwischt.
- Damit wird der Anschluß an die internationale Reaktion, an **Burke** gefunden.

Wie verhält es sich wirklich mit der Aufklärung?
- Es fehlt der dialektische Entwicklungsgedanke.
- Aus der französischen Revolution resultiert ein historisch ungerechtes Urteil über den Feudalismus.
- Die Postulate werden nicht aus den historischen Gesetzen, sondern aus abstrakten Rechten abgeleitet.

Warum ist das historische Bewußtsein in Deutschland höher entwickelt als in England und Frankreich? In Deutschland entwickelt sich die Aufklärung später, sie kann daher an eine reifere Problemstellung anknüpfen. In Deutschland keine scharfe und direkte antikirchliche Polemik; es fehlt die Basis der Revolution: „Vernunft wird Unsinn, Wohltat Plage". Vorrang der Dichtung und mit ihr die Darstellung des Individuellen. Der eigentliche Kampf gegen die Vergangenheit vollzieht sich auf dem Gebiet der Erkenntnistheorie. Die deutschen Denker halten in ihrer Auseinandersetzung mit den feudalen Institutionen am Fortschrittsgedanken fest. Verbindung des naturphilosophischen Entwicklungsgedankens mit dem Leibnizschen Individualitätsprinzip.

27. 1. 54

Vorlesung zu Herder

Der Entwicklungsgedanke und das Individualitätsprinzip führen zur historisch-dialektischen Betrachtungsweise. **Herder** ist ihr Hauptrepräsentant. Veränderung ist der Kern der Geschichte. Herder will den Ursprung der gesellschaftlichen Erscheinungen erkennen unter dem Gesichtspunkt, daß sie auch in ihren elementaren Stufen begriffen werden müssen. Man darf diese Stufen nicht belächeln. Sie müssen in ihrer Notwendigkeit begriffen werden. Daraus entsteht *Ursprung von Dichtung und Sprache*.

Das steht im engen Zusammenhang mit **Kants** *Allgemeiner Naturgeschichte und Theorie des Himmels*. Kant hatte den Kampf gegen die Vorstellung vom göttlichen Ursprung der Planeten geführt. Herder kämpfte gegen die Vorstellung, daß die heilige Poesie der Hebräer göttlichen Ursprungs sei. Ebenso kämpft er gegen den göttlichen Ursprung der Sprache, gegen den er das Prinzip entwicklungsgeschichtlicher Erklärung stellt. (Ein Argument: Die göttliche Allmacht kann nicht ein Chaos geschaffen haben und so etwas Primitives).

Das Individualitätsprinzip von **Leibniz** wendet Herder auf die Völker und Nationen an, die er als kollektive Individualitäten begreift. Man muß sich in sie hineinversetzen, um sie zu verstehen. Dieser Ansatz hatte folgende Ergebnisse: Die Aufklärung kämpfte gegen die Orthodoxie und stellte ihr die Vernunftreligion entgegen. Diese hatte in Deutschland, in Gestalt der **Wolffschen Schulmetaphysik** scholastische Formen angenommen. Dieser Kampf ist international gewesen. Er wurde in Frankreich von **Voltaire** geführt, der dem Atheismus vorausging. Das orthodoxe Dogma galt als Irrtum und Priesterbetrug. Herder lehnte diese Konzeption ab. Er konzediert, daß es sich bei den Glaubenssätzen der Orthodoxie um Irrtümer handelt. Aber es genüge nicht, diese Irrtümer zu widerlegen, man müsse sie erklären können. Er zeigt, daß die Religion elementare Form einer ersten Philosophie und Spekulation gewesen ist, aus der sich alle späteren Formen entwickelt haben. Er unterscheidet 2 Stufen: 1. Religion der Furcht. Aber auf einer späteren Stufe begannen die Menschen über den Ursprung der Dinge nachzudenken. Diese 2. Stufe ist die mythische Form der Welterklärung, der gegebenen Bewußtseinsstufe angepaßt. Damals hatte der Mythos eine positive Bedeutung, die heute allerdings überwunden ist.

Ähnliche Gedanken hat Herder in die *Bibelkritik* eingeführt. Offenbarungen sind nach den Bibelkritikern historisch entstanden und das Historische verunreinigt das

Vernunftchristentum. Der Wert der Bibel liegt nach Herder gerade im Historischen, im Geist der hebräischen Poesie. Herder hat die historische Betrachtung der Religion gelehrt.

In der Zeit Herders herrschte der Griechenkult, ein Kult der antiken Polis. Dieser wurzelt zum einen in der Opposition gegen den Absolutismus, zum anderen in der neuen Kunstbetrachtung. Dieser Demokratismus gipfelt im Jakobinertum. Der deutsche Vertreter des Griechenkults ist **Winckelmann.** Nach ihm ist die griechische Kunst schlechthin das Vorbild, das mit dem freien Leben der Polisbürger in Zusammenhang gebracht wird. Herder hat daran angeknüpft, aber auf dem Boden seines historischen Denkens erkennt er, daß Winckelmanns Standpunkt borniert ist. W. verachtet die Künste aller anderen Völker, namentlich die der Ägypter, die er für barbarisch hält. Dagegen argumentiert Herder, daß jede Kunst aus konkreten historischen Bedingungen erwachse und einmalig sei. Die Kunst aller Völker und Epochen sei gleichwertig.

Auch die verschiedenen Staatsformen müsse man konkret historisch betrachten, auch das Mittelalter. Man müsse diese Zeit erklären. Aber Herder ist damit keineswegs Romantiker. Er ergreift stets Partei für das Neue, für das Bürgertum. Aber als Dialektiker hat er ein tieferes Traditionsbewußtein als die Aufklärer. Er verteidigt auch die französische Revolution.

Lessing: Der alte Lessing der Wolfenbüttler Periode hat im Kampf gegen Deismus und Orthodoxie Herdersche Gedanken übernommen. Der Deismus ist zur Stütze der Unvernunft geworden. Er bekämpft die deistische Vernunftreligion mit dem Argument, daß sie den Religionen gegenüber abstrakt und unhistorisch sei. Er will ein objektiveres Religionsverständnis haben. Aus dieser Intention ist die *Erziehung des Menschengeschlechts* entstanden. Alle positiven Religionen werden als Mittel der Erziehung der Menschheit durch Gott gewertet. Die Gottheit habe die Erziehung dem geistigen Zustand jeder Epoche anpassen müssen. In der fortschreitenden Entwicklung ist jede der positiven Religionen hinfällig geworden. Die Zukunft der Religion aber ist die: Die Menschen sind so erzogen, daß sie nicht mehr der Drohung und Lockung durch das Jenseits bedürfen, sondern das Gute seiner selbst willen tun. = Analogie zu Kants Überlegungen in der *Kritik der Praktischen Vernunft*. Es bleibt offen, wie es um die unmittelbare Gegenwart steht. Dazu kommt sein Bekenntnis zum Pantheismus.

Hegel: In der *Erziehung des Menschengeschlechts* liegt die Keimform der Hegelschen Philosophie. Der Weltgeist entäußert sich in ein Volk = „Volksgeist". Die Völker gehen daran aber tragisch zugrunde, denn jedes Prinzip trägt seinen Widerspruch in sich. (**Marx,** Marxismus. Dieser Zusammenhang ist auch einer der Gründe, weshalb der

Marxismus in Deutschland entstanden ist). In seinen theologischen Jugendschriften entwickelt er den historischen Gedanken weiter. Er stellt das Problem der Positivität der Religion. Religion ist etwas Fremdes, Erstarrtes. Er gelangt in seiner Frankfurter Entwicklungsperiode zur Entdeckung, daß eine Religion nicht immer positiv gewesen, sondern positiv erst geworden ist. Die These vom Priesterbetrug der Religion teilt er nicht. Hegel gibt nur eine historische Rechtfertigung der Religion. Jede Religion ist fähig, positiv zu werden, und sie wird es dann, wenn sie zur Pflicht wird.

Herder – der Literaturhistoriker

Jede Position der Literaturgeschichte des 19. Jh. ist bei Herder im Keim vorhanden. Im Faschismus wollte man aus Herder einen völkischen Mann machen. 1. Herder hat echtes historisches Verständnis für die Geschichte der Literatur. Das Ideal des Schönen kann nicht zu allen Zeiten dasselbe sein. 2. Der Dichter ist historisch an seine Zeit gebunden.

1766/67: *Versuch einer Geschichte der Dichtkunst (*unvollendet). Hier verwirft er die These vom göttlichen Ursprung der Dichtung. Sie ist analog zur Sprache „natürlichen" Ursprungs. Durch die Literaturgeschichte wollte Herder die Literatur erneuern. Daher steht am Anfang die Kritik. Hier knüpft er an **Lessing** an. Herders Kampf um die deutsche Dichtung war verbunden mit seinem Kampf gegen Absolutismus und Feudalismus. Dem ist er zeitlebens treu geblieben. In der Dichtung: Sehnsucht nach „natürlicher" Entfaltung der Kräfte in einer „unnatürlichen" Zeit. Das äußert sich in der Literatur als Kampf gegen die Regeln des französischen Klassizismus, was zugleich eine Kritik am Despotismus der Höfe ist. Die griechische Antike ist das Vorbild. In Frankreich ist es die römische Antike. Sie wird hier zugunsten des Bürgertums bekämpft, v. a. von Batteux. Winckelmann weist auf die griechische Kunst als das nachahmenswerte Vorbild, wie ihm der griechische Mensch und der griechische Geist als Vorbild in der Lebensführung gelten. Verklärung der Antike zum Wunschbild. Dem setzt er die deutsche Gegenwart entgegen: Den Ernst der Kathedralen und den deutschen Zopf. **E. M. Arndt** kontert diese Verklärung der Antike mit dem Hinweis, die Antike beruhe auf Sklaverei.

Zunächst hatte die Griechen-Schwärmerei Einfluß auf den jungen Herder. Er wollte sogar der Geschichtsschreiber der griechischen Literatur werden. Aber den Wunschtraum Wickelmanns betrachtet er mit Skepsis. Der Nachdruck liegt bei Herder auf Griechenland, Rom betrachtet er als Epigonen. Rom habe den Blick für Griechenland verstellt. Das Römertum sei Träger des Despotismus gewesen, indem es andere Völker unterworfen habe. Diesen römischen Despotismus findet er in seiner Zeit wieder. Das wird deutlich in seiner Schrift *Auch eine Philosophie;* aber er wird hier schon gerechter beurteilt, nämlich als historisch notwendig. Völkerwanderung und Feudalismus werden als Befreiung vom römischen Despotismus gesehen.

Im Verhältnis zur Proklamation der Normativität des Griechischen kommt er zur Auffassung: Veränderung ist der Kern der Geschichte. Wir müssen nicht Nachahmer des Gewesenen sein, sondern die Kunst gemäß unserem Zeitgeist gestalten. Ehe wir die Griechen nachahmen, müssen wir sie und ihre Zeit kennen. Nacheifern müssen wir ihr zwar, aber unsere Zeit ist in ihrem Geiste zu schlecht, um eine Kunst wie die der Griechen zu schaffen. Der Nachdruck liegt bei Herder auf der frühgriechischen Zeit, auf Homer und Pindar. Neben der griechischen Dichtung schätzt er die keltische und frühgermanische. Er schätzt an ihnen das Prinzip der Freiheit und Unverbildetheit (Anknüpfen an Schütze, an Joh. Elias Schlegels Trauerspiel *Hermann, 1743*) Wiederentdeckung von Tacitus *Germania*. Das Germanentum als gesellschaftlich freier Urzustand.

Historische Grundlagen der französischen Revolution

Die französische Revolution bringt die Zäsur zwischen Aufklärung und klassischer deutscher Philosophie. Ursachen der Revolution: Widerspruch zwischen Produktivkräften und Produktionsverhältnissen. Während in der proletarischen Revolution die neuen Produktionsverhältnisse noch nicht da sind, sie werden erst nach der Machtergreifung geschaffen, sind sie in der bürgerlichen Revolution schon da, sie sind im Schoße der alten Gesellschaftsordnung bereits entstanden. Zwischen proletarischer und bürgerlicher Revolution gibt es einen Unterschied an Bewußtheit hinsichtlich der historischen Aufgaben. Das Bürgertum rechnet die Widersprüche des Kapitalismus der alten Gesellschaft zu. Erst nach der Revolution stellt sich heraus, daß es ihre eigenen sind. Die vorrevolutionären Verhältnisse sind keine rein feudalen Verhältnisse, sondern nur noch deren Überbleibsel. Der Feudalismus ist durch die Warenproduktion bereits zersetzt. Die Revolution ist der Kampf der Bourgeoisie gegen die feudalen Reste. Die zentrale Frage ist die der politischen Machtergreifung. Die politische Unmündigkeit der Bourgeoisie steht im Widerspruch zu ihrer ökonomischen Stärke.

Sozialer Inhalt der Revolution: Machtergreifung der Bourgeoisie, die die feudalen Überbleibsel beseitigt und den Weg für die Entfesselung der Produktivkräfte freimacht. Ihre

Mittel: Kampf der Volksmassen vom Sturm der Bastille bis zur Diktatur der Jakobiner im Interesse der Bourgeoisie. Die Herrschaft der Volksmassen kann nur vorübergehend sein. Der Untergang der Demokraten war historisch notwendig, notwendig war der Untergang von Marat, Robespierre, Saint Just. Aber die Herrschaft der Volksmassen war notwendig, um die Revolution konsequent durchzusetzen und gegen den äußeren Feind zu sichern. Das spiegelt sich darin wider, daß die Massen und ihre Führer den Kampf im Zeichen illusorischer Ideen ausfechten.

Ideologie: Diese ist von der Aufklärung hervorgebracht worden und hat folgende Gestalt: Abstrakte Gegenüberstellung des bestehenden „Unnatürlichen" und des „Vernünftigen", dem Menschen schlechthin Entsprechenden, das ein Reich der Vernunft bringen wird. Hier sollen alle feudalen Widersprüche verschwinden.

Dem Adel und der Kirche steht die Nation geschlossen gegenüber. Man erkennt nicht, daß innerhalb des 3. Standes Widersprüche bestehen (Bankier – Tagelöhner). Diese Illusionen haben alle Aufklärer. Es gibt aber einen speziell demokratischen Flügel. Dieser kämpft gegen die Ungleichheit und beginnt auf die Widersprüche hinzuweisen. Aber er rechnet sie den bestehenden Zuständen an. Die Revolution wird die Ungleichheit beseitigen.

Diese Position ist vorbereitet worden durch **Rousseau**. Die demokratische Fraktion: **Rousseau** entwickelt das Ideal des „allgemeinen Willens" des Volkes, welcher die Geschichte des Volkes bestimmen soll. Als Vorbild werden die antiken Sklavenhalterrepubliken genommen, wobei von der ökonomischen Grundlage der Sklaverei abstrahiert wird. Hier war kein Despotismus und die Herrschaft des privaten Interesses war unmöglich. Das höchste Ideal, die „republikanische Tugend", sei ein Leben für die Gesellschaft gewesen, die Herrschaft des Volkes auf demokratischer Basis.

Diese Vorstellungen wurden weiterentwickelt zu einem *primitiven Sozialismus*: **Mably, Morelly.** Aber dies ist nicht die herrschende Meinung des Kleinbürgertums, welches das Recht auf Privateigentum anerkannte. Die Verfassung unterscheidet zwischen den Rechten des Bürgers und den Rechten des Menschen. Als sie die Herrschaft ausüben, geraten sie in einen Widerspruch zwischen den Idealen. Es tritt eine Antinomie zwischen faktischer Macht und faktischen Möglichkeiten ein. Das Ideal von republikanischer Tugend und der kapitalistische Privategoismus sind ebenfalls ein Widerspruch.

29. 1. 54

Die **Jakobiner** rechtfertigen mit der Anerkennung des Privateigentums das kapitalistische Eigentum als Menschenrecht. Gleichzeitig halten sie an der republikanischen Tugend fest. Durch den Terror versuchen sie, die Konsequenzen dieses Widerspruchs zu verleugnen. Hierin zeigt sich eine subjektive Verachtung dessen, was ökonomisch notwendig ist, eine Betrachtungsweise des abstrakten moralischen Sollens. Darin kommt zum Ausdruck, daß die Jakobiner die gesellschaftliche Entwicklung nicht erkennen konnten und somit zum Scheitern verurteilt waren.

Die nachrevolutionäre Entwicklung ist gekennzeichnet durch die Herrschaft des Directoire und die Napoleonische Monarchie. Diese Herrschaft ist historisch notwendig, während die Jakobiner der Entfesselung des Kapitalismus im Wege standen, als ihre historische Mission, die Beseitigung der feudalen Überreste, vollendet war. Wie verhalten sich die Denker nach der Revolution zu deren Resultaten?

1) Der **demokratische Flügel** hat erst realen Boden unter den Füßen, als sich das Proletariat entfaltet. Sein letzter Vertreter war **Babeuf,** der nach isoliertem Aufstand hingerichtet wurde. Dann gibt es bis in die 30er Jahre des 19. Jh. keinen plebejischen Antikapitalismus mehr. Die französischen Arbeiter sind Anhänger Napoleons. Sie halten ihm auch im Untergang die Treue. Deutscher Vertreter des demokratischen Flügels ist **Fichte.**
2) Die **liberale Apologetik:** Denker, die an den Idealen der Aufklärung festhalten. Sie tun so, als ob die Revolution ihre Ideale verwirklicht habe. Verschleierung der Widersprüche. Die bürgerliche Gleichheit vor dem Gesetz gilt ihnen als wirkliche Gleichheit.
3) Die **Romantik:** Sie ist in Deutschland fast ausschließlich reaktionär. Die Romantiker sind keine Apologeten. Sie decken die Widersprüche auf, klagen sie an und leiden an ihnen, aber sie suchen den Ausweg in einer phantastisch-idealisierten mittelalterlichen Vergangenheit und stehen in einer Front mit der Reaktion (**Adam Müller**).

Die bedeutendsten geistigen Leistungen der Nachrevolution werden von denen erbracht, die die Widersprüche des Kapitalismus deutlich aussprechen, ohne das Mittelalter wieder errichten zu wollen. Die Vertreter dieser Strömung sind die Wegbereiter des Marxismus. Hierher gehören:

1) Die **utopischen Sozialisten.** Sie suchen den Ausweg aus der widersprüchlichen kapitalistischen Ordnung nicht in der Vergangenheit, sondern in einer neuen Produktionsordnung, in der diese Widersprüche beseitigt sind.

2) Die **französischen Historiker** der Restaurationsepoche. Sie gehen der Frage nach: Was war diese Revolution? Es war keine Revolution des Volkes um die Verwirklichung des Reiches der Freiheit, sondern die Zuspitzung des Klassenkampfes zwischen Bourgeoisie und Feudaladel. Sie machen sich frei von den Illusionen der Revolution.

3) **Ricardo**: Verschleiert die tatsächlichen ökonomischen Verhältnisse nicht. Er spricht offen aus, daß das Elend der Volksmassen wegen der Produktionsverhältnisse absolut notwendig ist und lehrt: Es kommt nur auf die Steigerung der Produktion an. Dies ist nur möglich, wenn die Unternehmer ihren Profit wieder in die Produktion stecken. Daher müssen die Massen schlecht leben. Und wenn ein Teil durch das Elend zugrunde geht, dann wird die Arbeit des Einzelnen besser bezahlt werden.

4) Analog dazu argumentiert in Deutschland **Hegel**. Der Widerspruch zwischen den Idealen und den Resultaten der Revolution ist Ausgangspunkt seines Denkens. Dies Motiv führt zur Konzeption, daß der Gang der Weltgeschichte von der List der Vernunft regiert wird. Sie setzt sich mittels des geschichtlichen Handelns der Menschen durch, die ihre je eigenen Ziele verfolgen.

5. 2. 54

Johann Gottlieb Fichte (1762-1814)

In **Kants** Philosophie war dem Menschen die Freiheit versichert worden. Im Wollen und Handeln habe er Autonomie. Für die weitere Debatte bedeutsam war auch Kants Entgegensetzung von Sein und Sollen.

Die **Jakobiner** ignorierten die wirklichen Verhältnisse. Sie setzten auf das gesellschaftliche Sollen, die bürgerliche Tugend.

Kants Ethik und die der Jakobiner haben vieles gemein. Sie vereinigten sich bei **Fichte**. Es existiert in dieser Zeit eine Antinomie von revolutionärem Aktivismus und Einsicht in die objektive Gesetzmäßigkeit. Diese Gegensätze sind im Marxismus vereinigt. **Hegel** repräsentiert die Seite der Einsicht, **Fichte** den revolutionären Aktivismus.

Fichte übernimmt den Rousseauschen Gedanken von der volonté générale und stellt die republikanische Tugend gegen den Egoismus des Bürgers. Das absolute Ich spaltet sich in Einzel-Ichs auf. Fichte war über Kant hinausgelangt. Er ist noch von anderen unbedeutenden Denkern beeinflußt worden, die zwischen Kant und Fichte liegen.

K. L. Reinhold (1758-1823) Mönch, der aus dem Kloster ausgebrochen war und der Schwiegersohn Wielands wurde. Wird mit der *Kritik der Reinen Vernunft* bekannt und veröffentlicht Briefe über die Kantsche Philosophie, die ihn bekannt machen. Damit macht er sich zum Impresario Kants. R. macht die Philosophie Kants populär. Die Wissenschaft müsse nicht mit der Religion in Widerstreit geraten, weil die Realität ja nur Erscheinung sei. In der *Elementarphilosophie* ist er Schüler Kants mit einer Einschränkung, mit der Forderung, die Kantsche Philosophie zu einem System umzubilden. R. unterscheidet die Begriffe der Vorstellung, des Vorstellenden und des Vorgestellten voneinander. Weder Subjekt noch Objekt der Vorstellung fallen mit ihrem Begriff zusammen. Doch sind beide in der Vorstellung enthalten. Vorstellung hat also 2 Elemente: 1.) Element, das im Objekt (Ding an sich) wurzelt = Stoff = Rezeptivität; 2.) Element, das im Subjekt wurzelt = Formelement, Spontanität.

G. E. Schulze (1761-1833) Befindet sich in Gegnerschaft zu Reinhold, den er unter dem Namen des antiken Skeptikers „Aenesidemus" anonym attackiert. Beginn der subjektivistischen Kritik Kants: Daß etwas gedacht werden muß, besagt noch nicht, daß es existiert. Der Schluß auf Bedingungen ist ein Kausalschluß, der die Kausalität bereits voraussetze. Es gelten entweder die Kausalität und das Ding an sich, oder das Ding an sich ist unerkennbar, dann können wir gar nichts darüber aussagen.

Salomon Maimon (1754-1800) Kritische Auseinandersetzung mit Schulze. Hat die Ding an sich-Kritik zu radikaler Subjektivierung fortgeführt. Gleichzeitig findet sich bei ihm der Gedanke der unbewußten Produktion der Erscheinungswelt. Positive Weiterentwicklung Kants. Jede Erkenntnis der empirisch realen Gegenstände ist eine unvollständige Erkenntnis. Man muß erst dahinter kommen, daß der Mensch die Erscheinung selbst produziert. Der transzendentale Standpunkt ermöglicht richtige Erkenntnis.

J. S. Beck (1761-1840) Hat das Ding an sich eine Konzession Kants an das Publikum genannt.

F. H. Jacobi (1743-1819) Konsequenter Vernunftgebrauch führe zur Leugung Gottes. Die Vernunft ist daher unzulänglich. Wir müssen uns auf den Glauben verlassen. Jacobi sieht das Verdienst Kants darin, daß er die Allmacht der Erkenntnis widerlegt habe. Die Schwäche Kants sieht er darin, daß er den Nachweis dafür mittels des subjektiven Idealismus führt. Kants System ist ihm reiner Subjektivismus. Die Vernunft sei nicht allein auf Erkenntnis angewiesen. Warum soll der Glaube nicht auch theoretische Bedeutung haben? Die Realität kann nicht bewiesen werden, aber das unmittelbar Gewisse bedarf des Beweises nicht: Irrationale Glaubensphilosophie der unmittelbaren Gewißheit. Gott ist uns ebenfalls gegeben in unmittelbarer Gewißheit.

Das Problem des *Ding an sich* stand also im Vordergrund der Diskussion um die Philosophie Kants. Es gab drei Standpunkte und Richtungen im Hinblick auf dieses Problem: 1. Die Richtung Jacobis; 2. die Richtung des Aenesidemus-Schulze = der Skeptizismus, (Hume); und 3. die Weiterentwicklung zum konsequenten Subjektivismus, die Maimon und Beck vertreten und die Fichte einschlägt.

Was ist hierin das Neue? Das Primat der praktischen vor der theoretischen Philosophie. Das ist im Grunde schon bei Kant vorhanden, denn die *Kritik der Reinen Vernunft* galt ihm als Grundlage der *Kritik der Praktischen Vernunft*. Das war nur verdeckt, weil Kant viel mehr Gedankenarbeit auf die *Kritik der Reinen Vernunft* verwendet hatte und ihr Ergebnis, die Zertrümmerung des Deismus, von großer Bedeutung für die vorrevolutionäre Philosophie gewesen ist. Kampf gegen die Theologie um die Wissenschaft.

Fichte, der die Konsequenzen aus der französischen Revolution zieht, macht die Ethik zur Hauptsache. Und das in zweierlei Hinsicht: 1) Die Hauptaufgabe der kritischen Philosophie sei, die Freiheit des Menschen zu erweisen. Die Welt, die den Menschen bedingt, muß als bloßes Phänomen ausgewiesen werden. 2) Frage nach der Ursache der Erscheinungswelt als Frage: Wozu ist die Welt da, welchen Sinn hat es, daß das Ich die Welt erzeugt? = teleologische Wendung. Die Welt in mir und außer mir ist das versinnlichte Material meiner Pflichterfüllung. Sie ist zur Betätigung meines Willens da. Triebe und Neigungen sind dazu da, der Moral im Wege zu stehen, damit sie etwas hat, das sie überwinden kann. Diesen Standpunkt begründet er in der *Wissenschaftslehre*. Fichte meint, sein Gedankensystem sei ganz kantianisch, auch wenn Kant gegen diese Interpretation seiner Gedanken protestierte. Fichte nannte Kant einen „Dreiviertelkopf", der die Tragweite der eigenen Gedanken nicht verstehe. Fichte leugnet die Existenz eines Dinges an sich außerhalb des menschlichen Bewußtseins. Die Welt als ganzes ist nur eine Vorstellung, eine Schöpfung des Ich. Beim Erwachen des Bewußtseins findet der Mensch die Welt als Gegebene vor, daher hält er sie für bewußtseinsunabhängig. Die Philosophie soll zum Vernunftsystem ausgebaut werden. Bei Kant vermißt Fichte diese Systematik. Kant hatte die Formelemente einfach aufgezählt, ohne sie abzuleiten. Fichte will alles aus einem Prinzip ableiten. Er bedient sich der Methode, von einem zum anderen Satz fortzuschreiten und der Triade These, Antithese, Synthese.

1. These: Das Ich setzt sich selbst. Es existiert gar nicht, es ist keine Substanz. Indem ich mich denke, erzeuge ich mich. Es ist der äußerste subjektive Idealismus, daß ich nicht einmal sagen kann: Ich existiere. Damit ist aber eine Errungenschaft verbunden: Die Umstülpung des Verhältnisses von Ding und Tun. Ding = verdinglichtes Tun. Es gibt nur *Tathandlungen*. Das dialektische Element in dieser Vorstellung: Dinge werden durch Prozesse ersetzt. Damit wird die Dialektik angeregt und vorbereitet. Funktionen begründen das Sein, sie sind nicht Eigenschaften des Seins. Fichte geht von der Praxis aus. Diese führt er, wenn auch in verzerrter Form, ein. Die Handlung ist primär gegenüber dem Erkennen: „Nicht Theorie, sondern Praxis ist das Erste".
2. Antithese: Das Ich setzt sich ein Nicht-Ich entgegen. Nicht-Ich ist die ganze übrige Welt. Da aber das Nicht-Ich nicht unabhängig vom Ich ist, heißt es: Das Ich setzt sich das Nicht-Ich im Ich entgegen. Das Ich setzt sich die Welt als seinen Gegenstand und seine Schranke. Es ergibt sich ein Gefühl der Freiheit, weil das Nicht-Ich im Ich existiert. Warum die Vorstellung von der Schranke, der Beschränktheit? Das ergibt sich aus der Praxis. Die Welt ist nicht nur Gegenstand, sondern im Ich eben auch Widerstand. Ich setze die Schranke, um sie zu überwinden.
3. Synthese: Die Beschränkung ist gegenseitig. Einerseits Beschränkung durch das selbst gesetzte Ich. Dies geschieht in der Erkenntnis, der Theorie, andererseits des Ich durch den Gegenstand, das geschieht in der Praxis.

10. 2. 54

Theoretische Wissenschaftslehre

Das Ich setzt sich selbst. Dazu gelangt man durch intellektuelle Anschauung. Zugang zu den Objekten erfolgt über die Begriffe. Die Dinge in ihrem an sich Sein würde nur ein Verstand erkennen, der nicht an Begriffe gebunden ist, sondern die Welt anschauend erkennt. Gott müßte ein solcher Verstand sein, wenn es ihn denn gibt (=Kant). 1. Das, worauf ich reflektiere, ist unmittelbare Gewißheit. 2. Unmittelbare Gewißheit ist zugleich das Erzeugen: Ich setzt das Ich. Das Erkenntnisproblem liegt im Gegenüber von Subjekt und Objekt und der Relation von beiden. Das muß jeder Erkenntnistheorie zugestanden werden.

Der subjektive Idealismus nennt das Verhältnis von S – O eine Täuschung, hinter der etwas ganz anderes ist. Das Bestimmtsein des Subjekts durch das Objekt ist in Wahrheit Selbstbestimmung des Ich. Damit ist die Vorstellung verbunden: Wenn das O bewußtseinsunabhängig bestünde, so wäre das S von etwas Realem bestimmt, beschränkt und abhängig und hätte also keine Freiheit. Nichtsdestoweniger erscheint das O dem S empirisch real, d. h. als bewußtseinsunabhängig und das mit Notwendigkeit. Diese Tätigkeit des S nennt Fichte *produktive Einbildungskraft.* Mittels ihrer produziert das S die Objekte. Das natürliche Bewußtsein kennt keine Reflexion auf die produktive Einbildungskraft des Ich. Alle Einzelwissenschaft ist unvollständig. Sie befaßt sich mit Objekten, aber sie erkennt die Objekte nicht als vom Ich hervorgebrachte. Das Durchschauen dieses Vorgangs gehört der höchsten Erkenntnisstufe an.

- Fichte treibt den subjektiven Idealismus so auf die Spitze, daß er mit dem Spinozismus übereinzustimmen beginnt. Statt Gott = Welt, ist bei ihm Welt = Ich. Daher wird er als atheistisch verschrieen. Es ist in seiner Vorstellungswelt kein Platz für Gott, da alles ohne ihn hervorgebracht wird. Die Philosophie Jacobis hält mit der objektiven Realität an Gott fest.
- Hinter dem Erkennen verbirgt sich stets ein handelndes Ich. Fichte hat hier den Praxisgedanken auf der Grundlage subjektiver Verzerrung weitergeführt. Relative Überlegenheit über den rein kontemplativen Materialismus, der S und O nur gegenüber sieht. Fichte beginnt S und O zu vermitteln.
- Mit der Überwindung des Ding an sich merzt er den Materialismus gänzlich aus. Das Ding an sich war bei Kant zugleich das Unerkennbare. Die Unerkennbarkeit wird mit dem Ding an sich zugleich ausgemerzt. Überwindung des Kantschen Agnostizismus. Fichte, Schelling, Hegel sind von der Erkennbarkeit der Welt überzeugt.
- Die naive, unreflektierte Einstellung ist niemals die vollständige Erkenntnis. Auf diese Stufe erheben wir uns erst durch Reflexion. Einteilung der Erkenntnis in

Stufen: Keim der Hegelschen *Phänomenologie des Geistes.* Vollkommene Erkenntnis des Gegenstandes führe zu vollkommener Selbsterkenntnis des Ich in seiner Produktivität. Welterkenntnis = Selbsterkenntnis. Die höchste Stufe der Erkenntnis erfaßt S und O als im Grunde identisch. Keim für die Lehre vom identischen Subjekt-Objekt.

- Das S erzeugt das O als ein ihm selbständig Gegenüberstehendes. Dies gibt es in der Tat: Die Menschen machen ihre Geschichte selbst, die ihnen als unabhängig gegenübertritt. (Dies erstreckt sich von den materiellen bis zu den höchsten geistigen Gütern). Diese von ihm erzeugten Gebilde treten dem Menschen als objektiv von ihrem Wollen unabhängige, gesetzmäßige Mächte des gesellschaftlichen Seins entgegen. Das wird zu einem zentralen Gedanken der Hegelschen Geschichtsphilosophie. Und Fichte hat diesen Gedanken in der *Wissenschaftslehre* vorbereitet.

Praktische Wissenschaftslehre

Das ist der Hauptteil seiner Philosophie. Die philosophisch-theoretische Reflexion zeigt nur, daß die Setzung des Nicht-Ich vor sich geht, aber nicht, warum. „Das Ich setzt sich selbst als das Nicht-Ich bestimmend". Überall dort, wo wir die Realität der Dinge bestimmen, bestimmt das Ich das Nicht-Ich. Ohne ein Nicht-Ich, an dem ich handle, verlöre die praktische Tätigkeit ihren Sinn. Das Ich erzeugt das Nicht-Ich als den Gegenstand seines Handelns, als seinen Widerstand. Es geht dem Ich um die Erzielung vollkommener Freiheit. Dieser Freiheit steht der Gegenstand Welt entgegen. Auf jeder Stufe meines Tuns entsteht wieder ein Widerstand, weil die produktive Einbildungskraft den Widerstand stets neu erzeugt. Darin steckt der Gedanke vom Kampf zwischen Ich und Welt als Grundgesetz der Geschichte. Weltumwälzung und Erringung der Freiheit ist *ein* Prozeß. An Stelle des Fichteschen Ich die Menschheit gesetzt, ist das die Bestimmung des Weges zur Erringung der menschlichen Freiheit.

Friedrich Wilhelm Joseph Schelling (1775 - 1854)

Während Schelling sensibel und nicht charakterfest ist, ist Fichte starr und in seine Gedanken verbohrt. Schelling ist ungeheuer wandelbar. Sein System wandelt sich ständig. Bei Fichte steht die Ethik im Mittelpunkt, bei Schelling die Naturphilosophie, die Ästhetik und später die Religionsphilosophie. Politisch ist Fichte Jakobiner, Schelling repräsentiert die Selbstherrlichkeit des bürgerlichen Intellektuellen, genährt von der Romantik, auf die er zurückwirkt. Nicht die Pflicht ist ihm das höchste Ziel, sondern die Kunst. Damit verbunden: Geistesaristokratismus und Geniekult. Seine Erkenntnistheorie ist davon beeinflußt. Der höchste Gipfel der Erkenntnis ist die *intellektuelle Anschauung,* die nur wenigen gegeben ist. Die Philosophie ist eine esoterische Angelegenheit. Dies führt Schelling später zum Anschluß an die Reaktion. Er nimmt nicht teil an den Befreiungskriegen und nach 1815 mündet seine Philosophie in den schwärzesten Obskurantismus, v. a. in den dreißiger Jahren mit seiner sog. *Offenbarungsphilosophie.* Daher wird er nach Berlin auf den Lehrstuhl Hegels berufen, um die „Drachensaat" der Hegelschen Philosophie auszumerzen.

In den 90er Jahren und um 1800 ist er das Übergangsglied von Fichte zu Hegel. In den 40er Jahren ist er Repräsentant der reaktionären Spätromantik im Dienste der Reaktion als Bekämpfer der Hegelschen Schule. Nach 1848 wird er auch für die Reaktion uninteressant. **Schopenhauer** wird jetzt Mode.

Biographie:

Geb. am 27. 1. 1775 in Leonberg in Württemberg als Sohn eines Pfarrers. Frühreifes Kind, das mit 15 Jahren in das Tübinger Stift, in dem protestantische Theologen ausgebildet wurden, aufgenommen wird. Das Tübinger Stift ist eine Hochburg protestantischer Orthodoxie. Hier studiert er gemeinsam mit **Hegel** und **Hölderlin,** mit denen ihn enge Freundschaft verbindet, deren politischer Inhalt die Begeisterung für die französische Revolution ist. 1792 errichten die Freunde einen Freiheitsbaum mit Trikolore. Schelling hat einen Zusammenstoß mit dem Herzog. Er studiert Theologie. Ihn interessieren v. a. die biblischen Mythen. Steht dabei unter dem Einfluß **Herders**. Er studiert außerdem **Kant, Spinoza**, und **Leibniz.** 1793 verlassen Hegel und Hölderlin das Stift. In Tübingen lernt Schelling auch die **Fichte**sche Philosophie kennen. Dissertation über den *Mythos des Sündenfalles.* 1796/97 geht er als Hofmeister nach Leipzig, um aus dem Pfaffenlande Württemberg herauszukommen. Briefe an Hegel. Schelling sieht in **Fichte** den Philosophen, der Kants Philosophie für Theologen unmöglich gemacht hat, d. h. er erkennt Fichte als Atheisten. Bei Fichte findet er keine Lösung für eine Philosophie der Naturwissenschaften.

In Leipzig studiert er die Naturwissenschaften und gerät unter den Einfluß der Naturanschauung **Goethes** und **Herders** und von **Kants** *Kritik der Urteilskraft*. Schelling sieht seine Aufgabe darin, die Fichtesche Philosophie nach ihrer naturwissenschaftlichen Seite zu ergänzen. Das führt zu einem Umschwung in Schellings Denken, zum Übergang vom subjektiven zum objektiven Idealismus. Aber dieser Übergang ist Schelling nicht bewußt. Er glaubt nur die Konsequenzen aus Fichte zu ziehen. 1798 erhält Schelling eine Professur in Jena. Er wird durch Fürsprache Goethes und Fichtes berufen, die beide in Schelling einen Gefolgsmann ihrer Weltanschauung sehen. Schellings Jenaer Zeit ist die Zeit der höchsten Entfaltung der **Frühromantik.** Er entfernt sich immer mehr von der Fichteschen Philosophie, bis ihm durch **Hegel** die Trennung von Fichte bewußt gemacht wird. Hegel, der inzwischen zum objektiven Idealismus gelangt ist, kommt 1801 nach Jena. Schelling arbeitet nun den objektiven Idealismus systematisch zur *Identitätsphilosophie* aus. Sie markiert den bewußten Umschlagspunkt vom subjektiven zum objektiven Idealismus. Schelling und Hegel geben gemeinsam die Zeitschrift *Kritisches Journal der Philosophie* heraus: Hier wird der Kampf gegen Kant, Fichte und Jacobi geführt. 1803 geht Schelling nach Würzburg als Professor für Philosophie. Die publizistische Produktivität Schellings gerät ins Stocken. Er beginnt die reaktionäre Wendung zu vollziehen und die Religionsphilosophie rückt ins Zentrum. 1806 wird Schelling zum Generalsekretär der Akademie der bildenden Künste nach München berufen; 1820-27 ist er in Erlangen und 1827-41 wieder in München. Von 1806-1841 ist Schelling nur eine Randerscheinung des philosophischen Lebens. Sein Ruhm wird von dem Hegels überschattet. In dieser Zeit vollzieht er unter dem Einfluß der Konterrevolution einen Umbau seiner Philosophie zu einem reaktionären System. Der objektive Idealismus ist jetzt nur noch *negative Philosophie; positive Philosophie* ist jetzt hingegen die mystische Offenbarungslehre. Schelling leidet am Neid auf Hegel. Diese Dinge lassen ihn geeignet erscheinen, als Überwinder Hegels von Friedrich Wilhelm IV. und Eichhorn nach Berlin berufen zu werden. Hier hört ihn der junge **Engels** und publiziert unter dem Namen Ostwald die Polemik *Schelling der Philosoph in Christo.* Nach 1848 ist er für die Reaktion nicht mehr interessant und 1854 ist er, weithin vergessen, gestorben. **Schelling** und **Schopenhauer** sind zwei verschiedene Typen der Reaktion. Schelling ist noch orientiert auf Aristokratie und die Kirchen, während Schopenhauer ein rein bürgerlicher Reaktionär ist. Schelling steht im Gegensatz zur Aufklärung, Schopenhauer knüpft an die Aufklärung, v. a an Voltaire an und kreiert einen Modebuddhismus.

12. 2. 54

Schelling vollzieht seinen Bildungsgang in der Öffentlichkeit. Er durchläuft folgende Entwicklungsperioden.

1) Vor der Bekanntschaft mit Fichte steht er besonders unter dem Einfluß **Herders**. Es sind uns nur seine Jugendversuche der Mythendeutung erhalten.

2) 1794-97 ist Schelling Anhänger **Fichtes.**
- *Über die Möglichkeit einer Form der Philosophie überhaupt.*
- *Vom Ich als Prinzip der Philosophie.*
- *Über Dogmatismus und Kritizismus.*
- Das wahre Prinzip der Philosophie ist das Ich, das von sich aus die Welt erzeugt. Er unterscheidet zwei mögliche philosophische Standpunkte: Den Dogmatismus = Spinoza, den Kritizismus = Kant, Fichte. Zwischen beiden müsse man wählen. Der Dogmatismus verneint die Freiheit, der Kritizismus bejaht sie.

3) 1797-99: *Naturphilosophische Periode*. Er will Fichtes Philosophie auf die Naturerkenntnis anwenden. Fichte hatte die Natur nur als versinnlichtes Material der Pflicht betrachtet. Schelling ist – weil nicht von der Revolution beeinflußt – an der Ethik uninteressiert. Fichte soll in Richtung Naturphilosophie ergänzt werden. Spontane Weiterführung der pantheistischen Dialektik und das führt ihn zum objektiven Idealismus.
- 1797 *Ideen zur Philosophie der Natur*
- 1798 *Von der Weltseele oder Hypothese der höheren Physik zur Erklärung des allgemeinen Organismus*
- 1799 *Erster Entwurf eines Systems der Naturphilosophie*

4) Um 1800 *Transzendentaler Idealismus* mit folgenden Tendenzen:
- Versuch der Vermittlung seiner Naturphilosophie mit Fichtes Wissenschaftslehre.
- Versuch, die Naturphilosophie durch Geschichtsphilosophie zu ergänzen.
- Keime des Irrationalismus. Hier macht sich der Einfluß der Jenenser Romantiker bemerkbar. Dieser kommt darin zum Ausdruck, daß er die künstlerische Anschauung als Gipfel der Philosophie feiert.
- 1800 *System des transzendentalen Idealismus*.

5) 1801-03 Periode der Zusammenarbeit mit **Hegel**. Jetzt ist Schelling bewußter objektiver Idealist in gemeinsamer Frontstellung mit Hegel gegen Fichte. Er nennt ihre gemeinsame Philosophie jetzt *Identitätsphilosophie*: Lehre von der Identität von Subjekt und Objekt.

- 1801 *Darstellung meines Systems der Philosophie.* (Lehre von der totalen Indifferenz von S und O.)
- 1802 *Bruno oder über das natürliche und göttliche Prinzip der Dinge.* (Begründet hier den objektiven Idealismus unter Anknüpfung an Giordano Bruno und den *Timaios* des Platon)
- 1800/01 *Zeitschrift für spekulative Physik:* Organ der Naturphilosophie.
- 1802/3 *Vorlesungen über die Methode des akademischen Studiums.*
- 1802/3 *Kritisches Journal der Philosophie* (gemeinsam mit Hegel).

6) Nach seiner Übersiedelung nach Würzburg wird er immer reaktionärer. 1804 *Philosophie und Religion:* Abgrenzung vom Pantheismus. Der Anlaß dazu ist **Eschenmaier,** der den Irrationalismus zur Religion weiterentwickelt hat. Gegen ihn polemisiert Schelling bei gleichzeitiger Annäherung an den Irrationalismus. Der Bruch zwischen Schelling und Hegel ist jetzt endgültig. Grundproblem ist jetzt: Wie ist das Böse zu erklären? Durch Abfall vom Absoluten = Gott, und diese Möglichkeit ist durch die Freiheit gegeben. 1806 **Hegel:** *Phänomenologie des Geistes* mit seiner Abrechnung mit Geistesaristokratie und Romantik.

7) Reaktionäre romantische Theosophie und Mystik in Anknüpfung an **Jakob Böhme**. Aber er steht noch nicht auf kirchendogmatischem Standpunkt.

8) Nach 1815 vollzieht er diesen Schritt in die Offenbarungsphilosophie: Seine frühere Philosophie nennt er jetzt *negative Philosophie*, die zwar notwendig, aber unzureichend sei. Sie bedürfe der Erhöhung durch die Offenbarung. Vollzieht den Anschluß an die offizielle Religion.

Naturphilosophie

Knüpft an die Aufklärung an, an Leibniz, Kant, C. Fr. Wolff, Herder, Goethe. Zu diesen Ansätzen zur Naturdialektik kommen naturwissenschaftliche Entdeckungen hinzu: **Galvani:** die Entdeckung tierischer Elektrizität; **Volta, Faraday, Priestley. Lavoisier.** Diese Entdeckungen veranlaßten Schelling fast von einer Schrift zur anderen seine Theorie vom dynamischen Prozeß umzuarbeiten. Von **Kielmeyer** entlehnt er die Begriffe der Sensibilität, Irritabilität und Reproduktion und nimmt sie zur Kennzeichnung der einheitlichen Lebensfunktion zusammen. Diese drei Grundfunktionen, die sich gegenseitig einschränken, ergeben die Stufenleiter des Lebendigen. Daran knüpft Schelling an. Mit seiner Naturphilosophie sucht er eine dialektische Gesamtanschauung der Natur zu geben.

Die Annäherung an den Materialismus ist am deutlichsten in: 1799 *Epikureisches Glaubensbekenntnis von Heinz Wiederporst.*

Marx nennt Schellings Naturphilosophie 1843 den „aufrichtigen Jugendgedanken" Schellings, der erst bei Feuerbach zum Ernst geworden sei. Schelling will neue naturwissenschaftliche Entdeckungen in systematischer Form zusammenfassen. Auch der Materialismus hat mit **Holbach** sein naturphilosophisches System gehabt. Aber die Entwicklung der Wissenschaft ist über dieses System hinausgegangen. Sie führte zur Dialektik.

17. 2. 54

An die naturphilosophische Leistung Schellings schließt sich die dialektische Naturbetrachtung **Goethes, Okens, Steffens** an. Der Aufschwung der empirischen Naturwissenschaften in der 2. Hälfte des 19. Jh. führte zur Verachtung der naturphilosophischen Spekulation. **Marx** und **Engels** waren die einzigen, die sie positiv würdigten, die Verständnis für ihre tieferen Natureinsichten hatten. Schelling hatte sich 1796-99 von Fichte weit entfernt. Das absolute Ich verwandelt sich in die Weltseele und dennoch meint Schelling, seine Philosophie sei nur eine Ergänzung zu der Fichtes. Schelling versucht, ein umfassendes System zu geben, ein *System des transzendentalen Idealismus*. Er versucht eine Fortbildung des subjektiven Idealismus von Maimon, Beck und Fichte in der Weise, daß die Lehre von der *unbewußt produzierenden Idee* aufgenommen wird. Schelling faßt die Natur als einheitlichen Organismus auf, in dem Mannigfaltiges aus Polaritäten entsteht, aus dem Kampf der Gegensätze, die sich in umfassender Harmonie ausgleichen. Dies ist für ihn ein Grundgesetz der Natur. Er hat die Existenz dieses Grundgesetzes auf allen Stufen der Natur nachzuweisen gesucht. Pate stand dazu Kants Gegensatz von Attraktion und Repulsion.

Das Gegenüber von Subjekt (S) und Objekt (O), dessen Antithetik Fichte herausgearbeitet hatte, ist bei Schelling Erscheinungsform der Polarität auf der bewußten Stufe der Intelligenz. Da er das Ich auch die Natur hervorbringen lassen will, sind Ich und Nicht-Ich das Grundverhältnis überhaupt auch für das unbewußte Naturverhältnis. Von Maimon bis Beck herrscht die Anschauung: S und O sind identisch, aber O, der Gegenstand, ist das Entgegengesetzte des S. Bei Schelling gilt dann: Das Subjekt oder Ideelle und das Objekt oder Reelle sind zwei Pole einer Einheit, in der sie im Gegensatz stehen so, daß kein S ohne O und kein O ohne S. Wissen beruht auf der Übereinstimmung von O und S. Man kann zwei Gesichtspunkte annehmen: Entweder O ist primär, dann muß man fragen, wie kommt das S dazu, mit ihm überein zu stimmen, oder das S ist primär, dann muß man fragen, wie kommt das O zum S. Mit diesen beiden Problemen beschäftigen sich einerseits Naturphilosophie, andererseits Transzendentalphilosophie. Sie haben *einen* Gegenstand, die Einheit von S und O, die sie nur unter verschiedenen Aspekten betrachten.

Die *Naturphilosophie* fragt: Wie bringt es die Natur zur Intelligenz? Wie kommt das Objektive zum Subjektiven? Die Antwort lautet: Die Natur ist in ihrem innersten Wesen selbst schon Intelligenz, in ihr wirkt die *Weltseele*, die im Menschen zum Bewußtsein erwacht. „Die notwendige Tendenz aller Naturwissenschaft ist, von der Natur zur Intelligenz zu gelangen". „Tote" Natur ist Natur, die noch bewußtlos ist. Die Natur muß sich selbst ganz Objekt werden. Die Natur ist idealistisch in dem, was in uns Vernunft ist.

Die *Transzendentalphilosophie* fragt: Wie kommt die Intelligenz zur Natur? Wie bringt es das Bewußtsein zum Objekt außerhalb seiner? Das ist der andere Aspekt. Das S erzeugt das O, S und O sind übereinstimmend, weil das S das O hervorbringt, d. i. die Fischtesche Antwort. Bei Fichte ist das Ich überindividuelles Weltsubjekt, bei Schelling ist dieses die Weltseele. Der Unbewußtheit der Weltseele entspricht die Unbewußtheit der Produktion des O durch das S bei Fichte. Dies ist der Ausgangspunkt für Schellings System.

System des transzendentalen Idealismus

Schon bei Fichte ist der Keim für die Konstruktion verschiedener Entwicklungsstufen des Denkens anzutreffen, wie wir das dann in **Hegels** *Phänomenologie* finden. Dazu ist Schellings System der Übergang. Hier hat der Versuch einer Lehre von den Erscheinungsformen des Bewußtseins zentrale Bedeutung. Mit der Beseitigung des Dings an sich hatte **Fichte** den Agnostizismus Kants überwunden, denn mit ihm war auch das Unerkennbare beseitigt worden. Das Nicht-Ich ist adäquat erkennbar. Die Erkenntnis muß errungen werden. Sie ist solange unvollständig, solange das Ich das Nicht-Ich nicht als sein Produkt auffaßt. Das unbewußte Ich wird zu einem bewußten. Versuch Fichtes, verschiedene Stufen der Entwicklung der Erkenntnis nachzuweisen. Bei Schelling hat das naive Gegenstandsbewußtsein seine Vorgeschichte im Unbewußtsein der Weltseele, in der Natur. Sein neues Schema der Entwicklung sieht folgendermaßen aus:

- Unbewußte Intelligenz der Natur.
- Bewußte Intelligenz des Menschen.

- Standpunkt des objektiven Idealismus, der die Welt als vom Bewußtsein produziert erkennt und die unbewußte Produktion bewußt macht. Zugleich vollständige Erkenntnis des O und des S.

Zwischen diesen Stufen gebe es eine Mannigfaltigkeit von Zwischenstufen, die ein gradweises Abnehmen an Unbewußtheit aufweisen. Die Entwicklung des Geistes führt vom Gegenstandsbewußtsein bis zur Höhe der absoluten Erkenntnis. Auf Stufe 3 ist die Reihe der Übergangsstufen die folgende: 1. Wissen, 2. Handeln, 3. Ästhetische Anschauung.

Das *Wissen* beginnt mit der Vorstellung und führt bis zur transzendentalen Abstraktion, dann folgt der Umschlag ins Handeln: Von der individuellen Zwecktätigkeit bis zur Geschichte, bis zur ästhetischen Anschauung. Auf jeder Stufe und Zwischenstufe findet die Intelligenz immer etwas von ihr Unabhängiges vor, von dem sie auf der ihr nächsten Stufe erkennt, daß es von ihr selbst produziert ist usw., bis zur ästhetischen Anschauung, in der das restlose Ineinanderübergehen von S und O erfolgt. Hieraus ergibt sich die Gliederung von Schellings Philosophie. Sie entspricht der systematischen Gliederung von Kant in die drei *Kritiken*. Das System Schellings kennt etwas Höheres als das Handeln, nämlich die Kunst.

Die Intelligenz hat die Unbewußtheit überwunden. Die bewußte Intelligenz ist zunächst theoretisches Wissen. Im theoretischen Wissen erscheint die Vernunft nicht als das, was sie ist. Das Bewußtsein erscheint als gebunden an das Sein der Objekte und die Objekte erscheinen als unabhängig existierend. Die Gegebenheit der Objekte ist nur Schein. Das gehört zum Wesen der Erkenntnis, ist aber zugleich ihre Schranke, insofern sie die Vollständigkeit der Erkenntnis vermindert. Soll die Erkenntnis vollständig sein, so muß die Gegebenheit der Gegenstände aus sich selbst verstanden werden. Das S trägt Raum für unbewußte Akte in sich. Diese können bewußt gemacht werden. Absolute Welterkenntnis = absolute Selbsterkenntnis. Vor dem Umschlag zur Praxis unterscheidet Schelling 3 Stufen:

- Die ursprüngliche Empfindung, von der das Ich zur Intelligenz gelangt.
- Von der Verstandeserkenntnis bis zur Reflexion.
- Von der Reflexion bis zur absoluten Abstraktion, die gleichzeitig den Umschlag in den Willensakt bedeutet.

ALEXANDER AMBERGER

„Ich bitte nur darum: Macht von mir Gebrauch!"

Harichs Kontroversen mit DDR-Funktionären im Spiegel der MfS-Akten 1974-79

Seit Beginn der siebziger Jahre engagierte sich Wolfgang Harich für die Umweltfrage. Er hatte Zugang zu westlicher Ökoliteratur und verfolgte auch die Debatte darüber in der Sowjetunion. Dort wurde zumindest unter Wissenschaftlern über die Warnungen des Club of Rome ernsthaft diskutiert. Dessen düstere Prognosen galten der SED hingegen bloß als negative Folge des westlichen Imperialismus. Umweltschäden im eigenen Lande wurden ideologisch damit gerechtfertigt, dass beim Aufbau des Kommunismus gehobelt werden müsse und somit auch Späne fallen. Nach Erreichen des großen Zieles würde es dann keine Umweltprobleme mehr geben, bis dahin müsse man damit leben.[1]

Mit dieser unbestimmten Vertröstung konnte und wollte sich Harich nicht abfinden. Er war nach dem Erscheinen des ersten Berichtes an den Club of Rome zum Ökoapokalyptiker geworden. Für einen langwierigen Transformationsprozess sah er in Anbetracht der sich rapide zuspitzenden Umweltprobleme keine Zeit. Der ökologischen Frage ordnete er 1975 in seinem Buch "Kommunismus ohne Wachstum?" oberste Priorität zu. Fußend auf den wachstumskritischen Forderungen des Club of Rome forderte Harich darin einen

---

[1] Vgl. dazu das Kapitel "Meadows und die DDR", in: Amberger, Alexander: Bahro – Harich – Havemann. Marxistische Systemkritik und politische Utopie in der DDR, Paderborn 2014, S. 30-49.

asketischen Kommunismus mit der Struktur eines streng zentralistisch gegliederten Weltstaates: "Auf dem derzeit erreichten Stand der Entwicklung der Produktivkräfte halte ich den sofortigen Übergang zum Kommunismus für möglich, und in Anbetracht der ökologischen Krise scheint er mir dringend notwendig zu sein. Ich glaube jedoch nicht mehr, dass es jemals eine im Überfluss lebende, eine aus dem Vollen schöpfende kommunistische Gesellschaft geben wird, wie wir Marxisten sie bisher angestrebt haben. In diesem Punkt müssen wir uns korrigieren."[2] Die SED setzte hingegen auf Wachstum, um die materiellen Bedürfnisse der Bevölkerung befriedigen und somit im Systemwettlauf mit der Bundesrepublik konkurrenzfähig bleiben zu können.

Harich hielt diese Strategie für falsch und umweltpolitisch für grob fahrlässig. Er hoffte, führende SED-Kader von der Wichtigkeit der ökologischen Frage zu überzeugen und somit auf legalem Wege Einfluss auf die Politik nehmen zu können. Diese offene Strategie wählte Harich bewusst, nachdem er 1956 für sein konspiratives Vorgehen gegen Ulbricht hart bestraft wurde. Daraus hatte er die Lehre gezogen, über legale und offizielle Dienstwege gesellschaftliche Veränderungen anzustreben. Das betraf auch (halb-)private Treffen mit Funktionären, in deren Rahmen sich Harich stets so offen zeigte, dass er seine Überlegungen mit diesen Kadern teilte und sie ihnen als Verbesserungsvorschläge zum Nutzen der SED anbot. Es kam dabei zu Diskussionen zwischen den Gesprächspartnern, die das Ministerium für Staatssicherheit archivierte. Die Gesprächspartner waren dabei entweder selbst Mitarbeiter des MfS oder sie fungierten in der Regierung auf hoher Funktionsebene. Beispielhaft hierfür ist der auch als "Bücherminister" bekannte stellvertretende Minister für Kultur der DDR (1973–1989) und Leiter der Hauptverwaltung Verlage und Buchhandel, Klaus Höpcke.[3] In Bezug auf das Thema Ökologie war Höpcke Mitte und Ende der siebziger Jahre für Harich nicht der einzige, aber wohl der wichtigste

---

[2] Harich, Wolfgang: Kommunismus ohne Wachstum? Babeuf und der »Club of Rome«, 2. Auflage, Reinbek bei Hamburg 1975, S. 32 f.

[3] Was Beate Müller über die Funktion Klaus Höpckes in Bezug auf Jurek Becker schreibt, kann auch auf sein Agieren mit Harich übertragen werden: "Daß Höpcke als Leiter der HV und stellvertretender Kulturminister *nicht* als IM geführt wurde, mag verwunderlich erscheinen, erklärt sich jedoch dadurch, daß die Rekrutierung von SED-Kadern als inoffizielle Mitarbeiter verpönt war [...]. SED-Kader wie Höpcke [...] arbeiteten häufig als Kontaktpersonen – oder 'offizielle Quellen' mit dem MfS zusammen." Sie weist auch darauf hin, dass es sich bei solchen Protokollen – im Gegensatz zu IM-Berichten – oftmals nicht um Texte handelte, die explizit für das MfS angefertigt wurden. Nicht selten hatten sie einen anderen Zweck bzw. Adressaten und landeten nur in Kopie bei der Stasi. Vgl. Müller, Beate: Stasi – Zensur – Machtdiskurse: Publikationsgeschichten und Materialien zu Jurek Beckers Werk, Berlin 2006, S. 294 f.

Ansprechpartner. Er wollte, dass seine Überlegungen zum Thema Wachstum in der DDR publiziert und diskutiert werden. Höpcke konnte ihm diesen Wunsch nicht erfüllen und unterbreitete andere Angebote zur Mitarbeit. Harich suchte häufig seinen Kontakt und sprach vorauseilend auch andere Angelegenheiten mit dem stellvertretenden Minister ab, um sich gegen politische Fehltritte abzusichern.

Im Folgenden werden MfS-Berichte und -protokolle über Gespräche mit Harich ausgewertet. Die meisten davon wurden mit Höpcke geführt. Die Stasi sammelte zudem Briefe, Rezensionen seiner im Westen publizierten Bücher und Artikel bzw. Interviews, die Harich westlichen Zeitungen und Zeitschriften gab. Manche Themen und Kontroversen kommen dabei nur einmal zu Sprache, anderes taucht immer wieder auf. Um dies zu veranschaulichen, werden die Geschehnisse auf den folgenden Seiten chronologisch dargestellt.

Mehrfach findet sich als Problemstellung ein geplantes Gespräch im 3. Programm des Westfernsehens zwischen Harich, Arnold Gehlen und Rudolf Augstein zum Thema "Charakter und Risiko der Zukunft". Harich informierte Anfang 1974 das Ministerium für Kultur, dass er eingeladen sei und teilnehmen wolle. Sein Ansinnen wurde intern bis zum "Chefideologen" Kurt Hager vorgetragen, der seine Einwilligung zur Reise gab.[4] Doch damit war das Problem noch nicht erledigt, wie sich zeigen wird. Zunächst soll jedoch ein weiterer "Dauerbrenner" in den Akten erwähnt werden: Harichs Bemühen um eine Veröffentlichung von "Kommunismus ohne Wachstum?" und ausgewählter aktueller westlicher Umweltpublizistik in der DDR. Hier hakte er an mehreren Stellen nach, jeweils ohne Erfolg: "In einem verlagsoffenen Streitgespräch setzte sich der Leiter des [Aufbau- d. V.] Verlages, Dr. Mußler, mit Harich aus marxistisch-leninistischer Sicht mit dem Geschichtspessimismus, wie er vom 'Club von Rom' vertreten wird, auseinander. Harich teilte die Meinung des Dr. Mußlers nicht. Es wird eingeschätzt, daß Harich die Diskussion verloren hat, wobei er aber keine feindlichen Äußerungen machte. Dr. Mußler schätzt ein, daß Harich gegenwärtig eine ultralinke Position vertritt, die der Sache nach dem Maoismus nahe kommt. Er entspricht in etwa der Position von Enzensberger. Diese Position Harichs ist aber nicht gefestigt, er ist im Suchen begriffen."[5]

---

[4] Vgl. BStU, MfS, AP, 4578/71, Band 9, S. 142 f.
[5] Ebenda. Editorische Notiz: Orthographie- und Grammatikfehler aus den Akten wurden auch im Folgenden nicht korrigiert. Nachnamen wurden zum Zwecke der besseren Lesbarkeit von Versalien in normale Schreibweise umgewandelt.

Was unter der Einschätzung, dass Harich die Diskussion verloren habe, verstanden werden kann, bleibt offen. Es ist nur schwer vorstellbar, dass der scharfsinnige, schlagfertige, wortgewandte Philosoph bei seinem Lieblingsthema die Diskussion in inhaltlicher Richtung verloren hat. Eine Abkehr von seinen ökologischen Thesen fand nach diesem Gespräch jedenfalls nicht statt. Harich hob immer wieder in Gesprächen mit Funktionären die Wichtigkeit und Richtigkeit der Club-of-Rome-Prognosen hervor und kritisierte dabei den Umgang der SED mit diesen Warnungen. So berichtete auch Oberleutnant Müller am 24. März 1975 über ein Gespräch, das vier Tage zuvor in Harichs Wohnung auf dessen Wunsch stattfand.

Harich wollte sich "einige Probleme [...] vom Herzen reden" und informierte ihn über sein Bekenntnis zum Club of Rome und seine diesbezüglichen ökokommunistischen Ideen. Müller schrieb dazu: "Er leitet von dieser und von anderen Thesen (Nikotinmißbrauch, Zigarettenfabriken müssen in einer kommunistischen Gesellschaft verboten werden, da hier nicht das Profitstreben im Vordergrund steht, sondern die Gesunderhaltung der Menschen einschließlich des Umweltschutzes) eigene philosophische Schlußfolgerungen ab, die ideologisch verworren sind und nicht auf dem Boden des Marxismus-Leninismus basieren. In seinen Diskussionen bezieht er sich auf sowjetische Wissenschaftler, die in der theoretischen Fachzeitschrift 'Die Sowjetwissenschaft' sich nach seinen Worten ebenfalls mit den Auffassungen des 'Clubs of Rom' solidarisieren, zumindest mit Hochachtung von diesem Club sprechen. Er nannte hier die sowjetischen Wissenschaftler Fjodorow, Kapitza, Naumow, Budykow, Rütschkow und eine Reihe weiterer. Es gebe nur eine kleine Gruppe, die dem 'Club of Rom' vorwerfen würden, daß er dem Sozialismus gegenüber feindliche Theorien verbreiten würde. Der Hauptvertreter dieser Gruppe wäre Abromow." Weiterhin "teilte Harich [...] unter dem Siegel der strengsten Verschwiegenheit mit, daß er eine persönliche Verbindung zu Prof. Hager im ZK unterhalte". Harich berichtete hierzu, dass er sich mit ihm über Jean Paul unterhalten habe. Hager habe geäußert, dass dieser früher "sein Lieblings-Dichter gewesen sei und daß er angeregt von Jean Paul Schulmeister werden wollte. Weiter hätte er wörtlich gesagt 'und was aus mir geworden ist, das sehen sie ja nun heute'."[6] Diese Aussage, so sie denn stimmt, bekommt dadurch einen Reiz, dass Harich stets um eine größere Würdigung Jean Pauls in der DDR rang, dabei jedoch kaum Erfolge verzeichnen konnte.

---

[6] BStU, MfS, AP, 4578/71, Band 9, S. 73 f.

Zurück zur Fernsehdiskussion mit Augstein und Gehlen: Hier findet sich ein Interview mit dem "Berliner Extradienst" vom 19. April 1975 in den Akten. Die geplante und bereits genehmigte Debatte fand schließlich doch nicht statt, da Harich das Gefühl hatte, als Dissident und nicht als als ökologischer Mahner und Kritiker des Reformkommunismus auftreten zu sollen. Diesen Verdacht erhob er, weil plötzlich ein Interview mit ihm allein in der ARD ins Spiel gebracht wurde. Harich weigerte sich jedoch, diese Rolle anzunehmen. Da die Programmplaner umdisponierten, sagte er ihnen schließlich ab.[7] Vielmehr schickte er sich an, die Funktion des ökologischen Mahners grenzübergreifend mit einer analogen Argumentation zu übernehmen: Er pries auch im Westen die Errungenschaften der SED und die Überlegenheit des Kommunismus bei der Lösung ökologischer Existenzfragen, stieß damit aber nicht nur dort, sondern auch in der DDR hauptsächlich auf Ablehnung – bei der SED *und* bei Oppositionellen.

Seine Hoffnung, dass "Kommunismus ohne Wachstum" in der DDR erscheinen könnte, wurde enttäuscht. So findet sich beispielsweise in den MfS-Akten eine interne "Einschätzung" des Buches für das "Institut für internationale Politik und Wirtschaft" (IPW) der DDR vom 27. Januar 1976. Darin heißt es vernichtend, dass Harich die Ergebnisse des Club of Rome als Grundlage seiner Argumentation nehme, was methodisch falsch sei. Folglich komme er auch zu einem falschen Kommunismusbegriff: einem Kommunismus mit Nullwachstum. Seine Thesen würden antikommunistisch verwendet, weil er den "Kommunismus als eine Gesellschaft der Askese" beschreibe. Ein anderes Gutachten kommt zu einem ähnlichen Ergebnis: "Eine Veröffentlichung in der DDR erscheint gegenwärtig nicht angebracht, da die aufgeworfenen Probleme keine Fragen darstellen, die im Mittelpunkt der politisch-ideologischen Arbeit stehen."[8]

Dennoch ließ Harich nicht locker und kämpfte für die Veröffentlichung seines Buches in der DDR. Er bot auch an, eine geänderte Ausgabe zu publizieren, um damit erstens einen Beitrag zur bisher dünnen Wachstumsdebatte in der DDR liefern können und zweitens der Gefahr zu entgehen, durch eine ausschließliche Westpublikation von den dortigen Medien

---

[7] Vgl. BStU, MfS, AP, 4578/71, Band 6, 138-141. Zu Harichs Weigerung, nach 1956 gegen die SED-Führung zu opponieren, siehe Amberger, Alexander: Der konstruierte Dissident. Wolfgang Harich und seine Rolle als Oppositioneller, in: Ders./Heyer, Andreas: Der konstruierte Dissident. Wolfgang Harichs Weg zu einem undogmatischen Marxismus, Helle Panke e. V. (Hg.): hefte zur ddr-geschichte, Nr. 127, Berlin 2011, S. 5-31.
[8] BStU, MfS, AP, 4578/71, Band 8, S. 347.

zum Oppositionellen gestempelt zu werden. Harich legte eine Liste mit Veränderungsvorschlägen für die DDR-Ausgabe vor, laut der u.a. das "reaktionäre" Vorwort von Freimut Duve durch eine Einleitung eines DDR-Wissenschaftlers ersetzt und dazu ein selbstkritisches Nachwort verfasst werden sollte.[9]

Nicht nur "Kommunismus ohne Wachstum?", sondern auch sein persönlicher Ruf beschäftigten Harich zu dieser Zeit. Hin und wieder fand er in SED-Organen negative Bezugnahmen auf seine Forderung nach Nullwachstum, die entsprechend von ihm aufgegriffen und entgegnet wurden. So drohte er beispielsweise in einem Brief vom 30. August 1976 an die Redaktion der Zeitschrift "Einheit" mit Zivilklage, wenn seine Gegendarstellung zu einem kritischen Artikel von Harry Nick nicht erscheinen würde.[10] Harich wurde zu einem klärenden Gespräch in die Redaktion eingeladen, das am 6. Januar 1977 stattfand. Anwesend waren er, Alfred Kosing, Harry Nick und Manfred Banaschak (der der Verfasser des Protokolls zu sein scheint). Im Gespräch ging es um die unterschiedlichen Vorstellungen über Wirtschaftswachstum und Askese. Harich fragte, ob sein Buch wirklich so zu verstehen sei, "dass die sozialistischen Länder in der Einschränkung des Wachstums vorangehen sollten"? Ihm wurde diese Frage von allen Seiten bejaht. "Harich erklärte, er hätte das Buch heute sicher anders geschrieben; ihm sei es darum gegangen, eine attraktive Alternative zu schaffen zur 'kapitalistischen Verschwendungssucht', wie Robert Jungk es formuliert habe [...]." Und wieder bekannte er sich als "orthodoxer Anhänger der 1. Studie des Clubs" und betonte, dass eine interne Untersuchung zum Thema in der DDR dringend notwendig sei. Diese müsse nicht unbedingt publiziert werden, das sehe Harich auch ein. Der Protokollant des Gespräches schrieb: "Er sei sich völlig darüber im Klaren, dass man dies nicht publizieren könne – und das sei wohl auch einer seiner Fehler gewesen." Harich bat darum, als Ökologe ernst genommen zu werden und für die DDR an einer ökologischen Strategie mitarbeiten zu dürfen, statt immer nur Fußnoten zu korrigieren. "Er könne verstehen, dass er 'nach außen hin nicht mit Fragen des Wachstums betraut werden könne, weil es dann wohl heiße: 'Honecker baut auf Nullwachstum'. Er billige daher jeden Auftrag, den man ihm stelle; ausdrücklich hob er mehrfach hervor: 'Ich bitte nur darum: Macht von mir Gebrauch!'."[11]

---

[9] Vgl. BStU, MfS, AP, 4578/71, Band 8, S. 295.
[10] Vgl. BStU, MfS, AP, 4578/71, Band 8, S. 270 f.
[11] BStU, MfS, AP, 4578/71, Band 8, S. 246 ff.

Ein Dreivierteljahr später war es dann so weit, oder besser: Es schien so weit zu sein. Tatsächlich wurde für Harich die Möglichkeit der Mitarbeit in einer ökologischen Kommission ins Spiel gebracht. Am 6. Dezember 1977 berichtete jedenfalls ein (nicht identifizierbarer) Informant, dass er am 27. September beim amtierenden Minister Thoms betreffs Harich eingeladen war. Es ging um dessen Eingaben bezüglich des Verbots von Spraydosen in der DDR. Harich hatte vom 4. August 1976 bis zum 2. Juni 1977 fünf Eingaben dazu gemacht. Was folgte war eine Aussprache mit Harich, die am 5. Oktober 1977 stattfand. Dieser habe in dem Gespräch von seiner bescheidenen Lebensweise berichtet, dann aber wohl bemerkt, dass dies seinen Gesprächspartner "nicht sonderlich interessiert". Sie diskutierten über Spraydosen sowie Wirtschafts- und Wachstumspolitik. Harich habe schließlich dafür plädiert, ein DDR-Pendant zum Club of Rome zu schaffen, einen "Club of Berlin oder dergleichen". Dieses müsse mit DDR-Wissenschaftlern besetzt sein und beim ZK angegliedert werden. Er selbst bot dafür seine Mitarbeit an und "betonte abschließend, 'es steht ihnen völlig frei, jeden beliebigen zu informieren, die Regierung, die Parteiführung, den Minister oder wen sie wünschen, alle Dinge, die ich darlegte, sind meine Auffassungen, zu denen ich stehe'."[12]

Ökologische Forschungen, Erkenntnisse und Empfehlungen aus dem Westen wurden von der SED als bürgerliche Ideologie abgetan und zurückgewiesen. Sie waren aber dennoch von großem Interesse für Ost-Berlin. Man wollte auf dem aktuellen Stand bleiben, den Gegner beobachten. Dazu wurde auch Harich eingespannt. Sein Wissen über die westliche Wachstumsdebatte war hervorragend. Er wollte es der SED aber nicht für Gegenpropaganda zur Verfügung stellen, sondern lieber für progressive Zwecke, als Grundlage eigener umweltpolitischer Maßnahmen. Die Funktionäre wussten dies und spielten mit Harich. Er ließ sich dabei immer wieder hinhalten und für Manöver einspannen, in der Hoffnung, dass die ökologischen Bedrohungen endlich Gehör finden. Seine Lage wurde dabei z.B. ausgenutzt, um den Gegner zu beobachten, wie eine Episode vom Februar 1978 belegt: Harich erhielt eine Einladung von Carl Friedrich von Weizsäcker in dessen Institut für Friedensforschung nach Starnberg. Im Vorfeld lud ihn Höpcke ein, um über die Reise zu sprechen. Oberstleutnant Müller vom MfS vermerkte dazu: „Genosse Höpcke ließ in vorangegangenen Gesprächen erkennen, daß er sehr großes Interesse daran hat, daß Harich mit Prof. Weizsäcker Kontakt aufnimmt, um in Erfahrung zu bringen, mit

---

[12] BStU, MfS, AP, 4578/71, Band 8, S. 189 ff. Es handelt sich um Guido Thoms. Er war seit 1971 stellvertretender Minister für Umweltschutz und Wasserwirtschaft.

welchen Problemen Weizsäcker und das dortige Institut sich gegenwärtig beschäftigt. Harich ist bereit über diese Instruierung und ebenso über seine Fahrt nach Starnberg zu berichten"[13].

Trotz seines Eintretens für die Ökologie ließ sich Harich nicht für eine Solidaritätsbekundung mit dem ökokommunistischen DDR-Dissidenten Rudolf Bahro gewinnen. "Den Versuch, Wolfgang Harich für die Sache Bahros zu gewinnen, machte Karl Amery, der ihm am 7. April [1978 – d. Verf.] einen 'Offenen Brief' überbringen ließ, der bald darauf im *Spiegel* und dann in dem Band *Solidarität mit Rudolf Bahro* veröffentlicht wurde. [...] Doch Harich bekam es mit der Angst zu tun, meldete sich bei Major Lohr vom MfS mit dem Brief und bekam die Empfehlung, gegen den 'Missbrauch seiner Person für feindliche Zwecke gegen die DDR' in den Medien zu protestieren."[14] Belege dazu finden sich auch in den MfS-Akten: In einem Bericht der HA XX vom 12. April 1978 heiß es, dass sich Harich durch Amery provoziert fühlte und deshalb am Tag zuvor Rat beim MfS-Major Lohr gesucht hatte. „Harich ging davon aus, daß er mit einem Genossen Lohse aus dem ZK-Apparat sprach. Es war aber [...] Günter Lohr vom MfS."[15] Dieser riet Harich zu schweigen und nicht auf Amerys Schreiben zu reagieren.[16]

---

[13] BStU, MfS, AP, 4578/71, Band 8, S. 164.
[14] Herzberg, Guntolf/Seifert, Kurt: Rudolf Bahro. Glaube an das Veränderbare, Berlin 2005, S. 220. Die Bahro-Biografie von Herzberg und Seifert ist bis heute das umfassendste Buch über den dissidentischen Philosophen und Ökologen. Er wurde 1977 nach dem Erscheinen seines systemkritischen Buches "Die Alternative" verhaftet und zwei Jahre später in die Bundesrepublik abgeschoben. Dort engagierte er sich bei den entstehenden "Grünen". Zum Verhältnis zwischen Bahro und Harich siehe Amberger, Alexander: Wolfgang Harich und die »aus-der-Bahn-Geworfenen«. Das Spannungsfeld Bahro-Harich-Havemann, in: Heyer, Andreas (Hg.): Wolfgang Harichs politische Philosophie, Hamburg 2012, S. 36-54.
[15] Prokop, Siegfried: Ich bin zu früh geboren. Auf den Spuren Wolfgang Harichs, Berlin 1997, S. 134. Harich wurde durch mehrere Mitarbeiter des MfS gelenkt und ausspioniert. Er ging – völlig zu Recht – fest davon aus, überwacht zu werden. Oberleutnant Müller berichtete z.B. am 1. Februar 1978 über „Operative Informationen" des auf Harich angesetzten IMS „Clemens": „Derzeit, so schätzt der IM ein, ist Harich sowieso einem regelrechten 'Spitzelwahn' verfallen [...] Dann erzählte der Harich noch dem IM, wie er angeblich die 'Staatssicherheit' ausgetrickst habe." BStU, MfS, AP, 4578/71, Band 8, S. 176 f. In einer anderen Information wird festgehalten: "Prof. Harich soll gegenüber dem in Westberlin aufhältigen [...] Korrespondenten [...] geäußert haben, daß die intelligentesten Leute, die er in der DDR getroffen hat, bei der Staatssicherheit arbeiten. Nach Äußerungen [...] kam Prof. Harich zu der Meinung, weil er häufig Besuch von der Staatssicherheit bekommt." Ebenda, S. 184.
[16] Vgl. BStU, MfS, AP, 4578/71, Band 8, S. 135-138 und S. 147 f.

An anderer Stelle, in einer Info vom 2. Mai 1978, wird zu dem Vorgang berichtet, dass Harich um einen Beitrag für Hannes Schwengers Bahro-Solidaritätsbuch gebeten wurde. "Die [anonymisiert – d. V.] erklärte, sie hätte den Eindruck gehabt, daß Harich zunächst für eine Mitarbeit bereit gewesen wäre. Harich sei jedoch zu recht verärgert worden durch die offensichtlich von Amery, Carl [...] veranlaßte Veröffentlichung seines 'Offenen Briefes an Wolfgang Harich' [...]."[17] Möglicherweise lehnte Harich die Anfrage aus taktischen Gründen ab, denn er wollte erreichen, dass die SED die Umweltpolitik ernster nimmt. Eine Solidaritätsbekundung mit Bahro wäre hier mehr als kontraproduktiv gewesen.

Harich wollte auf keinen Fall im Westen als Dissident dargestellt werden. Schwierig wurde dies dann bei Zeitungsinterviews, wie im Falle des "Kölner Stadt-Anzeigers" vom 12. Mai 1978. Unter dem Titel "Mangel kann positiv sein" sagte Harich, dass er seine ökologischen Ziele in der DDR auf keinen Fall auf oppositionellem Wege erreichen wolle, sondern über Eingaben, Wortmeldungen usw. den legalen Weg strikt einhalte. Er meinte auch, dass militärisches Wachstum auf Seiten der DDR bei der momentanen Weltlage unumgänglich wäre – Wachstum des Massenkonsums hingegen nicht. Harich sagte, dass die DDR-Bevölkerung eine Massenaufklärungskampagne benötige, für die man endlich auch auf westliche Autoren als "Kronzeugen" zurückgreifen müsse.[18] Dies war natürlich eine Aufforderung an die SED, endlich westliche Ökoliteratur in der DDR zu veröffentlichen. Er blieb somit seiner Linie treu, die DDR in Schutz zu nehmen – allerdings nur so weit es nicht um die Umweltproblematik ging. Ökologie war für ihn primär. In einer Info der HA XX vom 22. Mai 1978 wurde das Harich-Interview im "Kölner Stadt-Anzeiger" thematisiert. Dieses sei "durch die Abteilung Internationale Beziehungen des MfAA" ohne Kenntnis des Inhalts genehmigt worden. Harich meinte zur Veröffentlichung, dass er hinter den Aussagen stehe und diese nicht gegen die DDR gerichtet seien. Er habe auch nicht konspirativ gearbeitet: „Harich versuchte, in Vorbereitung auf das Interview sich mit dem stellv. Minister für Kultur, Genossen Höpcke, abzustimmen und sich Ratschläge zu holen. Aus Zeitgründen des Genossen Höpcke kam es jedoch zu keiner Konsultation, obwohl ihm der Termin des Interviews bekannt war."

Harich sei wütend darüber, dass er in nicht von ihm genehmigten Teilen der Seite (Überschrift, Kurzbiografie) zu Unrecht zum Oppositionellen deklariert wurde. Außerdem habe die Zeitung falsche Angaben über sein Alter und seine Haftzeit gemacht. Er möchte

---

[17] BStU, MfS, AP, 4578/71, Band 8, S. 100 f.
[18] Vgl. BStU, MfS, AP, 4578/71, Band 7, S. 28-31.

deshalb in Zukunft keine Interviews dieser Art mehr geben. Das MfS begrüßte dies: „Es wird vorgeschlagen die Veröffentlichung im 'Kölner Stadt-Anzeiger' zum Anlaß zu nehmen, um durch Professor Scheel, Akademie der Wissenschaften, Harich im Interesse seiner weiteren beruflichen Tätigkeit zu veranlassen, daß er westlichen Publikationsorganen künftig keinerlei schriftliche oder mündliche Stellungnahmen sowie literarische Arbeiten, die der DDR schaden, gibt; in gleicher Weise auch weiterhin durch das MfS auf Harich einzuwirken, was bereits mehrfach erfolgt ist."[19]

Dieses Ziel konnte nicht verwirklicht werden, Harich äußerte sich auch weiterhin zu ökologischen Themen abweichend von der SED. Andererseits bemühte er sich auch stets, seine Loyalität zur DDR zu verdeutlichen. So berichtete er beispielsweise in einem Gespräch mit ebenjenem Prof. Heinz Scheel, Basisgrüne in der DDR (in Erfurt und Lubmin) von illegalen Formen des Protestes abgebracht zu haben. Außerdem bat er ihn um Hilfe beim Umgang mit den Westmedien: "Ich bin bereit, Ratschläge anzunehmen. Ich bin auch bereit zu lügen. Die Imperialisten lügen auch. Es wäre Analphabetentum, in der Politik nur die Wahrheit zu sagen. Aber wo ist der, den ich um Rat fragen kann?"[20]

Aber auch wenn Harich in Bezug auf die Westpresse vorsichtiger werden wollte, bedeutete das kein Zurückweichen von seinen Forderungen. Seine Witwe Anne Harich berichtet in ihren Erinnerungen, dass Harich zu dieser Zeit in regem Briefkontakt mit Höpcke stand. In einem Schreiben an diesen vom 3. Juni 1978 forderte er erneut die Veröffentlichung westlicher Ökoliteratur in der DDR. Es ging um die Berichte an den Club of Rome, um Taylors "Selbstmordprogramm", Gruhls "Ein Planet wird geplündert" und weitere damals aktuelle Bücher zum Thema. Auch Harichs "Kommunismus ohne Wachstum?" findet sich darin. Am 5. Juli 1978 erhielt er vom Stellvertretenden Leiter der Hauptverwaltung, Karlheinz Selle, ein Antwortschreiben. Im Auftrag Höpckes wurde die Bitte zurückgewiesen. Hauptargumente waren, dass die Bücher nicht wissenschaftlich seien, sondern "mittelmäßige Wissenschaftsjournalistik, [...] mit [...] spätbürgerlicher Ideologie durchsetzt". Selle schrieb weiter, dass ein Nullwachstum nicht mit der Wirtschafts- und Sozialpolitik der SED zu vereinbaren sei. Neomalthusianischer Pessimismus habe in DDR-Verlagen nichts zu suchen. Außerdem nehme sich "der Beirat für Umweltschutz beim Ministerium der DDR [...] mit hoher Verantwortung aller wichtigen ökologischen Fragen an".

---

[19] Vgl. BStU, MfS, AP, 4578/71, Band 8, 86-88.
[20] BStU, MfS, AP, 4578/71, Band 8, S. 79.

Doch Harich gab so schnell nicht auf, im Gegenteil: "Fortlaufend richtet er Briefe an Klaus Höpcke, dem Harich ausführlich seine Erkenntnisse darlegt, ihn zu überzeugen sucht, mit dem er alle seine Vorhaben abspricht, ihn über alle Kontakte mit anderen Menschen, ob im Inland oder Ausland unterrichtet, unterrichten muß; handelt es sich um Vortragsreisen ins kapitalistische Ausland oder um Interviews mit westlichen Journalisten. Harich erweist sich als folgsam, denn nur so glaubt er, etwas erreichen zu können, und er vertraut Höpcke, er wähnt sich verständnisvoll und freundschaftlich von ihm behandelt. Allmählich wird es für Harich jedoch unerträglich, folgsam zu sein. Hartnäckig, von seinem Denken und Handeln überzeugt, erhebt er das ökologische Problem zur Priorität, es wird zur Lebensaufgabe." Harich wird immer sturer, je weniger Entgegenkommen er spürt. Alles geschieht jedoch fernab der Öffentlichkeit, denn er will seine Gesprächspartner und Adressaten nicht denunzieren oder bloßstellen und den Disput nicht an die Öffentlichkeit tragen.[21]

Die SED versuchte hingegen, Harich einzubinden und ihm andere Aufgaben zu übertragen. So berichtete etwa Höpcke auf seinem ministeriellen Kopfbogen über ein Gespräch vom 11. Juli 1978, "daß es augenblicklich unmöglich ist, Harich von der Ökologie wegzudrängen und etwa nur auf literaturwissenschaftliche Problemkreise festzulegen. Sollte es deshalb seitens des MfS irgendwelche Ideen und Hinweise über eine für Harich befriedigende, aber auch staatlicherseits kontrollierbare und beeinflußbare, Betätigung geben, so bittet Gen. Höpcke um eine entsprechende Mitteilung." Er lehnte Harichs Bitte nach Veröffentlichung westlicher Öko-Bücher in der DDR aus ideologischen Gründen wiederum ab. Harich kritisierte, dass die DKP das Thema Ökologie zu halbherzig thematisiere, z. B. beim Thema Förderung von PKW. Höpcke: "Auf meine Gegenfrage, ob er ernsthaft zu Lösungen raten wollte, die eine hoffnungslose Isolierung zur Folge hätten, zuckte er mit den Schultern und meinte, er wisse ja auch nicht, wie man die Probleme bewältigen könne. Er mache sich Gedanken und leite daraus Vorschläge ab. Die Kunst werde wohl darin bestehen, soziale Lösungen, kombiniert mit ökologischen durchzusetzen. Was Harich persönlich betroffen macht und beunruhigt, das ist offensichtlich die Tatsache, daß er spürt, wie wenig er mit seinen ökologischen Bemühungen zum Zuge kommt. [...] In seinen nach innen wie nach außen gerichteten ökologischen Bemühungen müsse er sich als gescheitert ansehen; daher sein Wort von der die Wurzeln seiner Existenz berührenden Krise, die ich bitte sehr ernstgemeint aufnehmen und – sofern ich es für richtig halte – auch anderen übermitteln möge."

---

[21] Vgl. Harich, Anne: »Wenn ich das gewußt hätte ...« Erinnerungen an Wolfgang Harich, Berlin 2007, S. 173 ff.

Harich beklagte in dem Gespräch weiterhin, dass er sich im Westen nicht richtig äußern dürfe und gleichzeitig in der DDR mit seinen ökologischen Forderungen auf taube Ohren stoße. Er befinde sich somit in einer äußerst unbefriedigenden Situation. Höpcke suchte nach einer Lösung: "Was gebraucht wird, ist offensichtlich eine ihn befriedigende Betätigung auf ökologischem Gebiet, von der er spürt, daß sie in engem oder weiterem Sinne dazu führt, daß Wolfgang Harich dem Sozialismus nützt. [...] In einem Nebensatz kam zur Sprache, daß Professoren- und Doktortitel ihm nach wie vor aberkannt sind."[22]

Mit großem Interesse und nicht weniger Sympathie verfolgte Harich unterdessen die Entstehung und Entwicklung der grünen Partei in der Bundesrepublik. Höpcke teile diese Sympathie nicht. In einer Info der HA XX vom 10. August 1978 wird berichtet, dass dieser über ein Gespräch mit Harich informierte, in welchem er ihn nach eigenen Aussage von dieser Partei abbringen konnte, weil Harich "aus einigen jüngeren Veröffentlichungen über die 'Grüne Partei' in der BRD entnehmen mußte, daß Gen. Höpckes Hinweise über die Beteiligung von alten und neuen Nazis an dieser Partei berechtigt waren. Harichs frühere Einschätzung, daß diese Partei ein Sammelbecken für linke Kräfte sei, habe sich als falsch erwiesen und er werde alle angedeuteten persönlichen Bemühungen in Richtung auf diese Partei fallen lassen."[23] Stimmt dies, so hätte Höpcke mehr Erfolg gehabt als einige Monate zuvor der SED-kritische Schriftsteller Rolf Schneider. Dieser "sagte noch 1976/77 zu Harich: 'Ihre Grünen im Westen, das ist die neue SA und SS.' Harich verwunderte sich über diese Einschätzung und erwiderte, dass die Grünen links wären. Schneider ließ sich jedoch nicht überzeugen: 'Die Grünen, das sind Naturburschen, das ist Blut und Boden, Naziideologie!'"[24]

Dass der Wehrmachtsdeserteur und im Widerstand gegen den NS aktive Harich nichts mit Naziideologie zu tun hatte, belegt auch sein 1979 in einer Festschrift für Helmut Gollwitzer erschienener Artikel "Das Weib in der Apokalypse"[25]. Darin verband Harich ökologische Forderungen mit dem zeitgenössischen westlichen Feminismus zu einem grünen

---

[22] Alle Zitate aus: BStU, MfS, AP, 4578/71, Band 8, S. 35 ff.
[23] BStU, MfS, AP, 4578/71, Band 8, S.42 f.
[24] Eckholdt, Matthias: Begegnungen mit Wolfgang Harich, Schwedt 1999, S. 103. Da Harich allerdings nach seiner Übersiedlung in die Bundesrepublik aktiv beim Aufbau der Grünen Partei beteiligt war, schienen die Gegenargumente doch nicht so großen Eindruck hinterlassen zu haben.
[25] Harich, Wolfgang [1979a]: Das Weib in der Apokalypse, in: Baudis, Andreas (Hg.): Richte unsere Füße auf den Weg des Friedens: Festschrift für Helmut Gollwitzer zum 70. Geburtstag, München 1979, S. 681-687.

Matriarchat – dem Gegenteil dessen, was sich Rechte unter einer idealen Gesellschaft vorstellen. Da Gollwitzer ein westlicher Theologe war und das Buch auch in der Bundesrepublik erscheinen sollte, fragte Harich im Vorfeld bei Höpcke um Erlaubnis. In einem Brief vom 22. August 1978 schriebt er, dass er sich „schon 1977 in die für diesen Dezember geplante Festschrift zum 70. Geburtstag von H. Gollwitzer verstrickt und verstricken lassen [habe] und […] nicht mehr recht [wisse], wie das jetzt zu beurteilen"[26] sei. In einer Information der HA XX vom 8. September geht es dann auch um dieses Thema. Harich fragte, ob er den Beitrag für die Gollwitzer-Festschrift "angesichts gegen die DDR gerichteter Aktivitäten Gollwitzers zurückziehen solle". Höpcke gab sein Okay zum Erscheinen und der Beitrag wurde publiziert. In diesem Gespräch ging es auch um weitere Probleme, die Harich bereits im Schreiben vom 22. August ansprach, so u.a. um publizistische Anfragen aus der Bundesrepublik, von denen ihm der „Bücherminister" allesamt abrat. Dabei handelte es sich um die Bitte, Bahros „Alternative" zu rezensieren, und um zwei Angebote zur Mitarbeit an linken Zeitungen. Höpcke empfahl ihm in diesem Gespräch allerdings die Veröffentlichung von "Kommunismus ohne Wachstum?" in Spanien (im Verlag „Materiales", der auch die Übersetzung der "Alternative" verlegte!)[27].

Er hatte also nur etwas gegen das Erscheinen des Buches in der DDR und sah westliche Ausgaben weniger kritisch. Harich wurde dafür – im Gegensatz zu Havemann – auch nie sanktioniert. So ging es in den Briefen und Gesprächen auch um Reisen ist westliche Ausland, die sich Harich von Höpcke genehmigen ließ.[28] Insofern ist seine Beschwerde in einem Schreiben vom 8. Juni 1978 an Höpcke, dass dieser ihn auch im Westen "mundtot zu machen gedenke", nicht ganz gerecht. Wobei es in diesem Fall um ein Interview zum Ökothema mit der Zeitschrift POCH ging. Dieses Zitat entstammt einem Brief von 12 Seiten. Das war keine Ausnahme, die Briefe waren häufig umfangreich. Er schrieb sie auch in kurzen Abständen, so dass Höpcke zu dieser Zeit mit langen Briefen regelrecht überhäuft wurde. Harich beschwerte sich darin u.a. über Hindernisse, die ihm seitens der SED in den Weg gelegt wurden und über das Gefühl, ungerecht behandelt zu werden. Er versicherte andererseits immer wieder, der DDR treu verbunden zu sein.[29]

---

[26] BStU, MfS, AP, 4578/71, Band 8, S. 33.
[27] Vgl. BStU, MfS, AP, 4578/71, Band 8, S. 30 ff.
[28] Gegen eine Reise Havemanns in den Westen hätte die SED vermutlich keine Einwände gehabt. Die Befürchtung, nicht in die DDR zurückkehren zu dürfen, hielt ihn jedoch stets davon ab. Harich durfte hingegen immer wieder einreisen. Er fuhr u.a. nach Spanien und Italien und nahm dort an Diskussionen zum Thema Ökologie teil.
[29] Vgl. Harich, Anne: "Wenn ich das gewußt hätte" (a.a.O.), S. 173 ff.

Harichs Gemütszustand verschlechterte sich im Laufe des Jahres 1978 aufgrund der ausweglosen Situation. Im Sommer 1979 äußerte er sich rückblickend in einem Interview mit dem "Spiegel" über diese Zurückweisung. "Ich habe dreieinhalb Jahre lang versucht, in der DDR eine interdisziplinäre Kommission etablieren zu helfen, die sich bei der Akademie der Wissenschaften mit Umwelt- und Zukunftsfragen beschäftigen sollte. [...] Bei den Gesprächen, die ich im Zentralkomitee der SED führte, wurde mir gesagt, sie würde ins Leben gerufen. Gleichwohl hat das Resultat dieser Gespräche mich bewogen wegzugehen, weil es absolut nicht meinen Vorstellungen entsprach. Die Kommission, wie sie jetzt geplant ist, arbeitet völlig losgelöst von den Umweltproblemen in der DDR. Sie hat lediglich ideologische Aufgaben. Sie soll zum Beispiel klären, wie die Grünen im Westen, wie der Club of Rome und dergleichen einzuschätzen ist, wo es Bündnismöglichkeiten gibt. Vorschläge für die DDR selber sind nicht vorgesehen. [...] ich sollte zwar in den Kommissionssitzungen meine Meinung sagen dürfen, was, wie man mir bedeutete, sogar erwünscht sei als belebendes Element. Ich sollte aber außerhalb der Kommissionssitzungen keinerlei Kontakte haben mit DDR-Wissenschaftlern. Ganz eindeutig ein Versuch, mich zu isolieren."[30]

Harich war Ende 1978 an dem Punkt angekommen, der DDR den Rücken zu kehren. So schrieb er am 31. Dezember 1978 resigniert an Höpcke, dass er ob seines Nichtbeachtetwerdens über die Möglichkeit einer Ausreise aus der DDR nachdenke. In dem Brief ging Harich auch auf die Ökologische Kommission ein, die ihm zu wenig war. Zu Beginn des Schreibens wünschte er Höpcke und dessen Frau "alles nur erdenklich Gute" für das kommende Jahr und dankte ihm für seine "Bemühungen, meine 'grünen' Ambitionen ins wissenschaftliche Leben unserer Republik zu integrieren [...]. Daß Sie dabei nicht recht vorangekommen sind, daß man sie vielleicht mehr 'oben' mit immer neuen Terminen hinhielt und recht unverbindlich vertröstete, ist nicht Ihre Schuld. Im Gegenteil: Vor dem Hintergrund anderweitiger Versuche, mich gleichzeitig, koste es was es wolle, in den Elfenbeinturm der Literaturwissenschaft zurückzuzerren, unterstreichen Ihre Mißerfolge nur, wieviel Sie für mich und mein Anliegen riskiert haben dürften."

Anschließend kam er auf die Ökologische Kommission zu sprechen. Bereits im Juni 1977 sei ihm von Prof. Banaschak eine Mitarbeit zugesagt worden – seither passierte aber nichts. Auch beklagte er sich, dass er an dieser Kommission nur als Privatmann teilnehmen sollte

---

[30] Harich, Wolfgang: »Ich hatte alle gegen mich«, in: Der Spiegel, Nr. 24/1979.

und ihm von Kontakten zu den anderen Mitgliedern außerhalb der Sitzungen abgeraten worden sei. Vierzehn Tage später antwortete ihm Höpcke handschriftlich und riet vom Verlassen der DDR ab.[31] Harich war aber nicht mehr umzustimmen. Zudem berichtete er über Telefonterror,[32] der ihn letztlich dazu bewog, am 8. März an Honecker zu schreiben und um eine Ausreiseerlaubnis zu ersuchen. Noch im gleichen Jahr durfte er die DDR in Richtung Westen verlassen.[33] Nach zwei Jahren kehrte Harich in die DDR zurück. Auch danach blieb ihm der Weg an eine Universität aus politischen Gründen versperrt.

Notgedrungen fungierte er wieder als außerakademischer Wissenschaftler, der immerhin kleine Privilegien genoß und Beziehungen zu wichtigen SED-Kadern unterhielt.[34] Das lag sicherlich auch daran, dass die Partei daran interessiert war, ihn durch Kooptierung ruhig zu halten. Einer seiner Ansprechpartner nach der Rückkehr war erneut Klaus Höpcke – wenngleich es nun primär um die Erbedebatte und hier um das Problem einer Nietzscherenaissance in der DDR gehen sollte. Aber das ist eine andere Episode.

Höpcke selbst schreibt rückblickend über das Verhältnis: "Wie die Gespräche zwischen Harich und mir sich mehr und mehr entkrampften; wie sie, was die Ökologie betrifft, dadurch gewannen, daß meine Frau, eine Chemikerin, teilnahm; wie Harichs wahrscheinlich hoffende Erwartung, m e i n Umgang mit ihm sei ein Zeichen für mehr seitens unserer O b e r e n, sich nicht erfüllte. Daß ich den Kontakt mit ihm vor meinen Vorgesetzten nicht verheimlichte, aber von ihnen auch nicht einen Auftrag hatte, größere Schritte vorzubereiten, hat er wohl erst allmählich – unter Überwindung eines Teils seiner Vorstellung von einem 'im Apparat' tätigen Menschen – begriffen: erfreut vielleicht, was den einen, ernüchtert, was die anderen betraf. Die damit verbundene Enttäuschung beeinträchtigte mit der Zeit unser Verhältnis. Zum Bruch aber kam es dadurch nicht, weil er sich ja bewußt war, daß ich niemals etwa vorgetäuscht hatte, in 'höherem Auftrag' mit ihm zu sprechen. Der Bruch ergab sich im Verlauf von Debatten um Nietzsche: Ich hatte

---

[31] Vgl. Harich, Anne: "Wenn ich das gewußt hätte" (a.a.O.), S. 181 f.
[32] Als Reaktion auf Harichs hartnäckiges ökologisches Bemühen wurde laut dessen Aussage vom MfS Telefonterror zur seiner Zermürbung eingesetzt – auch um ihn in die Bundesrepublik zu drängen. Er berichtete von häufigen Anrufen mit harten Beschimpfungen. "Erst nachdem er einen Ausreiseantrag an Honecker gestellt hatte, hörten diese Anrufe auf." Eckholdt, Matthias: Begegnungen (a.a.O.), S. 107.
[33] Berichte Harichs zu seiner damaligen persönlichen Situation s. Harich, Wolfgang: Keine Schwierigkeiten mit der Wahrheit, Berlin 1993, S. 235 f. und Eckholdt, Matthias: Begegnungen (a.a.O.), S. 106 f.
[34] Vgl. Amberger, Alexander: Bahro – Harich – Havemann (a.a.O.), S. 67 f.

mündlich und schriftlich Harichs 'In den orcus mit ihm' widersprochen."[35] Nach dem Ende der DDR besserte sich das Verhältnis zwischen beiden wieder.

Harichs Witwe Anne sieht das Engagement des Ministers für den isolierten Philosophen hingegen etwas ambivalenter: "Was mag einen Klaus Höpcke bewegen, Harich darüber zu berichten, was in der Nationalen Gedenkstätte in Weimar für Pläne vorliegen? Höpcke kannte Harich sehr gut. Manche Stunde haben Sie gemeinsam diskutiert, und Harich hat, wie er mir erzählte, auch besprochene Tonbänder von ihm zurückgelassen. Für mich war Höpcke der Talleyrand in der DDR, vielleicht ein Lob für ihn, ich weiß es nicht. Ich hatte das Gefühl, Harich ist von Höpcke für bestimmte Interventionen aktiviert worden. Aber Harich schätzte Höpcke, wegen seiner großen Bildung, weil er ganz bescheiden lebte und die Kohlen aus dem Keller holte, und weil er einmal heimlich durch die Hintertür des Hauses in der Friedenstraße gekommen war, um ihm zu seinem Geburtstag zu gratulieren; und inoffizielle Briefe an Harich zeugen von privatem Mut. An solchen Sachen hielt sich Harich fest, mir war eher, da wußte einer, wie Harich zu beschmeicheln ist und wie die eigene Person in der Zukunft im rechten Licht dastehen könnte."[36]

So bleibt die Einschätzung des Verhältnisses zwischen Harich und leitenden Funktionären ambivalent. Sie versuchten, in zu lenken und von umweltpolitischen Verlautbarungen abzuhalten. Es war nicht vorgesehen, Harich eine Stelle im akademischen Feld oder im Bereich der Umweltpolitik zuzugestehen. Dies wurde ihm aber nicht direkt gesagt, sondern man versuchte es mit einer Hinhaltetaktik, auch um Harichs Kompetenzen und Kontakte zu nutzen. Da er zudem stets auf Legalität seines Vorgehens achtete, die führenden Genossen ständig über aktuelle Projekte auf dem Laufenden hielt und um Hilfe bat, konnte er hier nicht bestraft werden. Harich wurde mit seinen ökologischen Forderungen lästig. Alle Versuche, ihn davon abzubringen – ob Verbote oder Angebote zur Mitarbeit – scheiterten und mussten auch scheitern, weil seine umweltpolitischen Forderungen nicht kompatibel mit der Wirtschaftspolitik der Honecker-Regierung waren.

---

[35] Höpcke, Klaus: Geordnete Verhältnisse?, Schkeuditz 1996, S. 267.
[36] Anne Harich: "Wenn ich ....", S. 209 f.